JTG

中华人民共和国行业推荐性标准 JTG/T M21—2011

公路工程估算指标

Initial Cost Estimation Quotas for Highway Projects

2011-11-09 发布 2012-01-01 实施

中华人民共和国交通运输部发布

中华人民共和国行业推荐性标准

公路工程估算指标

Initial Cost Estimation Quotas for Highway Projects

JTG/T M21—2011

主编单位:中交公路规划设计院有限公司
批准部门:中华人民共和国交通运输部
实施日期:2012 年 01 月 01 日

人民交通出版社

图书在版编目(CIP)数据

公路工程估算指标:JTG/T M21—2011/中交公路规划设计院有限公司主编. - -北京：人民交通出版社，2011. 12

ISBN 978-7-114-09531-3

Ⅰ. ①公… Ⅱ. ①中… Ⅲ. ①道路工程 - 预算定额 - 中国 Ⅳ. ①U415.13

中国版本图书馆 CIP 数据核字(2011)第 255367 号

中华人民共和国行业推荐性标准
公路工程估算指标
JTG/T M21—2011
中交公路规划设计院有限公司 主编
人民交通出版社出版发行
(100011 北京市朝阳区安定门外外馆斜街 3 号)
各地新华书店经销
北京市密东印刷有限公司印刷
开本:880×1230 1/16 印张:20.25 字数:638 千
2011 年 12 月 第 1 版
2011 年 12 月 第 1 次印刷
定价:110.00 元
ISBN 978-7-114-09531-3

中华人民共和国交通运输部

公　　告

2011 年第 82 号

关于公布公路工程基本建设项目投资估算编制办法和公路工程估算指标的公告

现公布《公路工程基本建设项目投资估算编制办法》(JTG M20—2011)和《公路工程估算指标》(JTG/T M21—2011),自 2012 年 1 月 1 日起施行。原《公路基本建设工程投资估算编制办法》和《公路工程估算指标》(交公路发〔1996〕611 号)同时废止。

该办法及指标的管理权和解释权归交通运输部,日常解释和管理工作由主编单位中交公路规划设计院有限公司负责。

请各有关单位在实践中注意总结经验,及时将发现的问题和修改建议函告中交公路规划设计院有限公司(地址:北京市西城区德外大街 85 号德胜国际 A 座,邮编 100088),以便修订时研用。

特此公告。

中华人民共和国交通运输部

二〇一一年十一月九日

主题词:公路　估算　办法　指标　公告

交通运输部办公厅　　　　2011 年 12 月 9 日印发

总 说 明

一、《公路工程估算指标》(JTG/T M21—2011)(以下简称本指标)适用于公路基本建设新建、改建工程。

二、本指标是编制项目建议书和可行性研究报告投资估算的依据,也可作为技术方案比较的参考。

三、本指标是以人工、材料、机械台班消耗量表现的指标。编制估算时,其人工费、材料费、机械使用费应按《公路工程基本建设项目投资估算编制办法》(JTG M20—2011)的规定计算。

四、本指标由路基工程、路面工程、隧道工程、涵洞工程、桥梁工程、交叉工程、交通工程及沿线设施、临时工程共八章及附录组成。

五、本指标是根据交通运输部对公路建设项目建议书和可行性研究报告的工作深度要求,以公路工程行业标准、规范的规定以及近年来公路建设项目的设计和竣工资料为依据而制定的。编制投资估算时应按本指标的说明及附注正确使用本指标,不得随意抽换指标内容,以免造成重算或漏算。

对本指标中缺少的项目可以编制补充指标。补充指标应按照本指标的编制原则、方法进行编制,由各省、自治区、直辖市交通运输主管部门批准执行,抄交通运输部公路局备案。

当可行性研究报告的工作深度已达到初步设计的深度时,可采用现行《公路工程概算定额》(JTG/T B06-01)(以下简称公路工程概算定额)编制可行性研究报告投资估算。

六、绿化工程指标由各省、自治区、直辖市交通运输主管部门组织制定并发布。

七、可视具体情况对特殊工程、特殊工艺的估算指标制定专项标准或补充规定。

八、指标中注明“某某数以内”或“某某数以下”者,均包括某某数本身;而注明“某某数以外”或“某某数以上”者,则不包括某某数本身。

九、本指标的基价是人工费、材料费、机械使用费的合计值。基价中的人工费是按62.5元/工日计算的,材料费是按现行《公路工程预算定额》(JTG/T B06-02)中的材料预算价格计算的,机械使用费是按现行《公路工程机械台班费用定额》(JTG/T B06-03)计算的。新增材料基价见附录二,新增机械的台班费用定额见附录三。

十、指标名称中带有“※”号者,均为参考指标,使用时可根据情况进行调整。

十一、指标中的“工料机代号”系编制估算电算时作为对人工、材料、机械名称识别的符号,不得随意变动。

目　　录

第一章　路 基 工 程

说　　明

本章包括路基土方，路基石方，粉煤灰路堤，排水与防护，其他路基防护、软基处理等项目。

1. 土石方体积的计算：

除指标另有说明者外，土方挖方按天然密实体积计算，填方按压（夯）实后的体积计算；开炸石方按天然密实体积计算。

2. 下列数量应由施工组织设计提出，并入路基填方数量内计算：

（1）清除表土或零填方地段的基底压实、耕地填前夯（压）实后，回填至原地面高程所需的土、石方数量。

（2）因路基沉陷需增加填筑的土、石方数量。

（3）为保证路基边缘的压实度必须加宽填筑时，所需的土、石方数量。

3. 挖土方指标已综合伐树、挖根、砍挖灌木林、路基零星工程等工作。

4. 自卸汽车运输路基土、石方指标仅适用于平均运距在15km以内的土、石方运输；当平均运距超过15km时，应按社会运输的有关规定计算；当运距超过第一个指标运距单位时，其运距尾数不足一个增运指标单位的半数时不计，超过半数时按一个增运指标运距单位计算。自卸汽车运输路基土、石方指标为1000m^3自然方，指标已综合各种土质的压实系数及运输损耗，使用指标时不应再计算压实系数和运输损耗系数。远运利用、弃方运输工程量以天然密实体积计算，借方运输工程量以压（夯）实后的体积计算。

5. 填土方指标中不包括路基掺灰，掺灰应按公路工程概算定额另行计算。

6. 排水与防护工程：

（1）砌石、片石混凝土、混凝土圬工按实体数量计算。

（2）其他排水工程量按路基长度计算，本指标已包括路面排水工程。

（3）其他路基防护指标均已包括圬工，圬工不得另计费用。

（4）工程量计算：

①植草护坡按植草面积计算。

②骨架护坡按骨架护坡面积计算。

③喷射混凝土按喷射混凝土设计体积计算。

④锚杆框架梁：分普通锚杆和预应力锚杆，按锚杆长度计算。

⑤预应力锚索按锚索长度计算。

⑥抗滑桩按桩身混凝土实体数量计算。

⑦加筋土挡土墙按平、凹面板混凝土圬工实体数量计算。

⑧板桩式挡土墙按现浇、预制混凝土圬工实体数量计算。

⑨锚杆挡土墙按现浇、预制混凝土圬工实体数量计算。

⑩防风固沙按防风固沙路基长度计算。

7. 软基处理：

本指标工程内容不包括对溶洞、采空区的处理，需要时应根据设计所采用的处理形式采用相关定额计算。

软基处理工程量按处治的面积进行计算。

（1）处治深度3m以内：指标Ⅰ综合清淤和一般砂砾换填，指标Ⅱ综合抛石挤淤和土工合成材料等处治方法。

（2）处治深度3～12m：指标综合袋装砂井、塑料排水板、粉喷桩、堆载及真空预压等处治方法。

（3）处治深度12～20m：指标综合各类粒料桩、加固土桩、CFG桩等处治方法。

（4）处治深度超过20m按公路工程概算定额计算。

1-1 挖 土 方

工程内容 挖、装土方，砍树挖根，砍挖灌木林，除草，挖竹根，挖方段路基零星工程等全部工作。

单位：1000m³ 天然密实方

顺序号	项目	单位	代号	平原微丘区	山岭重丘区
				1	2
1	人工	工日	1	45.4	57.1
2	其他材料费	元	996	0.4	0.7
3	75kW 以内履带式推土机	台班	1003	0.21	0.21
4	135kW 以内履带式推土机	台班	1006	1.24	1.13
5	2.0m³ 以内履带式单斗挖掘机	台班	1037	0.95	0.96
6	120kW 以内自行式平地机	台班	1057	0.02	0.03
7	8~10t 光轮压路机	台班	1076	0.03	0.04
8	蛙式夯土机	台班	1094	0.25	—
9	小型机具使用费	元	1998	3.1	4.2
10	基价	元	1999	5804	6428

1-2 填 土 方

工程内容 填方路基碾压、零填及挖方段碾压、清除表土、洒水、填方段路基零星工程的全部工作。

单位：1000m³ 压实方

顺序号	项目	单位	代号	高速、一级公路	二级公路	三、四级公路
				1	2	3
1	人工	工日	1	9.5	14.4	12.5
2	硝铵炸药	kg	841	0.2	0.4	0.2
3	导火线	m	842	1	2	1
4	普通雷管	个	845	—	2	—
5	其他材料费	元	996	0.7	0.4	0.7
6	135kW 以内履带式推土机	台班	1006	0.24	0.23	0.26
7	120kW 以内自行式平地机	台班	1057	1.81	1.86	1.81
8	6~8t 光轮压路机	台班	1075	1.66	1.37	0.10
9	8~10t 光轮压路机	台班	1076	0.04	0.03	—
10	10t 以内振动压路机	台班	1087	—	2.97	2.59
11	15t 以内振动压路机	台班	1088	2.91	—	—
12	蛙式夯土机	台班	1094	0.10	0.13	0.11
13	6000L 以内洒水汽车	台班	1405	0.84	0.84	0.84
14	小型机具使用费	元	1998	1.8	2.5	0.3
15	基价	元	1999	5643	5516	4817

1－3　借土方挖、装

工程内容　借土方的挖、装。

单位:1000m³ 压实方

顺序号	项　目	单位	代号	借土方挖、装
				1
1	人工	工日	1	18.4
2	75kW 以内履带式推土机	台班	1003	0.29
3	2.0m³ 以内履带式单斗挖掘机	台班	1037	1.33
4	基价	元	1999	3197

1－4　自卸汽车运土、石方

工程内容　等待、装、卸、远运、空回。

单位:1000m³ 自然方

顺序号	项　目	单位	代号	土　方				石　方			
				第一个1km	每增运0.5km 平均运距(km)			第一个1km	每增运0.5km 平均运距(km)		
					5以内	10以内	15以内		5以内	10以内	15以内
				1	2	3	4	5	6	7	8
1	10t 以内自卸汽车	台班	1386	8.91	1.20	1.08	1.04	12.65	1.66	1.50	1.44
2	基价	元	1999	4976	670	603	581	7065	927	838	804

1-5 开炸石方

工程内容 石方开炸等全部工作。

单位:1000m³ 天然密实方

顺序号	项目	单位	代号	平原微丘区	山岭重丘区
				1	2
1	人工	工日	1	107.7	144.3
2	原木	m^3	101	0.005	0.005
3	钢钎	kg	211	1.0	3.0
4	空心钢钎	kg	212	11.6	13.7
5	ϕ50mm 以内合金钻头	个	213	18.8	20.1
6	硝铵炸药	kg	841	151.5	168.9
7	导火线	m	842	384	435
8	砂包线	m	843	1	1
9	普通雷管	个	845	305	343
10	煤	t	864	0.007	0.020
11	其他材料费	元	996	22.1	24.4
12	135kW 以内履带式推土机	台班	1006	2.44	2.37

续上表

单位:1000m³ 天然密实方

顺序号	项目	单位	代号	平原微丘区	山岭重丘区
				1	2
13	2.0m^3 以内轮胎式装载机	台班	1050	2.31	2.51
14	9m^3/min 以内机动空压机	台班	1842	5.82	6.72
15	小型机具使用费	元	1998	341.2	393.7
16	基价	元	1999	16835	19965

1－6 填石路堤

工程内容 机械整平石方，人工解小并摊平石方；压路机前进、后退、往返碾压。

单位：1000m^3 压实方

顺序号	项目	单位	代号	高速、一级公路	二级公路	三、四级公路	宕渣
				1	2	3	4
1	人工	工日	1	80.7	62.5	44.3	3.0
2	75kW 以内履带式推土机	台班	1003	2.36	2.71	3.04	2.04
3	6～8t 光轮压路机	台班	1075	2.05	1.56	1.40	—
4	10～12t 光轮压路机	台班	1077	—	—	—	1.03
5	18～21t 光轮压路机	台班	1080	—	—	—	2.00
6	10t 以内振动压路机	台班	1087	—	2.29	1.99	—
7	15t 以内振动压路机	台班	1088	2.69	—	—	—
8	基价	元	1999	9088	7392	6229	2873

注：宕渣为外购材料，本指标不包含宕渣的费用，需另行计算。每 1000m^3 压实方，宕渣工程量按 1397m^3 计算。

1－7 粉煤灰路堤

工程内容 粉煤灰摊铺，洒水，碾压；土质边坡填筑碾压，封顶等全部工作。

单位：1000m^3 压实方

顺序号	项目	单位	代号	粉煤灰路堤
				1
1	人工	工日	1	34.0
2	水	m^3	866	220
3	砂砾	m^3	902	165.79
4	黏土	m^3	911	209.12
5	粉煤灰	m^3	945	924.91
6	120kW 以内自行式平地机	台班	1057	3.00
7	6～8t 光轮压路机	台班	1075	4.34
8	18～21t 光轮压路机	台班	1080	6.76
9	4000L 以内洒水汽车	台班	1404	3.95
10	基价	元	1999	37697

1－8 排水与防护工程

工程内容 圬工：挖基排水、砌石、混凝土浇筑、预制安装混凝土块、砂砾泄水层、填内心、泄水管及伸缩缝安装等全部工作。

其他排水工程：渗沟、盲沟、排水管、混凝土排水管、泄水槽、拦水带、集水井、边沟涵等全部工作。

单位：表列单位

顺序号	项目	单位	代号	砌石圬工	片石混凝土圬工	混凝土圬工
				1000m^3		
				1	2	3
1	人工	工日	1	1277.1	3274.0	6155.4
2	原木	m^3	101	0.991	4.000	0.114
3	锯材	m^3	102	0.586	—	0.285
4	光圆钢筋	t	111	0.028	—	4.854
5	带肋钢筋	t	112	—	—	24.838
6	型钢	t	182	—	—	0.029
7	电焊条	kg	231	—	—	10.4
8	钢模板	t	271	—	—	2.540
9	组合钢模板	t	272	—	2.000	0.611

续上表　　单位：表列单位

顺序号	项目	单位	代号	砌石圬工	片石混凝土圬工	混凝土圬工
				1000m^3		
				1	2	3
10	铁件	kg	651	—	5070.0	314.4
11	铁钉	kg	653	1.4	—	3.8
12	8～12号铁丝	kg	655	169.8	210.0	6.4
13	20～22号铁丝	kg	656	—	—	293.7
14	铸铁箅子	kg	681	—	—	—
15	土工布	m^2	770	15.2	—	65.0
16	塑料波纹管（ϕ100mm）	m	786	2.12	2.12	2.12
17	塑料打孔波纹管（ϕ100mm）	m	789	—	—	—
18	草袋	个	819	71	—	—
19	32.5级水泥	t	832	80.929	219.300	330.436
20	硝铵炸药	kg	841	18.2	30.0	0.9
21	导火线	m	842	34	—	—
22	石油沥青	t	851	1.803	1.600	0.596

续上表　　　　单位:表列单位

顺序号	项　目	单位	代号	砌石圬工	片石混凝土圬工	混凝土圬工
				1000m³		
				1	2	3
23	水	m³	866	1483	1016	2327
24	生石灰	t	891	1.894	—	—
25	中(粗)砂	m³	899	409.41	479.00	536.32
26	砂砾	m³	902	381.57	429.07	336.07
27	黏土	m³	911	9.59	—	—
28	片石	m³	931	1042.18	219.00	—
29	大卵石	m³	935	0.03	—	0.13
30	煤渣	m³	937	18.75	—	—
31	碎石(2cm)	m³	951	—	—	791.46
32	碎石(4cm)	m³	952	—	—	24.08
33	碎石(6cm)	m³	953	—	—	—
34	碎石(8cm)	m³	954	3.12	724.00	23.84
35	块石	m³	981	99.14	—	—

续上表　　　　单位:表列单位

顺序号	项　目	单位	代号	砌石圬工	片石混凝土圬工	混凝土圬工
				1000m³		
				1	2	3
36	其他材料费	元	996	341.1	3040.0	2970.4
37	12～15t 光轮压路机	台班	1078	0.02	1.42	0.02
38	蛙式夯土机	台班	1094	3.79	—	—
39	250L 以内混凝土搅拌机	台班	1272	—	38.00	38.56
40	1t 以内机动翻斗车	台班	1408	—	—	—
41	5t 以内汽车式起重机	台班	1449	—	—	—
42	8t 以内汽车式起重机	台班	1450	—	22.00	0.77
43	30kN 以内单筒慢动卷扬机	台班	1499	—	—	0.11
44	ϕ150mm 电动单级离心水泵	台班	1653	1.06	—	—
45	32kV·A 以内交流电弧焊机	台班	1726	—	—	1.50
46	小型机具使用费	元	1998	3.0	1695.4	875.8
47	基价	元	1999	198314	426731	714452

续上表

单位:表列单位

顺序号	项　　目	单位	代号	其他排水工程			
				高速公路	一级公路	二级公路	三、四级公路
				1km			
				4	5	6	7
1	人工	工日	1	1591.5	1271.7	377.6	146.1
2	原木	m^3	101	—	—	—	—
3	锯材	m^3	102	1.309	3.694	0.009	0.055
4	光圆钢筋	t	111	0.116	0.164	0.022	0.002
5	带肋钢筋	t	112	0.347	—	—	—
6	型钢	t	182	—	—	—	—
7	电焊条	kg	231	—	—	—	—
8	钢模板	t	271	0.186	0.044	0.032	0.007
9	组合钢模板	t	272	0.082	0.010	0.090	0.015
10	铁件	kg	651	24.6	3.2	27.5	4.5
11	铁钉	kg	653	16.0	45.2	—	0.7
12	8~12 号铁丝	kg	655	1.9	5.3	—	—
13	20~22 号铁丝	kg	656	5.4	2.9	—	—

续上表

单位:表列单位

顺序号	项　　目	单位	代号	其他排水工程			
				高速公路	一级公路	二级公路	三、四级公路
				1km			
				4	5	6	7
14	铸铁箅子	kg	681	464.7	15.0	9.8	—
15	土工布	m^2	770	3692.5	3912.7	48.4	105.0
16	塑料波纹管(ϕ100mm)	m	786	442.97	278.06	50.78	—
17	塑料打孔波纹管(ϕ100mm)	m	789	859.85	881.43	0.98	—
18	草袋	个	819	—	—	—	—
19	32.5 级水泥	t	832	34.538	20.098	20.600	5.705
20	硝铵炸药	kg	841	—	—	—	—
21	导火线	m	842	—	—	—	—
22	石油沥青	t	851	0.101	0.018	0.012	0.010
23	水	m^3	866	228	122	102	77
24	生石灰	t	891	—	—	—	—
25	中(粗)砂	m^3	899	59.10	38.92	34.61	19.31
26	砂砾	m^3	902	53.91	16.41	23.87	27.67

续上表　　单位:表列单位

顺序号	项　目	单位	代号	其他排水工程			
				高速公路	一级公路	二级公路	三、四级公路
				1km			
				4	5	6	7
27	黏土	m^3	911	—	—	—	—
28	片石	m^3	931	9.70	11.81	5.83	40.75
29	大卵石	m^3	935	—	—	—	—
30	煤渣	m^3	937	—	—	—	—
31	碎石(2cm)	m^3	951	191.08	136.34	45.53	6.45
32	碎石(4cm)	m^3	952	64.44	92.61	7.93	0.38
33	碎石(6cm)	m^3	953	215.97	160.61	5.20	11.86
34	碎石(8cm)	m^3	954	—	—	—	—
35	块石	m^3	981	—	—	—	—
36	其他材料费	元	996	548.3	115.3	116.8	25.1
37	12～15t 光轮压路机	台班	1078	—	—	—	—
38	蛙式夯土机	台班	1094	—	—	—	—
39	250L 以内混凝土搅拌机	台班	1272	3.89	2.46	2.46	0.32

续上表　　单位:表列单位

顺序号	项　目	单位	代号	其他排水工程			
				高速公路	一级公路	二级公路	三、四级公路
				1km			
				4	5	6	7
40	1t 以内机动翻斗车	台班	1408	0.16	0.64	0.31	—
41	5t 以内汽车式起重机	台班	1449	0.27	1.13	0.50	—
42	8t 以内汽车式起重机	台班	1450	—	—	—	—
43	30kN 内单筒慢动卷扬机	台班	1499	—	—	—	—
44	ϕ150mm 电动单级离心水泵	台班	1653	—	—	—	—
45	32kV·A 以内交流电弧焊机	台班	1726	—	—	—	—
46	小型机具使用费	元	1998	288.9	810.6	182.9	8.1
47	基价	元	1999	208282	174257	39476	16744

1-9 其他路基防护

工程内容 植草护坡:土工格栅、三维网、铁丝网、液压喷播、喷混植草、客土喷播、人工植草、铺草皮等全部工作。

骨架护坡:挖基、砌筑、混凝土现浇、预制安装、挂网、植草等全部工作。

喷射混凝土:锚杆钻孔、制作安装、挂网、喷混凝土、压浆等全部工作。

锚杆框架梁:锚杆、框架梁的全部工作。

预应力锚索:脚手架,钻孔、预应力锚索、混凝土、钢筋、注浆等全部工作。

抗滑桩:挖孔、护壁、桩身混凝土、钢筋等全部工作。

加筋土挡土墙:挖基、铺垫层、预制安装混凝土面板、墙背填砂砾、加筋拉带铺设、泄水管及伸缩缝的设置等全部工作。

板桩式挡土墙:挖基及回填、泄水层、现浇混凝土、预制混凝土、挡土板吊装、钢筋等全部工作。

锚杆挡土墙:挖基及回填、现浇预制混凝土、安装肋柱、墙面板、钢筋、钻孔压浆、锚杆制作及安装锚固、脚手架等全部工作。

防风固沙:植草、栽草、播草籽,压盖及沙障、人工清除流沙、沙基加固、防雪、防沙设施等全部工作。

单位:表列单位

顺序号	项目	单位	代号	植草护坡	骨架护坡	喷射混凝土	锚杆框架梁	
							普通锚杆	预应力锚杆
				$1000m^2$		$10m^3$	100m	
				1	2	3	4	5
1	人工	工日	1	51.6	282.1	39.7	44.7	110.0
2	原木	m^3	101	—	0.032	—	—	0.109

续上表

单位:表列单位

顺序号	项目	单位	代号	植草护坡	骨架护坡	喷射混凝土	锚杆框架梁	
							普通锚杆	预应力锚杆
				$1000m^2$		$10m^3$	100m	
				1	2	3	4	5
3	锯材	m^3	102	—	0.035	—	0.006	0.011
4	光圆钢筋	t	111	0.155	0.091	0.091	0.093	0.197
5	带肋钢筋	t	112	—	—	0.389	0.987	1.916
6	钢绞线	t	125	—	—	—	—	—
7	型钢	t	182	—	0.024	—	0.008	0.013
8	钢板	t	183	—	—	—	—	0.024
9	钢管	t	191	—	—	0.007	—	—
10	钢钎	kg	211	—	—	—	—	—
11	空心钢钎	kg	212	—	—	8.2	7.5	—
12	ϕ50mm 以内合金钻头	个	213	—	—	3.4	3.1	—
13	ϕ150mm 以内合金钻头	个	214	—	—	—	—	—
14	钻杆	kg	216	—	—	—	—	—
15	电焊条	kg	231	0.1	0.2	0.9	2.9	7.5

续上表

单位:表列单位

顺序号	项　　目	单位	代号	植草护坡	骨架护坡	喷射混凝土	锚杆框架梁	
							普通锚杆	预应力锚杆
				1000m²		10m³	100m	
				1	2	3	4	5
16	钢模板	t	271	—	—	—	—	—
17	组合钢模板	t	272	—	0.013	—	0.027	0.046
18	钢绞线群锚(4孔)	套	573	—	—	—	—	—
19	钢绞线群锚(6孔)	套	575	—	—	—	—	—
20	铁件	kg	651	—	11.5	2.3	13.0	35.8
21	铁钉	kg	653	—	—	—	—	—
22	8～12号铁丝	kg	655	0.4	1.1	—	—	—
23	20～22号铁丝	kg	656	—	—	—	3.2	6.5
24	铸铁管	kg	682	—	—	—	—	—
25	铁丝编织网	m²	693	119.93	—	—	—	—
26	土工布	m²	770	—	—	—	—	—
27	土工格栅	m²	772	26.8	—	—	—	—
28	土工格室	m²	773	39.0	—	—	—	—
29	三维植被网	m²	774	322.7	60.0	—	—	—

续上表

单位:表列单位

顺序号	项　　目	单位	代号	植草护坡	骨架护坡	喷射混凝土	锚杆框架梁	
							普通锚杆	预应力锚杆
				1000m²		10m³	100m	
				1	2	3	4	5
30	U形锚钉	kg	775	187.0	33.3	—	—	—
31	塑料软管	kg	782	—	—	—	—	—
32	PVC注浆管	m	807	—	—	—	—	—
33	塑料拉筋带	t	813	—	—	—	—	—
34	草袋	个	819	—	40	—	—	—
35	草籽	kg	821	19.6	13.5	—	—	—
36	树苗	株	822	—	—	—	—	—
37	32.5级水泥	t	832	0.172	18.185	4.889	1.917	3.971
38	硝铵炸药	kg	841	—	0.3	—	—	—
39	导火线	m	842	—	—	—	—	—
40	普通雷管	个	845	—	—	—	—	—
41	石油沥青	t	851	—	—	—	—	—
42	水	m³	866	61	263	46	29	15
43	木材	kg	867	—	—	—	—	—

续上表

单位：表列单位

顺序号	项目	单位	代号	植草护坡	骨架护坡	喷射混凝土	锚杆框架梁	
							普通锚杆	预应力锚杆
				1000m²		10m³	100m	
				1	2	3	4	5
44	生石灰	t	891	—	—	—	—	—
45	中(粗)砂	m³	899	—	67.09	6.82	2.85	5.86
46	砂砾	m³	902	—	75.96	—	—	—
47	黏土	m³	911	8.94	0.08	—	—	—
48	片石	m³	931	—	145.25	—	—	—
49	大卵石	m³	935	—	—		—	—
50	碎石(2cm)	m³	951	—	0.29	6.11	—	—
51	碎石(4cm)	m³	952	—	9.53	—	4.47	7.69
52	碎石(8cm)	m³	954	—	10.55	—	—	—
53	块石	m³	981	—	1.29	—	—	—
54	草皮	m²	995	1.82	38.82	—	—	—
55	其他材料费	元	996	7627.9	5622.7	358.7	21.5	218.9
56	75kW 以内履带式推土机	台班	1003	—	—	—	—	—

续上表

单位：表列单位

顺序号	项目	单位	代号	植草护坡	骨架护坡	喷射混凝土	锚杆框架梁	
							普通锚杆	预应力锚杆
				1000m²		10m³	100m	
				1	2	3	4	5
57	165kW 以内履带式推土机	台班	1007	—	—	—	—	—
58	2.0m³ 以内履带式单斗挖掘机	台班	1037	—	—	—	—	—
59	8～10t 光轮压路机	台班	1076	—	—	—	—	—
60	气腿式凿岩机	台班	1102	—	—	5.83	5.03	—
61	ϕ38～170mm 锚固钻机	台班	1119	—	—	—	—	9.30
62	液压喷播机	台班	1139	1.35	1.09	—	—	—
63	250L 以内混凝土搅拌机	台班	1272	1.24	1.62	1.99	0.20	0.34
64	200L 以内灰浆搅拌机	台班	1280	—	—	—	—	—
65	混凝土喷射机	台班	1283	1.06	—	2.21	—	—
66	3m³/h 以内灰浆输送泵	台班	1285	—	—	—	—	—
67	钢绞线拉伸设备	台班	1349	—	—	—	—	—
68	3t 以内载货汽车	台班	1371	—	—	—	—	—
69	4t 以内载货汽车	台班	1372	1.71	0.78	—	—	—

续上表 单位:表列单位

顺序号	项目	单位	代号	植草护坡	骨架护坡	喷射混凝土	锚杆框架梁	
							普通锚杆	预应力锚杆
				1000m²		10m³	100m	
				1	2	3	4	5
70	6t 以内载货汽车	台班	1374	—	—	—	—	—
71	12t 以内自卸汽车	台班	1387	—	—	—	—	—
72	4000L 以内洒水汽车	台班	1404	1.71	0.78	—	—	—
73	1t 以内机动翻斗车	台班	1408	—	—	—	—	—
74	5t 以内汽车式起重机	台班	1449	—	—	—	—	—
75	8t 以内汽车式起重机	台班	1450	—	—	—	—	—
76	12t 以内汽车式起重机	台班	1451	—	—	—	—	1.44
77	30kN 以内单筒慢动卷扬机	台班	1499	—	3.95	—	—	0.09
78	ϕ150mm 电动单级离心水泵	台班	1653	—	0.59	—	—	—
79	32kV·A 以内交流电弧焊机	台班	1726	0.03	0.03	0.35	1.30	2.83
80	9m³/min 以内机动空压机	台班	1842	2.07	0.94	4.76	2.40	2.32
81	17m³/min 以内机动空压机	台班	1844	—	—	—	—	—
82	小型机具使用费	元	1998	26.8	21.2	79.4	83.2	298.3
83	基价	元	1999	25149	46489	10422	9590	21567

续上表 单位:表列单位

顺序号	项目	单位	代号	预应力锚索	抗滑桩	加筋土挡土墙	板桩式挡土墙	锚杆挡土墙	防风固沙
				10m	10m³				1km
				6	7	8	9	10	11
1	人工	工日	1	15.1	35.4	196.2	38.1	111.6	1131.0
2	原木	m³	101	—	0.015	—	0.061	0.132	1.718
3	锯材	m³	102	0.016	0.003	0.051	0.039	0.065	0.122
4	光圆钢筋	t	111	0.014	1.086	0.281	0.316	0.387	—
5	带肋钢筋	t	112	0.086	—	—	0.750	1.497	—
6	钢绞线	t	125	0.064	—	—	—	—	—
7	型钢	t	182	0.001	0.009	—	0.023	0.024	0.015
8	钢板	t	183	—	—	—	—	0.030	—
9	钢管	t	191	0.011	—	—	—	0.010	—
10	钢钎	kg	211	—	0.3	—	—	—	—
11	空心钢钎	kg	212	—	—	—	—	—	—
12	ϕ50mm 以内合金钻头	个	213	—	—	—	—	—	—
13	ϕ150mm 以内合金钻头	个	214	0.2	—	—	—	—	—
14	钻杆	kg	216	5.3	—	—	—	—	—

续上表 单位:表列单位

顺序号	项目	单位	代号	预应力锚索	抗滑桩	加筋土挡土墙	板桩式挡土墙	锚杆挡土墙	防风固沙
				10m	10m³				1km
				6	7	8	9	10	11
15	电焊条	kg	231	0.4	4.2	0.3	3.8	3.9	—
16	钢模板	t	271	—	—	0.019	—	—	—
17	组合钢模板	t	272	0.004	0.013	—	0.020	0.031	0.053
18	钢绞线群锚(4孔)	套	573	0.33	—	—	—	—	—
19	钢绞线群锚(6孔)	套	575	0.08	—	—	—	—	—
20	铁件	kg	651	4.1	2.9	4.5	19.0	33.1	41.9
21	铁钉	kg	653	1.9	—	—	—	—	4.7
22	8~12号铁丝	kg	655	0.2	—	—	—	0.1	52.3
23	20~22号铁丝	kg	656	0.8	5.7	1.0	4.5	4.8	—
24	铸铁管	kg	682	1.0	—	24.4	—	—	—
25	铁丝编织网	m^2	693	—	—	—	—	—	—
26	土工布	m^2	770	—	—	—	0.7	—	—
27	土工格栅	m^2	772	—	—	—	—	—	—
28	土工格室	m^2	773	—	—	—	—	—	—

续上表 单位:表列单位

顺序号	项目	单位	代号	预应力锚索	抗滑桩	加筋土挡土墙	板桩式挡土墙	锚杆挡土墙	防风固沙
				10m	10m³				1km
				6	7	8	9	10	11
29	三维植被网	m^2	774	—	—	—	—	—	—
30	U形锚钉	kg	775	—	—	—	—	—	—
31	塑料软管	kg	782	5.8	—	—	—	—	—
32	PVC注浆管	m	807	13.60	—	—	—	—	—
33	塑料拉筋带	t	813	—	—	0.353	—	—	—
34	草袋	个	819	—	—	—	—	5	—
35	草籽	kg	821	—	—	—	—	—	126.2
36	树苗	株	822	—	—	—	—	—	978.9
37	32.5级水泥	t	832	0.468	3.584	3.429	3.412	4.081	6.055
38	硝铵炸药	kg	841	—	2.1	—	0.3	—	0.9
39	导火线	m	842	—	9	—	—	—	2
40	普通雷管	个	845	—	5	—	—	—	—
41	石油沥青	t	851	—	—	0.015	—	—	0.011

续上表

单位:表列单位

顺序号	项目	单位	代号	预应力锚索	抗滑桩	加筋土挡土墙	板桩式挡土墙	锚杆挡土墙	防风固沙
				10m	10m³				1km
				6	7	8	9	10	11
42	水	m³	866	2	15	19	11	20	31
43	木材	kg	867	—	—	—	—	—	10613.5
44	生石灰	t	891	—	—	1.430	—	—	—
45	中(粗)砂	m³	899	0.48	6.84	5.81	4.89	6.44	13.98
46	砂砾	m³	902	—	—	27.05	0.46	—	25.62
47	黏土	m³	911	—	—	5.18	—	—	0.24
48	片石	m³	931	—	—	—	—	0.62	15.11
49	大卵石	m³	935	—	—	—	—	—	102.05
50	碎石(2cm)	m³	951	—	—	2.31	—	—	—
51	碎石(4cm)	m³	952	0.62	2.25	6.15	8.46	6.93	9.91
52	碎石(8cm)	m³	954	—	8.36	—	—	1.00	2.84
53	块石	m³	981	—	—	—	—	0.16	4.00
54	草皮	m²	995	—	—	—	—	—	—
55	其他材料费	元	996	170.2	28.1	276.8	71.2	250.8	7675.2

续上表

单位:表列单位

顺序号	项目	单位	代号	预应力锚索	抗滑桩	加筋土挡土墙	板桩式挡土墙	锚杆挡土墙	防风固沙
				10m	10m³				1km
				6	7	8	9	10	11
56	75kW 以内履带式推土机	台班	1003	—	—	—	—	—	0.04
57	165kW 以内履带式推土机	台班	1007	—	—	—	—	—	1.20
58	2.0m³ 以内履带式单斗挖掘机	台班	1037	—	—	—	—	—	0.20
59	8～10t 光轮压路机	台班	1076	—	—	—	—	—	0.16
60	气腿式凿岩机	台班	1102	—	—	—	—	—	—
61	ϕ38～170mm 锚固钻机	台班	1119	1.32	—	—	—	9.92	—
62	液压喷播机	台班	1139	—	—	—	—	—	—
63	250L 以内混凝土搅拌机	台班	1272	0.03	0.86	0.44	0.44	0.41	0.59
64	200L 以内灰浆搅拌机	台班	1280	0.04	—	—	—	—	—
65	混凝土喷射机	台班	1283	—	—	—	—	—	—
66	3m³/h 以内灰浆输送泵	台班	1285	0.03	—	—	—	—	—
67	钢绞线拉伸设备	台班	1349	0.14	—	—	—	—	—
68	3t 以内载货汽车	台班	1371	0.01	—	—	—	—	—
69	4t 以内载货汽车	台班	1372	—	—	—	—	0.02	—

续上表 单位:表列单位

顺序号	项　　目	单位	代号	预应力锚索	抗滑桩	加筋土挡土墙	板桩式挡土墙	锚杆挡土墙	防风固沙
				10m	$10m^3$				1km
				6	7	8	9	10	11
70	6t 以内载货汽车	台班	1374	—	—	—	—	—	0.17
71	12t 以内自卸汽车	台班	1387	—	—	—	—	—	0.35
72	4000L 以内洒水汽车	台班	1404	—	—	—	—	—	—
73	1t 以内机动翻斗车	台班	1408	—	—	—	—	—	15.72
74	5t 以内汽车式起重机	台班	1449	—	—	—	0.80	—	0.15
75	8t 以内汽车式起重机	台班	1450	—	—	—	—	—	0.09
76	12t 以内汽车式起重机	台班	1451	—	—	—	0.20	2.12	—
77	30kN 以内单筒慢动卷扬机	台班	1499	—	2.16	—	0.53	0.27	—
78	ϕ150mm 电动单级离心水泵	台班	1653	—	—	—	—	0.08	—
79	32kV·A 以内交流电弧焊机	台班	1726	0.18	0.46	0.05	0.41	0.49	—
80	$9m^3$/min 以内机动空压机	台班	1842	—	0.21	—	0.03	2.47	—
81	$17m^3$/min 以内机动空压机	台班	1844	1.01	—	—	—	—	—
82	小型机具使用费	元	1998	49.2	41.7	4.2	23.1	298.2	28.5
83	基价	元	1999	3526	8622	21524	8994	21579	114328

注:本节防护工程的指标已包括圬工,圬工不得另行计算费用。

1-10 路基软基处理

工程内容 清淤换填、砂沟换填、抛石挤淤、袋装砂井、塑料排水板、堆载及真空预压、各种粒料桩、加固土搅拌桩、CFG 桩、垫层、土工合成材料等工程的全部工作。

单位:$1000m^2$ 处治面积

顺序号	项　　目	单位	代号	处治深度 h(m)			
				$h \leq 3$		$3 < h \leq 12$	$12 < h \leq 20$
				Ⅰ	Ⅱ		
				1	2	3	4
1	人工	工日	1	191.0	401.9	605.9	1604.1
2	型钢	t	182	—	—	0.087	—
3	铁件	kg	651	—	—	5.6	—
4	铁钉	kg	653	—	7.4	8.1	7.8
5	土工布	m^2	770	—	1493.1	1632.0	1562.5
6	土工格栅	m^2	772	—	2259.3	2469.4	2364.3
7	U 形锚钉	kg	775	—	66.9	73.1	70.0
8	塑料排水板	m	811	—	—	12914.46	—
9	塑料编织袋	m	812	—	—	3276.85	—
10	草袋	个	819	—	—	45	—

续上表　　　　单位:1000m² 处治面积

顺序号	项目	单位	代号	处治深度 h(m)			
				h≤3		3＜h≤12	12＜h≤20
				Ⅰ	Ⅱ		
				1	2	3	4
11	32.5 级水泥	t	832	—	—	—	405.506
12	水	m^3	866	—	—	—	120
13	生石灰	t	891	—	—	—	80.252
14	砂	m^3	897	763.36	656.49	183.30	175.50
15	中(粗)砂	m^3	899	—	—	13.75	192.73
16	砂砾	m^3	902	409.50	352.17	183.30	175.50
17	黏土	m^3	911	—	—	—	9.30
18	片石	m^3	931	—	189.20	—	—
19	大卵石	m^3	935	—	3.05	3.34	3.20
20	石渣	m^3	939	—	120.48	56.40	54.00
21	粉煤灰	m^3	945	—	—	—	53.20
22	碎石(4cm)	m^3	952	—	—	—	185.83
23	碎石(6cm)	m^3	953	—	—	—	643.24
24	碎石	m^3	958	—	325.08	169.20	162.00

续上表　　　　单位:1000m² 处治面积

顺序号	项目	单位	代号	处治深度 h(m)			
				h≤3		3＜h≤12	12＜h≤20
				Ⅰ	Ⅱ		
				1	2	3	4
25	其他材料费	元	996	—	128.8	4720.0	18302.6
26	设备摊销费	元	997	—	—	—	926.6
27	75kW 以内履带式推土机	台班	1003	1.84	3.23	32.10	0.73
28	0.6m^3 以内履带式单斗挖掘机	台班	1027	2.96	4.78	—	—
29	1.0m^3 以内轮胎式装载机	台班	1048	—	—	—	20.16
30	6～8t 光轮压路机	台班	1075	1.15	0.99	0.36	0.35
31	12～15t 光轮压路机	台班	1078	—	1.19	0.62	1.45
32	15t 以内振动压路机	台班	1088	—	0.03	—	—
33	250L 以内混凝土搅拌机	台班	1272	—	—	—	21.86
34	60m^3/h 以内混凝土输送泵	台班	1316	—	—	—	2.92
35	4t 以内载货汽车	台班	1372	—	—	0.07	—
36	10t 以内履带式起重机	台班	1431	—	—	—	3.06
37	15t 以内履带式起重机	台班	1432	—	—	17.30	13.63
38	25t 以内履带式起重机	台班	1434	—	—	—	6.04

续上表　　单位:1000m² 处治面积

顺序号	项　目	单位	代号	处治深度 h(m)			
				h≤3		3 < h≤12	12 < h≤20
				Ⅰ	Ⅱ		
				1	2	3	4
39	300kN 以内振动打拔桩锤	台班	1581	—	—	—	3.22
40	600kN 以内振动打拔桩锤	台班	1583	—	—	—	6.04
41	袋装砂井机	台班	1626	—	—	18.81	—
42	55kW 以内振冲器	台班	1630	—	—	—	18.17
43	φ600mm 以内螺旋钻孔机	台班	1633	—	—	—	6.56
44	粉体发送设备	台班	1641	—	—	—	86.97
45	15m 以内深层喷射搅拌机	台班	1645	—	—	—	39.75
46	25m 以内深层喷射搅拌机	台班	1647	—	—	—	47.23
47	φ100mm 电动单级离心水泵	台班	1652	—	—	78.76	—
48	φ150mm 电动多级水泵(≤180m)	台班	1665	—	—	—	13.63
49	204m³/h 以内真空泵	台班	1689	—	—	78.76	—
50	3m³/min 以内机动空压机	台班	1840	—	—	—	86.97
51	小型机具使用费	元	1998	—	—	16.1	4365.1
52	基价	元	1999	65697	129314	181324	498612

第二章　路面工程

说　　明

本章指标分路面垫层、稳定土基层、其他路面基层、沥青路面、水泥混凝土路面、其他路面、沥青路面镶边及路缘石等项目。

1. 各类稳定土基层、级配碎石、级配砾石基层的压实厚度在 15cm 以内，填隙碎石一层的压实厚度在 12cm 以内，垫层、其他种类的基层和底基层压实厚度在 20cm 以内，拖拉机、平地机和压路机的台班消耗按定额数量计算。如超过上述压实厚度进行分层拌和、碾压时，拖拉机、平地机和压路机的台班消耗按定额数量加倍计算，每 $1000m^2$ 增加 3 个工日。

2. 基层、垫层按顶层面积计算，沥青路面和水泥混凝土路面按路面实体计算。

3. 挖路槽，培路肩，稳定土拌和站安拆，稳定土拌和料的拌和及运输，沥青混合料拌和站安拆，沥青混合料的拌和及运输、铺筑、压实，透层、封层、磨耗层、保护层、水泥混凝土的拌和及运输，水泥混凝土搅拌站安拆，路肩加固等已综合在指标中。

4. 如设计为单车道路面宽度时，压路机台班可按指标用量乘以下列系数：

两轮光轮压路机 1.14，三轮光轮压路机 1.33，轮胎式压路机和振动压路机 1.29。

5. 本指标沥青的油石比系按《公路工程预算定额》(JTG/T B06-02—2007)附录的油石比编制。当设计能提出项目的油石比时，可按设计油石比调整指标中的沥青用量。换算公式如下：

$$S_i = S_d \times \frac{L_i}{L_d}$$

式中：S_i——按设计油石比换算后的沥青数量；

S_d——指标中的沥青数量；

L_d——《公路工程预算定额》(JTG/T B06-02—2007)中的油石比；

L_i——设计采用的油石比。

6. 温拌橡胶沥青路面是按干拌法编制的。

7. 沥青路面镶边和路缘石工程量以路基长度进行计算。

2-1 路面垫层

工程内容 挖路槽、培路肩、铺筑、洒水、碾压成型等全部工作。

单位:1000m^2

顺序号	项目	单位	代号	压实厚度15cm	每增减1cm
				1	2
1	人工	工日	1	6.3	2.1
2	水	m^3	866	—	1
3	砂砾	m^3	902	191.25	12.75
4	120kW以内自行式平地机	台班	1057	0.28	—
5	6~8t光轮压路机	台班	1075	0.26	—
6	12~15t光轮压路机	台班	1078	0.53	—
7	0.6t以内手扶式振动碾	台班	1083	0.39	0.02
8	6000L以内洒水汽车	台班	1405	0.43	—
9	1t以内机动翻斗车	台班	1408	0.20	0.01
10	基价	元	1999	7147	530

2-2 稳定土基层

工程内容 挖路槽,培路肩,消解石灰,混合料拌和、运输、铺筑、碾压成型,拌和设备安拆等全部工作,初期养护。

单位:1000m^2

顺序号	项目	单位	代号	水泥砂砾基层		水泥碎石基层		水泥石屑基层	
				压实厚度15cm	每增减1cm	压实厚度15cm	每增减1cm	压实厚度15cm	每增减1cm
				1	2	3	4	5	6
1	人工	工日	1	16.3	0.5	16.4	0.5	16.2	0.5
2	铁件	kg	651	0.2	—	0.2	—	0.2	—
3	32.5级水泥	t	832	16.721	1.095	17.044	1.117	16.036	1.050
4	水	m^3	866	23	1	24	1	29	2
5	生石灰	t	891	—	—	—	—	—	—
6	土	m^3	895	—	—	—	—	—	—
7	中(粗)砂	m^3	899	0.96	—	0.96	—	0.96	—
8	砂砾	m^3	902	203.32	13.28	4.15	—	4.15	—
9	碎石土	m^3	915	—	—	—	—	—	—
10	砂砾土	m^3	916	—	—	—	—	—	—
11	片石	m^3	931	0.75	—	0.75	—	0.75	—

续上表　　单位:1000m²

顺序号	项　目	单位	代号	水泥砂砾基层		水泥碎石基层		水泥石屑基层	
				压实厚度15cm	每增减1cm	压实厚度15cm	每增减1cm	压实厚度15cm	每增减1cm
				1	2	3	4	5	6
12	粉煤灰	m^3	945	—	—	—	—	—	—
13	碎石(4cm)	m^3	952	0.21	—	0.21	—	0.21	—
14	碎石	m^3	958	—	—	220.32	14.69	—	—
15	石屑	m^3	961	—	—	—	—	205.85	13.72
16	块石	m^3	981	0.68	—	0.68	—	0.68	—
17	其他材料费	元	996	2.0	—	2.0	—	2.0	—
18	75kW 以内履带式推土机	台班	1003	0.01	—	0.01	—	0.01	—
19	105kW 以内履带式推土机	台班	1005	0.03	—	0.03	—	0.03	—
20	0.6m³ 以内履带式单斗挖掘机	台班	1027	0.01	—	0.01	—	0.01	—
21	3.0m³ 以内轮胎式装载机	台班	1051	0.48	0.03	0.49	0.03	0.46	0.03
22	120kW 以内自行式平地机	台班	1057	—	—	—	—	—	—
23	6～8t 光轮压路机	台班	1075	0.15	—	0.15	—	0.15	—
24	8～10t 光轮压路机	台班	1076	0.01	—	0.01	—	0.01	—

续上表　　单位:1000m²

顺序号	项　目	单位	代号	水泥砂砾基层		水泥碎石基层		水泥石屑基层	
				压实厚度15cm	每增减1cm	压实厚度15cm	每增减1cm	压实厚度15cm	每增减1cm
				1	2	3	4	5	6
25	12～15t 光轮压路机	台班	1078	1.34	—	1.34	—	1.34	—
26	0.6t 以内手扶式振动碾	台班	1083	0.39	0.02	0.39	0.02	0.39	0.02
27	235kW 以内稳定土拌和机	台班	1155	—	—	—	—	—	—
28	300t/h 以内稳定土厂拌设备	台班	1160	0.24	0.02	0.24	0.02	0.23	0.02
29	9.5m 以内稳定土摊铺机	台班	1165	0.24	—	0.24	—	0.24	—
30	250L 以内混凝土搅拌机	台班	1272	0.01	—	0.01	—	0.01	—
31	12t 以内自卸汽车	台班	1387	2.23	0.15	2.23	0.15	2.23	0.15
32	20t 以内平板拖车组	台班	1393	0.02	—	0.02	—	0.02	—
33	6000L 以内洒水汽车	台班	1405	0.32	—	0.32	—	0.32	—
34	1t 以内机动翻斗车	台班	1408	0.20	0.01	0.20	0.01	0.20	0.01
35	40t 以内汽车式起重机	台班	1456	0.03	—	0.03	—	0.03	—
36	75t 以内汽车式起重机	台班	1458	0.03	—	0.03	—	0.03	—
37	小型机具使用费	元	1998	4.5	—	4.5	—	4.5	—
38	基价	元	1999	16373	937	16377	936	23329	1403

续上表　　　　单位:1000m²

顺序号	项　目	单位	代号	水泥石灰土基层		水泥石灰砂砾基层		水泥石灰碎石基层	
				压实厚度15cm	每增减1cm	压实厚度15cm	每增减1cm	压实厚度15cm	每增减1cm
				7	8	9	10	11	12
1	人工	工日	1	24.5	1.2	16.2	0.5	16.2	0.5
2	铁件	kg	651	—	—	0.2	—	0.2	—
3	32.5 级水泥	t	832	15.147	1.010	16.051	1.051	13.270	0.865
4	水	m³	866	—	—	32	2	29	2
5	生石灰	t	891	10.393	0.693	15.917	1.061	9.926	0.662
6	土	m³	895	195.29	13.02	—	—	—	—
7	中(粗)砂	m³	899	—	—	0.96	—	0.96	—
8	砂砾	m³	902	—	—	185.65	12.10	4.15	—
9	碎石土	m³	915	—	—	—	—	—	—
10	砂砾土	m³	916	—	—	—	—	—	—
11	片石	m³	931	—	—	0.75	—	0.75	—
12	粉煤灰	m³	945	—	—	—	—	—	—
13	碎石(4cm)	m³	952	—	—	0.21	—	0.21	—

续上表　　　　单位:1000m²

顺序号	项　目	单位	代号	水泥石灰土基层		水泥石灰砂砾基层		水泥石灰碎石基层	
				压实厚度15cm	每增减1cm	压实厚度15cm	每增减1cm	压实厚度15cm	每增减1cm
				7	8	9	10	11	12
14	碎石	m³	958	—	—	—	—	206.89	13.79
15	石屑	m³	961	—	—	—	—	—	—
16	块石	m³	981	—	—	0.68	—	0.68	—
17	其他材料费	元	996	—	—	2.0	—	2.0	—
18	75kW 以内履带式推土机	台班	1003	—	—	0.01	—	0.01	—
19	105kW 以内履带式推土机	台班	1005	—	—	0.03	—	0.03	—
20	0.6m³ 以内履带式单斗挖掘机	台班	1027	—	—	0.01	—	0.01	—
21	3.0m³ 以内轮胎式装载机	台班	1051	—	—	0.46	0.03	0.47	0.03
22	120kW 以内自行式平地机	台班	1057	0.38	—	—	—	—	—
23	6～8t 光轮压路机	台班	1075	0.28	—	0.15	—	0.15	—
24	8～10t 光轮压路机	台班	1076	—	—	0.01	—	0.01	—
25	12～15t 光轮压路机	台班	1078	1.32	—	1.34	—	1.34	—
26	0.6t 以内手扶式振动碾	台班	1083	0.39	0.02	0.39	0.02	0.39	0.02

续上表　　单位:1000m²

顺序号	项　目	单位	代号	水泥石灰土基层		水泥石灰砂砾基层		水泥石灰碎石基层	
				压实厚度15cm	每增减1cm	压实厚度15cm	每增减1cm	压实厚度15cm	每增减1cm
				7	8	9	10	11	12
27	235kW 以内稳定土拌和机	台班	1155	0.30	0.02	—	—	—	—
28	300t/h 以内稳定土厂拌设备	台班	1160	—	—	0.23	0.02	0.23	0.02
29	9.5m 以内稳定土摊铺机	台班	1165	—	—	0.24	—	0.24	—
30	250L 以内混凝土搅拌机	台班	1272	—	—	0.01	—	0.01	—
31	12t 以内自卸汽车	台班	1387	—	—	2.23	0.15	2.23	0.15
32	20t 以内平板拖车组	台班	1393	—	—	0.02	—	0.02	—
33	6000L 以内洒水汽车	台班	1405	0.87	0.04	0.32	—	0.32	—
34	1t 以内机动翻斗车	台班	1408	0.20	0.01	0.20	0.01	0.20	0.01
35	40t 以内汽车式起重机	台班	1456	—	—	0.03	—	0.03	—
36	75t 以内汽车式起重机	台班	1458	—	—	0.03	—	0.03	—
37	小型机具使用费	元	1998	—	—	4.5	—	4.5	—
38	基价	元	1999	11028	634	17253	998	15805	901

续上表　　单位:1000m²

顺序号	项　目	单位	代号	水泥石灰砂砾土基层		水泥石灰碎石土基层		石灰土基层	
				压实厚度15cm	每增减1cm	压实厚度15cm	每增减1cm	压实厚度15cm	每增减1cm
				13	14	15	16	17	18
1	人工	工日	1	16.0	0.5	16.0	0.5	35.7	1.9
2	铁件	kg	651	0.2	—	0.2	—	—	—
3	32.5 级水泥	t	832	14.947	0.977	12.295	0.800	—	—
4	水	m³	866	31	2	30	2	—	—
5	生石灰	t	891	11.955	0.797	9.181	0.612	24.046	1.603
6	土	m³	895	—	—	—	—	195.80	13.05
7	中(粗)砂	m³	899	0.96	—	0.96	—	—	—
8	砂砾	m³	902	4.15	—	4.15	—	—	—
9	碎石土	m³	915	—	—	181.91	12.13	—	—
10	砂砾土	m³	916	165.49	11.03	—	—	—	—
11	片石	m³	931	0.75	—	0.75	—	—	—
12	粉煤灰	m³	945	—	—	—	—	—	—
13	碎石(4cm)	m³	952	0.21	—	0.21	—	—	—

续上表 单位:1000m²

顺序号	项目	单位	代号	水泥石灰砂砾土基层		水泥石灰碎石土基层		石灰土基层	
				压实厚度15cm	每增减1cm	压实厚度15cm	每增减1cm	压实厚度15cm	每增减1cm
				13	14	15	16	17	18
14	碎石	m^3	958	—	—	—	—	—	—
15	石屑	m^3	961	—	—	—	—	—	—
16	块石	m^3	981	0.68	—	0.68	—	—	—
17	其他材料费	元	996	2.0	—	2.0	—	—	—
18	75kW 以内履带式推土机	台班	1003	0.01	—	0.01	—	—	—
19	105kW 以内履带式推土机	台班	1005	0.03	—	0.03	—	—	—
20	0.6m³ 以内履带式单斗挖掘机	台班	1027	0.01	—	0.01	—	—	—
21	3.0m³ 以内轮胎式装载机	台班	1051	0.43	0.03	0.44	0.03	—	—
22	120kW 以内自行式平地机	台班	1057	—	—	—	—	0.38	—
23	6~8t 光轮压路机	台班	1075	0.15	—	0.15	—	0.28	—
24	8~10t 光轮压路机	台班	1076	0.01	—	0.01	—	—	—
25	12~15t 光轮压路机	台班	1078	1.34	—	1.34	—	1.32	—
26	0.6t 以内手扶式振动碾	台班	1083	0.39	0.02	0.39	0.02	0.39	0.02

续上表 单位:1000m²

顺序号	项目	单位	代号	水泥石灰砂砾土基层		水泥石灰碎石土基层		石灰土基层	
				压实厚度15cm	每增减1cm	压实厚度15cm	每增减1cm	压实厚度15cm	每增减1cm
				13	14	15	16	17	18
27	235kW 以内稳定土拌和机	台班	1155	—	—	—	—	0.30	0.02
28	300t/h 以内稳定土厂拌设备	台班	1160	0.21	0.01	0.21	0.01	—	—
29	9.5m 以内稳定土摊铺机	台班	1165	0.24	—	0.24	—	—	—
30	250L 以内混凝土搅拌机	台班	1272	0.01	—	0.01	—	—	—
31	12t 以内自卸汽车	台班	1387	2.23	0.15	2.23	0.15	—	—
32	20t 以内平板拖车组	台班	1393	0.02	—	0.02	—	—	—
33	6000L 以内洒水汽车	台班	1405	0.32	—	0.32	—	1.09	0.05
34	1t 以内机动翻斗车	台班	1408	0.20	0.01	0.20	0.01	0.20	0.01
35	40t 以内汽车式起重机	台班	1456	0.03	—	0.03	—	—	—
36	75t 以内汽车式起重机	台班	1458	0.03	—	0.03	—	—	—
37	小型机具使用费	元	1998	4.5	—	4.5	—	—	—
38	基价	元	1999	14439	805	13214	722	8431	455

续上表　　　　　　　　　　　　　　　　　　　　　　　　　　　　　　　单位:1000m²

顺序号	项　　目	单位	代号	石灰土砂砾基层		石灰土碎石基层		石灰粉煤灰砂砾基层	
				压实厚度15cm	每增减1cm	压实厚度15cm	每增减1cm	压实厚度15cm	每增减1cm
				19	20	21	22	23	24
1	人工	工日	1	16.0	0.5	16.0	0.5	16.0	0.5
2	铁件	kg	651	0.2	—	0.2	—	0.2	—
3	32.5级水泥	t	832	0.289	—	0.289	—	0.289	—
4	水	m^3	866	29	2	30	2	36	2
5	生石灰	t	891	14.475	0.965	14.676	0.978	15.464	1.031
6	土	m^3	895	37.22	2.48	37.34	2.52	—	—
7	中(粗)砂	m^3	899	0.96	—	0.96	—	0.96	—
8	砂砾	m^3	902	150.47	9.75	4.15	—	152.65	9.90
9	碎石土	m^3	915	—	—	—	—	—	—
10	砂砾土	m^3	916	—	—	—	—	—	—
11	片石	m^3	931	0.75	—	0.75	—	0.75	—
12	粉煤灰	m^3	945	—	—	—	—	61.86	4.12
13	碎石(4cm)	m^3	952	0.21	—	0.21	—	0.21	—

续上表　　　　　　　　　　　　　　　　　　　　　　　　　　　　　　　单位:1000m²

顺序号	项　　目	单位	代号	石灰土砂砾基层		石灰土碎石基层		石灰粉煤灰砂砾基层	
				压实厚度15cm	每增减1cm	压实厚度15cm	每增减1cm	压实厚度15cm	每增减1cm
				19	20	21	22	23	24
14	碎石	m^3	958	—	—	160.93	10.73	—	—
15	石屑	m^3	961	—	—	—	—	—	—
16	块石	m^3	981	0.68	—	0.68	—	0.68	—
17	其他材料费	元	996	2.0	—	2.0	—	2.0	—
18	75kW以内履带式推土机	台班	1003	0.01	—	0.01	—	0.01	—
19	105kW以内履带式推土机	台班	1005	0.03	—	0.03	—	0.03	—
20	0.6m^3以内履带式单斗挖掘机	台班	1027	0.01	—	0.01	—	0.01	—
21	3.0m^3以内轮胎式装载机	台班	1051	0.42	0.03	0.43	0.03	0.43	0.03
22	120kW以内自行式平地机	台班	1057	—	—	—	—	—	—
23	6~8t光轮压路机	台班	1075	0.15	—	0.15	—	0.15	—
24	8~10t光轮压路机	台班	1076	0.01	—	0.01	—	0.01	—
25	12~15t光轮压路机	台班	1078	1.34	—	1.34	—	1.34	—
26	0.6t以内手扶式振动碾	台班	1083	0.39	0.02	0.39	0.02	0.39	0.02

续上表 单位:1000m²

顺序号	项目	单位	代号	石灰土砂砾基层		石灰土碎石基层		石灰粉煤灰砂砾基层	
				压实厚度15cm	每增减1cm	压实厚度15cm	每增减1cm	压实厚度15cm	每增减1cm
				19	20	21	22	23	24
27	235kW 以内稳定土拌和机	台班	1155	—	—	—	—	—	—
28	300t/h 以内稳定土厂拌设备	台班	1160	0.21	0.01	0.21	0.01	0.21	0.01
29	9.5m 以内稳定土摊铺机	台班	1165	0.24	—	0.24	—	0.24	—
30	250L 以内混凝土搅拌机	台班	1272	0.01	—	0.01	—	0.01	—
31	12t 以内自卸汽车	台班	1387	2.23	0.15	2.23	0.15	2.23	0.15
32	20t 以内平板拖车组	台班	1393	0.02	—	0.02	—	0.02	—
33	6000L 以内洒水汽车	台班	1405	0.32	—	0.32	—	0.32	—
34	1t 以内机动翻斗车	台班	1408	0.20	0.01	0.20	0.01	0.20	0.01
35	40t 以内汽车式起重机	台班	1456	0.03	—	0.03	—	0.03	—
36	75t 以内汽车式起重机	台班	1458	0.03	—	0.03	—	0.03	—
37	小型机具使用费	元	1998	4.5	—	4.5	—	4.5	—
38	基价	元	1999	11196	589	11117	584	12379	667

续上表 单位:1000m²

顺序号	项目	单位	代号	石灰粉煤灰碎石基层	
				压实厚度 15cm	每增减 1cm
				25	26
1	人工	工日	1	16.1	0.5
2	铁件	kg	651	0.2	—
3	32.5 级水泥	t	832	0.289	—
4	水	m³	866	31	2
5	生石灰	t	891	15.987	1.066
6	土	m³	895	—	—
7	中(粗)砂	m³	899	0.96	—
8	砂砾	m³	902	4.15	—
9	碎石土	m³	915	—	—
10	砂砾土	m³	916	—	—
11	片石	m³	931	0.75	—
12	粉煤灰	m³	945	63.95	4.26
13	碎石(4cm)	m³	952	0.21	—
14	碎石	m³	958	166.54	11.10

续上表　　　　单位:1000m²

顺序号	项　目	单位	代号	石灰粉煤灰碎石基层	
				压实厚度 15cm	每增减 1cm
				25	26
15	石屑	m^3	961	—	—
16	块石	m^3	981	0.68	—
17	其他材料费	元	996	2.0	—
18	75kW 以内履带式推土机	台班	1003	0.01	—
19	105kW 以内履带式推土机	台班	1005	0.03	—
20	0.6m^3 以内履带式单斗挖掘机	台班	1027	0.01	—
21	3.0m^3 以内轮胎式装载机	台班	1051	0.44	0.03
22	120kW 以内自行式平地机	台班	1057	—	—
23	6～8t 光轮压路机	台班	1075	0.15	—
24	8～10t 光轮压路机	台班	1076	0.01	—
25	12～15t 光轮压路机	台班	1078	1.34	—
26	0.6t 以内手扶式振动碾	台班	1083	0.39	0.02
27	235kW 以内稳定土拌和机	台班	1155	—	—
28	300t/h 以内稳定土厂拌设备	台班	1160	0.22	0.01

续上表　　　　单位:1000m²

顺序号	项　目	单位	代号	石灰粉煤灰碎石基层	
				压实厚度 15cm	每增减 1cm
				25	26
29	9.5m 以内稳定土摊铺机	台班	1165	0.24	—
30	250L 以内混凝土搅拌机	台班	1272	0.01	—
31	12t 以内自卸汽车	台班	1387	2.23	0.15
32	20t 以内平板拖车组	台班	1393	0.02	—
33	6000L 以内洒水汽车	台班	1405	0.32	—
34	1t 以内机动翻斗车	台班	1408	0.20	0.01
35	40t 以内汽车式起重机	台班	1456	0.03	—
36	75t 以内汽车式起重机	台班	1458	0.03	—
37	小型机具使用费	元	1998	4.5	—
38	基价	元	1999	12477	672

2－3 其他路面基层

工程内容 挖路槽，培路肩，消解石灰，调浆、灌浆，撒铺嵌缝料，拌和，铺筑，洒水，碾压成型，找补等全部工作。

单位：1000m^2

顺序号	项目	单位	代号	泥灰结碎石基层		泥结碎石基层		级配碎石基层	
				压实厚度10cm	每增减1cm	压实厚度10cm	每增减1cm	压实厚度10cm	每增减1cm
				1	2	3	4	5	6
1	人工	工日	1	29.1	2.6	25.6	2.1	10.3	0.6
2	生石灰	t	891	4.327	0.433	—	—	—	—
3	土	m^3	895	—	—	—	—	—	—
4	砂	m^3	897	—	—	—	—	—	—
5	黏土	m^3	911	23.93	2.39	28.28	2.83	—	—
6	砾石(2cm)	m^3	921	—	—	—	—	—	—
7	砾石(4cm)	m^3	922	—	—	—	—	—	—
8	石屑	m^3	961	11.90	1.19	11.03	1.10	52.92	5.29
9	路面用碎石(1.5cm)	m^3	965	—	—	—	—	38.02	3.80
10	路面用碎石(2.5cm)	m^3	966	—	—	—	—	33.47	3.35
11	路面用碎石(3.5cm)	m^3	967	10.57	1.06	11.10	1.11	27.38	2.74

续上表

单位：1000m^2

顺序号	项目	单位	代号	泥灰结碎石基层		泥结碎石基层		级配碎石基层	
				压实厚度10cm	每增减1cm	压实厚度10cm	每增减1cm	压实厚度10cm	每增减1cm
				1	2	3	4	5	6
12	路面用碎石(5cm)	m^3	968	—	—	—	—	—	—
13	路面用碎石(6cm)	m^3	969	97.18	9.72	100.34	10.03	—	—
14	120kW 以内自行式平地机	台班	1057	0.38	—	0.17	—	0.62	—
15	6～8t 光轮压路机	台班	1075	0.28	—	0.28	—	0.14	—
16	12～15t 光轮压路机	台班	1078	0.78	—	0.78	—	1.34	—
17	0.6t 以内手扶式振动碾	台班	1083	0.61	0.03	0.61	0.03	0.61	0.03
18	15t 以内振动压路机	台班	1088	—	—	—	—	—	—
19	石屑撒布机	台班	1183	—	—	—	—	—	—
20	6000L 以内洒水汽车	台班	1405	0.54	0.05	0.59	0.06	0.24	0.02
21	1t 以内机动翻斗车	台班	1408	0.21	0.02	0.21	0.02	0.21	0.02
22	小型机具使用费	元	1998	—	—	—	—	—	—
23	基价	元	1999	10163	918	9505	864	11818	1035

续上表

单位:1000m²

顺序号	项目	单位	代号	级配砾石基层		填隙碎石基层	
				压实厚度 10cm	每增减 1cm	压实厚度 10cm	每增减 1cm
				7	8	9	10
1	人工	工日	1	11.9	0.8	10.5	0.7
2	生石灰	t	891	—	—	—	—
3	土	m^3	895	15.21	1.52	—	—
4	砂	m^3	897	35.92	3.59	—	—
5	黏土	m^3	911	—	—	—	—
6	砾石(2cm)	m^3	921	65.69	6.57	—	—
7	砾石(4cm)	m^3	922	32.84	3.28	—	—
8	石屑	m^3	961	—	—	34.32	2.57
9	路面用碎石(1.5cm)	m^3	965	—	—	1.99	0.15
10	路面用碎石(2.5cm)	m^3	966	—	—	7.83	0.59
11	路面用碎石(3.5cm)	m^3	967	—	—	25.49	1.91
12	路面用碎石(5cm)	m^3	968	—	—	48.20	3.62
13	路面用碎石(6cm)	m^3	969	—	—	14.74	1.11
14	120kW 以内自行式平地机	台班	1057	0.62	—	0.23	0.02

续上表

单位:1000m²

顺序号	项目	单位	代号	级配砾石基层		填隙碎石基层	
				压实厚度 10cm	每增减 1cm	压实厚度 10cm	每增减 1cm
				7	8	9	10
15	6～8t 光轮压路机	台班	1075	0.14	—	0.38	0.03
16	12～15t 光轮压路机	台班	1078	1.34	—	0.38	0.03
17	0.6t 以内手扶式振动碾	台班	1083	0.61	0.03	0.61	0.03
18	15t 以内振动压路机	台班	1088	—	—	0.18	0.01
19	石屑撒布机	台班	1183	—	—	0.10	—
20	6000L 以内洒水汽车	台班	1405	0.24	0.02	0.09	—
21	1t 以内机动翻斗车	台班	1408	0.21	0.02	0.21	0.02
22	小型机具使用费	元	1998	—	—	—	8.4
23	基价	元	1999	8458	701	9412	701

2-4 沥青路面

工程内容 沥青混合料路面:拌和,运输,铺筑,洒透层、黏层油,碾压成型,拌和设备安拆,初期养护等全部工作。
其他沥青路面:熬、运油,洒透层油,铺筑,碾压成型,熬油设备安拆,初期养护等全部工作。

单位:1000m³ 路面实体

顺序号	项目	单位	代号	沥青碎石			
				特粗式	粗粒式	中粒式	细粒式
				1	2	3	4
1	人工	工日	1	184.4	184.7	185.0	186.7
2	型钢	t	182	0.002	0.002	0.002	0.002
3	组合钢模板	t	272	0.004	0.004	0.004	0.004
4	铁件	kg	651	3.1	3.1	3.1	3.1
5	32.5 级水泥	t	832	8.235	8.235	8.235	8.235
6	石油沥青	t	851	85.976	91.857	97.138	103.567
7	改性沥青	t	852	—	—	—	—
8	乳化沥青	t	853	—	—	—	—
9	纤维稳定剂	t	856	—	—	—	—
10	煤	t	864	0.889	0.889	0.889	0.889
11	水	m³	866	82	82	82	82

续上表

单位:1000m³ 路面实体

顺序号	项目	单位	代号	沥青碎石			
				特粗式	粗粒式	中粒式	细粒式
				1	2	3	4
12	砂	m³	897	154.74	170.93	221.97	264.92
13	中(粗)砂	m³	899	28.46	28.46	28.46	28.46
14	砂砾	m³	902	73.06	73.06	73.06	73.06
15	片石	m³	931	23.28	23.28	23.28	23.28
16	矿粉	t	949	44.563	51.865	55.555	65.424
17	碎石(4cm)	m³	952	3.74	3.74	3.74	3.74
18	石屑	m³	961	126.69	130.68	183.65	308.92
19	路面用碎石(1.5cm)	m³	965	264.30	294.72	479.04	867.75
20	路面用碎石(2.5cm)	m³	966	249.49	281.60	578.58	—
21	路面用碎石(3.5cm)	m³	967	347.72	599.54	—	—
22	路面用碎石(5cm)	m³	968	356.78	—	—	—
23	路面用碎石(6cm)	m³	969	—	—	—	—
24	块石	m³	981	31.89	31.89	31.89	31.89
25	其他材料费	元	996	301.9	393.2	431.5	489.0

续上表

单位:1000m³ 路面实体

顺序号	项目	单位	代号	沥青碎石			
				特粗式	粗粒式	中粒式	细粒式
				1	2	3	4
26	设备摊销费	元	997	3078.4	3220.1	3347.3	3502.1
27	75kW 以内履带式推土机	台班	1003	0.49	0.49	0.49	0.49
28	105kW 以内履带式推土机	台班	1005	0.50	0.50	0.50	0.50
29	0.6m³ 以内履带式单斗挖掘机	台班	1027	0.65	0.65	0.65	0.65
30	2.0m³ 以内轮胎式装载机	台班	1050	6.11	6.11	6.07	6.03
31	6~8t 光轮压路机	台班	1075	6.34	5.67	5.74	5.81
32	8~10t 光轮压路机	台班	1076	0.22	0.22	0.22	0.22
33	10~12t 光轮压路机	台班	1077	—	—	—	—
34	12~15t 光轮压路机	台班	1078	5.86	5.86	5.93	6.00
35	石屑撒布机	台班	1183	—	—	—	—
36	4000L 以内沥青洒布车	台班	1193	0.39	0.33	0.33	0.33
37	160t/h 以内沥青混合料拌和设备	台班	1205	2.61	2.61	2.59	2.57
38	240t/h 以内沥青混合料拌和设备	台班	1206	—	—	—	—
39	9.0m 以内沥青混合料摊铺机	台班	1213	2.82	2.82	2.85	2.89

续上表

单位:1000m³ 路面实体

顺序号	项目	单位	代号	沥青碎石			
				特粗式	粗粒式	中粒式	细粒式
				1	2	3	4
40	12.5m 以内沥青混合料摊铺机	台班	1214	—	—	—	—
41	15t 以内振动压路机	台班	1220	—	—	—	—
42	9~16t 轮胎式压路机	台班	1223	2.69	2.69	2.73	2.76
43	16~20t 轮胎式压路机	台班	1224	—	—	—	—
44	20~25t 轮胎式压路机	台班	1225	—	—	—	—
45	250L 以内混凝土搅拌机	台班	1272	0.19	0.19	0.19	0.19
46	5t 以内自卸汽车	台班	1383	2.57	2.57	2.55	2.53
47	12t 以内自卸汽车	台班	1387	19.28	19.28	19.28	19.28
48	20t 以内平板拖车组	台班	1393	0.35	0.35	0.35	0.35
49	12t 以内汽车式起重机	台班	1451	0.09	0.09	0.09	0.09
50	20t 以内汽车式起重机	台班	1453	0.70	0.70	0.70	0.70
51	40t 以内汽车式起重机	台班	1456	—	—	—	—
52	75t 以内汽车式起重机	台班	1458	0.70	0.70	0.70	0.70
53	小型机具使用费	元	1998	52.2	52.7	52.7	52.7
54	基价	元	1999	533683	558021	577949	601603

续上表

单位:1000m³ 路面实体

顺序号	项目	单位	代号	石油沥青			
				粗粒式	中粒式	细粒式	砂粒式
				5	6	7	8
1	人工	工日	1	187.0	187.3	188.8	196.6
2	型钢	t	182	0.002	0.002	0.002	0.002
3	组合钢模板	t	272	0.004	0.004	0.004	0.004
4	铁件	kg	651	3.1	3.1	3.1	3.1
5	32.5 级水泥	t	832	8.235	8.235	8.235	8.235
6	石油沥青	t	851	115.727	123.716	133.241	151.545
7	改性沥青	t	852	—	—	—	—
8	乳化沥青	t	853	—	—	—	—
9	纤维稳定剂	t	856	—	—	—	—
10	煤	t	864	0.889	0.889	0.889	0.889
11	水	m³	866	82	82	82	82
12	砂	m³	897	296.66	389.79	471.22	893.59
13	中(粗)砂	m³	899	28.46	28.46	28.46	28.46
14	砂砾	m³	902	73.06	73.06	73.06	73.06

续上表

单位:1000m³ 路面实体

顺序号	项目	单位	代号	石油沥青			
				粗粒式	中粒式	细粒式	砂粒式
				5	6	7	8
15	片石	m³	931	23.28	23.28	23.28	23.28
16	矿粉	t	949	96.104	117.720	128.404	161.629
17	碎石(4cm)	m³	952	3.74	3.74	3.74	3.74
18	石屑	m³	961	182.30	226.75	261.18	537.84
19	路面用碎石(1.5cm)	m³	965	259.89	334.74	723.22	—
20	路面用碎石(2.5cm)	m³	966	299.07	520.05	—	—
21	路面用碎石(3.5cm)	m³	967	469.28	—	—	—
22	路面用碎石(5cm)	m³	968	—	—	—	—
23	路面用碎石(6cm)	m³	969	—	—	—	—
24	块石	m³	981	31.89	31.89	31.89	31.89
25	其他材料费	元	996	329.3	431.5	489.0	968.2
26	设备摊销费	元	997	3795.0	3987.4	4216.8	4657.7
27	75kW 以内履带式推土机	台班	1003	0.49	0.49	0.49	0.49
28	105kW 以内履带式推土机	台班	1005	0.50	0.50	0.50	0.50

续上表

单位:1000m³ 路面实体

顺序号	项目	单位	代号	石油沥青			
				粗粒式	中粒式	细粒式	砂粒式
				5	6	7	8
29	$0.6m^3$ 以内履带式单斗挖掘机	台班	1027	0.65	0.65	0.65	0.65
30	$2.0m^3$ 以内轮胎式装载机	台班	1050	6.33	6.31	6.29	6.29
31	6~8t 光轮压路机	台班	1075	6.53	5.90	5.94	5.94
32	8~10t 光轮压路机	台班	1076	0.22	0.22	0.22	0.22
33	10~12t 光轮压路机	台班	1077	—	—	—	—
34	12~15t 光轮压路机	台班	1078	6.05	6.09	6.13	6.13
35	石屑撒布机	台班	1183	—	—	—	—
36	4000L 以内沥青洒布车	台班	1193	0.39	0.33	0.33	0.33
37	160t/h 以内沥青混合料拌和设备	台班	1205	2.70	2.69	2.68	2.68
38	240t/h 以内沥青混合料拌和设备	台班	1206	—	—	—	—
39	9.0m 以内沥青混合料摊铺机	台班	1213	2.91	2.93	2.95	2.95
40	12.5m 以内沥青混合料摊铺机	台班	1214	—	—	—	—
41	15t 以内振动压路机	台班	1220	—	—	—	—

续上表

单位:1000m³ 路面实体

顺序号	项目	单位	代号	石油沥青			
				粗粒式	中粒式	细粒式	砂粒式
				5	6	7	8
42	9~16t 轮胎式压路机	台班	1223	—	—	—	—
43	16~20t 轮胎式压路机	台班	1224	1.12	1.12	1.13	1.13
44	20~25t 轮胎式压路机	台班	1225	1.67	1.69	1.70	1.69
45	250L 以内混凝土搅拌机	台班	1272	0.19	0.19	0.19	0.19
46	5t 以内自卸汽车	台班	1383	2.66	2.65	2.64	2.64
47	12t 以内自卸汽车	台班	1387	19.28	19.28	19.28	19.28
48	20t 以内平板拖车组	台班	1393	0.35	0.35	0.35	0.35
49	12t 以内汽车式起重机	台班	1451	0.09	0.09	0.09	0.09
50	20t 以内汽车式起重机	台班	1453	0.70	0.70	0.70	0.70
51	40t 以内汽车式起重机	台班	1456	—	—	—	—
52	75t 以内汽车式起重机	台班	1458	0.70	0.70	0.70	0.70
53	小型机具使用费	元	1998	52.2	52.7	52.7	52.7
54	基价	元	1999	658237	688500	724040	791240

续上表 单位:1000m³ 路面实体

顺序号	项　目	单位	代号	改性沥青		沥青玛蹄脂
				中粒式	细粒式	
				9	10	11
1	人工	工日	1	196.8	198.4	205.7
2	型钢	t	182	0.003	0.003	0.003
3	组合钢模板	t	272	0.006	0.006	0.006
4	铁件	kg	651	4.0	4.0	4.0
5	32.5 级水泥	t	832	10.408	10.408	10.408
6	石油沥青	t	851	4.578	4.578	4.578
7	改性沥青	t	852	118.867	124.362	151.536
8	乳化沥青	t	853	—	—	—
9	纤维稳定剂	t	856	—	—	7.344
10	煤	t	864	0.889	0.889	0.889
11	水	m³	866	100	100	100
12	砂	m³	897	254.33	346.40	119.38
13	中(粗)砂	m³	899	35.67	35.67	35.67
14	砂砾	m³	902	82.19	82.19	82.19

续上表 单位:1000m³ 路面实体

顺序号	项　目	单位	代号	改性沥青		沥青玛蹄脂
				中粒式	细粒式	
				9	10	11
15	片石	m³	931	29.57	29.57	29.57
16	矿粉	t	949	120.784	132.568	246.741
17	碎石(4cm)	m³	952	5.27	5.27	5.27
18	石屑	m³	961	263.20	310.60	126.56
19	路面用碎石(1.5cm)	m³	965	408.62	797.05	1111.35
20	路面用碎石(2.5cm)	m³	966	542.31	—	—
21	路面用碎石(3.5cm)	m³	967	—	—	—
22	路面用碎石(5cm)	m³	968	—	—	—
23	路面用碎石(6cm)	m³	969	—	—	—
24	块石	m³	981	40.50	40.50	40.50
25	其他材料费	元	996	435.4	492.9	492.9
26	设备摊销费	元	997	4090.9	4220.1	4858.8
27	75kW 以内履带式推土机	台班	1003	0.53	0.53	0.53
28	105kW 以内履带式推土机	台班	1005	0.56	0.56	0.56

续上表　　　　单位:1000m³ 路面实体

顺序号	项　目	单位	代号	改性沥青		沥青玛蹄脂
				中粒式	细粒式	
				9	10	11
29	0.6m³ 以内履带式单斗挖掘机	台班	1027	0.81	0.81	0.81
30	2.0m³ 以内轮胎式装载机	台班	1050	5.08	5.07	5.94
31	6～8t 光轮压路机	台班	1075	4.02	4.04	4.63
32	8～10t 光轮压路机	台班	1076	0.25	0.25	0.25
33	10～12t 光轮压路机	台班	1077	—	—	—
34	12～15t 光轮压路机	台班	1078	4.22	4.24	4.83
35	石屑撒布机	台班	1183	—	—	—
36	4000L 以内沥青洒布车	台班	1193	0.33	0.33	0.33
37	160t/h 以内沥青混合料拌和设备	台班	1205	—	—	—
38	240t/h 以内沥青混合料拌和设备	台班	1206	1.81	1.80	2.11
39	9.0m 以内沥青混合料摊铺机	台班	1213	—	—	—
40	12.5m 以内沥青混合料摊铺机	台班	1214	1.96	1.97	2.27
41	15t 以内振动压路机	台班	1220	—	—	4.43

续上表　　　　单位:1000m³ 路面实体

顺序号	项　目	单位	代号	改性沥青		沥青玛蹄脂
				中粒式	细粒式	
				9	10	11
42	9～16t 轮胎式压路机	台班	1223	—	—	—
43	16～20t 轮胎式压路机	台班	1224	0.56	0.57	—
44	20～25t 轮胎式压路机	台班	1225	1.32	1.33	—
45	250L 以内混凝土搅拌机	台班	1272	0.27	0.27	0.27
46	5t 以内自卸汽车	台班	1383	1.69	1.68	2.19
47	12t 以内自卸汽车	台班	1387	19.28	19.28	19.28
48	20t 以内平板拖车组	台班	1393	0.39	0.39	0.39
49	12t 以内汽车式起重机	台班	1451	0.13	0.13	0.13
50	20t 以内汽车式起重机	台班	1453	—	—	—
51	40t 以内汽车式起重机	台班	1456	0.77	0.77	0.77
52	75t 以内汽车式起重机	台班	1458	0.77	0.77	0.77
53	小型机具使用费	元	1998	63.9	63.9	63.9
54	基价	元	1999	882035	910902	1217965

续上表　　单位：1000m³ 路面实体

顺序号	项　　目	单位	代号	沥青表处		沥青贯入式	
				石油沥青	改性沥青	石油沥青	
						基　层	面　层
				12	13	14	15
1	人工	工日	1	502.5	230.0	303.3	468.3
2	型钢	t	182	—	—	—	—
3	组合钢模板	t	272	—	—	—	—
4	铁件	kg	651	—	—	—	—
5	32.5 级水泥	t	832	—	—	—	—
6	石油沥青	t	851	156.648	—	103.869	140.786
7	改性沥青	t	852	—	—	—	—
8	乳化沥青	t	853	—	186.689	—	—
9	纤维稳定剂	t	856	—	—	—	—
10	煤	t	864	30.416	—	20.167	27.334
11	水	m^3	866	—	—	—	—
12	砂	m^3	897	86.67	86.67	—	43.33
13	中(粗)砂	m^3	899	—	—	—	—

续上表　　单位：1000m³ 路面实体

顺序号	项　　目	单位	代号	沥青表处		沥青贯入式	
				石油沥青	改性沥青	石油沥青	
						基　层	面　层
				12	13	14	15
14	砂砾	m^3	902	—	—	—	—
15	片石	m^3	931	—	—	—	—
16	矿粉	t	949	—	—	—	—
17	碎石(4cm)	m^3	952	—	—	—	—
18	石屑	m^3	961	12.67	144.67	18.67	222.67
19	路面用碎石(1.5cm)	m^3	965	697.99	520.33	197.17	197.17
20	路面用碎石(2.5cm)	m^3	966	93.67	88.33	245.67	245.67
21	路面用碎石(3.5cm)	m^3	967	606.99	606.99	135.17	135.17
22	路面用碎石(5cm)	m^3	968	—	—	—	—
23	路面用碎石(6cm)	m^3	969	—	—	1086.36	1086.36
24	块石	m^3	981	—	—	—	—
25	其他材料费	元	996	2615.8	—	1801.7	2496.7
26	设备摊销费	元	997	1941.6	—	1288.4	1745.0
27	75kW 以内履带式推土机	台班	1003	—	—	—	—

续上表 单位:1000m³ 路面实体

顺序号	项　目	单位	代号	沥青表处		沥青贯入式	
				石油沥青	改性沥青	石油沥青	
						基　层	面　层
				12	13	14	15
28	105kW 以内履带式推土机	台班	1005	—	—	—	—
29	0.6m³ 以内履带式单斗挖掘机	台班	1027	—	—	—	—
30	2.0m³ 以内轮胎式装载机	台班	1050	—	—	—	—
31	6～8t 光轮压路机	台班	1075	18.33	32.33	9.17	20.67
32	8～10t 光轮压路机	台班	1076	31.00	18.33	24.67	24.67
33	10～12t 光轮压路机	台班	1077	—	—	15.50	15.50
34	12～15t 光轮压路机	台班	1078	—	—	—	—
35	石屑撒布机	台班	1183	4.67	3.33	3.83	4.33
36	4000L 以内沥青洒布车	台班	1193	13.08	15.25	8.67	11.67
37	160t/h 以内沥青混合料拌和设备	台班	1205	—	—	—	—
38	240t/h 以内沥青混合料拌和设备	台班	1206	—	—	—	—
39	9.0m 以内沥青混合料摊铺机	台班	1213	—	—	—	—
40	12.5m 以内沥青混合料摊铺机	台班	1214	—	—	—	—

续上表 单位:1000m³ 路面实体

顺序号	项　目	单位	代号	沥青表处		沥青贯入式	
				石油沥青	改性沥青	石油沥青	
						基　层	面　层
				12	13	14	15
41	15t 以内振动压路机	台班	1220	—	—	—	—
42	9～16t 轮胎式压路机	台班	1223	—	—	—	—
43	16～20t 轮胎式压路机	台班	1224	—	—	—	—
44	20～25t 轮胎式压路机	台班	1225	—	—	—	—
45	250L 以内混凝土搅拌机	台班	1272	—	—	—	—
46	5t 以内自卸汽车	台班	1383	—	—	—	—
47	12t 以内自卸汽车	台班	1387	—	—	—	—
48	20t 以内平板拖车组	台班	1393	—	—	—	—
49	12t 以内汽车式起重机	台班	1451	—	—	—	—
50	20t 以内汽车式起重机	台班	1453	—	—	—	—
51	40t 以内汽车式起重机	台班	1456	—	—	—	—
52	75t 以内汽车式起重机	台班	1458	—	—	—	—
53	小型机具使用费	元	1998	445.8	—	296.7	401.7
54	基价	元	1999	756253	892983	539326	712943

续上表

单位:1000m^3 路面实体

顺序号	项目	单位	代号	沥青贯入式路面		沥青上拌下贯式路面	
				乳化沥青		石油沥青	乳化沥青
				基层	面层		
				16	17	18	19
1	人工	工日	1	148.0	270.0	260.0	78.3
2	型钢	t	182	—	—	—	—
3	组合钢模板	t	272	—	—	—	—
4	铁件	kg	651	—	—	—	—
5	32.5 级水泥	t	832	—	—	—	—
6	石油沥青	t	851	—	—	103.869	—
7	改性沥青	t	852	—	—	—	—
8	乳化沥青	t	853	178.200	215.800	—	148.503
9	纤维稳定剂	t	856	—	—	—	—
10	煤	t	864	—	—	20.167	—
11	水	m^3	866	—	—	—	—
12	砂	m^3	897	52.00	104.00	—	43.33
13	中(粗)砂	m^3	899	—	—	—	—

续上表

单位:1000m^3 路面实体

顺序号	项目	单位	代号	沥青贯入式路面		沥青上拌下贯式路面	
				乳化沥青		石油沥青	乳化沥青
				基层	面层		
				16	17	18	19
14	砂砾	m^3	902	—	—	—	—
15	片石	m^3	931	—	—	—	—
16	矿粉	t	949	—	—	—	—
17	碎石(4cm)	m^3	952	—	—	—	—
18	石屑	m^3	961	141.80	386.60	13.67	101.17
19	路面用碎石(1.5cm)	m^3	965	393.20	393.20	151.34	219.67
20	路面用碎石(2.5cm)	m^3	966	222.40	222.40	245.67	216.84
21	路面用碎石(3.5cm)	m^3	967	—	—	135.17	384.67
22	路面用碎石(5cm)	m^3	968	1017.40	1017.40	—	—
23	路面用碎石(6cm)	m^3	969	—	—	1086.36	803.35
24	块石	m^3	981	—	—	—	—
25	其他材料费	元	996	—	—	1801.7	—
26	设备摊销费	元	997	—	—	1288.4	—
27	75kW 以内履带式推土机	台班	1003	—	—	—	—

续上表 单位:1000m³ 路面实体

顺序号	项目	单位	代号	沥青贯入式路面		沥青上拌下贯式路面	
				乳化沥青		石油沥青	乳化沥青
				基层	面层		
				16	17	18	19
28	105kW 以内履带式推土机	台班	1005	—	—	—	—
29	0.6m³ 以内履带式单斗挖掘机	台班	1027	—	—	—	—
30	2.0m³ 以内轮胎式装载机	台班	1050	—	—	—	—
31	6~8t 光轮压路机	台班	1075	11.00	24.80	7.00	7.00
32	8~10t 光轮压路机	台班	1076	37.20	37.20	24.67	31.00
33	10~12t 光轮压路机	台班	1077	14.80	14.80	15.50	12.33
34	12~15t 光轮压路机	台班	1078	—	—	—	—
35	石屑撒布机	台班	1183	4.20	4.40	3.67	4.00
36	4000L 以内沥青洒布车	台班	1193	14.60	17.80	8.67	12.17
37	160t/h 以内沥青混合料拌和设备	台班	1205	—	—	—	—
38	240t/h 以内沥青混合料拌和设备	台班	1206	—	—	—	—
39	9.0m 以内沥青混合料摊铺机	台班	1213	—	—	—	—
40	12.5m 以内沥青混合料摊铺机	台班	1214	—	—	—	—

续上表 单位:1000m³ 路面实体

顺序号	项目	单位	代号	沥青贯入式路面		沥青上拌下贯式路面	
				乳化沥青		石油沥青	乳化沥青
				基层	面层		
				16	17	18	19
41	15t 以内振动压路机	台班	1220	—	—	—	—
42	9~16t 轮胎式压路机	台班	1223	—	—	—	—
43	16~20t 轮胎式压路机	台班	1224	—	—	—	—
44	20~25t 轮胎式压路机	台班	1225	—	—	—	—
45	250L 以内混凝土搅拌机	台班	1272	—	—	—	—
46	5t 以内自卸汽车	台班	1383	—	—	—	—
47	12t 以内自卸汽车	台班	1387	—	—	—	—
48	20t 以内平板拖车组	台班	1393	—	—	—	—
49	12t 以内汽车式起重机	台班	1451	—	—	—	—
50	20t 以内汽车式起重机	台班	1453	—	—	—	—
51	40t 以内汽车式起重机	台班	1456	—	—	—	—
52	75t 以内汽车式起重机	台班	1458	—	—	—	—
53	小型机具使用费	元	1998	—	—	296.7	—
54	基价	元	1999	875894	1061093	532666	740147

2-5 沥青混凝土再生※

工程内容 就地热再生：清扫、加热、收集旧料、添加新料和再生剂、拌和，摊铺，碾压、初期养护等全部工作。

就地冷再生：刨除沥青面层、破碎、筛分、清除超粒径块料，添加新料、拌和再生混合料，摊铺，碾压、初期养护等全部工作。

单位：表列单位

顺序号	项目	单位	代号	就地热再生		泡沫沥青就地冷再生
				厚度4cm	每增减1cm	
				1	2	3
1	人工	工日	1	18.2	3.1	21.07
2	32.5级水泥	t	832	—	—	6.19
3	沥青再生剂	kg	849	302	0.076	110
4	石油沥青	t	851	—	—	6.174
5	细粒式沥青混凝土	t	858	18.72	4.68	—
6	水	m^3	866	—	—	30.8
7	砂	m^3	897	—	—	11.1
8	矿粉	t	949	—	—	1.792
9	路面用碎石(1.5cm)	m^3	965	—	—	50.29
10	其他材料费	元	996	55	—	—

续上表

单位：表列单位

顺序号	项目	单位	代号	就地热再生		泡沫沥青就地冷再生
				厚度4cm	每增减1cm	
				1	2	3
11	$3.0m^3$以内轮胎式装载机	台班	1050	—	—	0.23
12	18~21t光轮压路机	台班	1080	0.24	—	—
13	就地热再生列车	台班	1184	0.302	0.08	—
14	4000L以内液态沥青运输车	台班	1185	—	—	0.46
15	泡沫沥青再生机	台班	1189	—	—	0.23
16	20~25t以内轮胎式压路机	台班	1225	0.25	—	0.046
17	8t以内自卸汽车	台班	1385	—	—	2.43
18	8000L以内洒水汽车	台班	1406	—	—	0.46
19	$\phi150\times250mm$颚式破碎机	台班	1756	—	—	7.01
20	$8\sim20m^3/h$滚筒式筛分机	台班	1775	—	—	7.13
21	蒸发量2t/h以内工业锅炉	台班	1849	—	—	5.81
22	小型机具使用费	元	1998	63	—	—
23	基价	元	1999	62999	10736	50133

2-6 水泥混凝土路面

工程内容 拌和、运输、浇筑、捣固成型,模板,钢筋,胀缩缝,压(刻)纹,养生,拌和站安拆等全部工作。

单位:1000m^3 路面实体

顺序号	项目	单位	代号	石质挖方路段		一般路段	
				普通混凝土	钢纤维混凝土	普通混凝土	钢纤维混凝土
				1	2	3	4
1	人工	工日	1	m	1298.9	1169.5	1207.1
2	原木	m^3	101	0.017	0.017	0.017	0.017
3	锯材	m^3	102	0.310	0.346	0.310	0.346
4	光圆钢筋	t	111	0.201	0.204	0.201	0.204
5	带肋钢筋	t	112	8.185	8.185	8.185	8.185
6	型钢	t	182	0.114	0.113	0.114	0.113
7	钢纤维	t	225	—	49.644	—	49.644
8	组合钢模板	t	272	0.064	0.064	0.064	0.064
9	铁件	kg	651	24.4	24.4	24.4	24.4
10	8~12 号铁丝	kg	655	0.1	0.1	0.1	0.1
11	20~22 号铁丝	kg	656	41.5	41.5	41.5	41.5

续上表

单位:1000m^3 路面实体

顺序号	项目	单位	代号	石质挖方路段		一般路段	
				普通混凝土	钢纤维混凝土	普通混凝土	钢纤维混凝土
				1	2	3	4
12	32.5 级水泥	t	832	393.192	434.195	393.192	434.195
13	石油沥青	t	851	0.495	0.200	0.495	0.200
14	煤	t	864	0.100	0.038	0.100	0.038
15	水	m^3	866	242	274	227	259
16	青(红)砖	千块	877	22.63	22.63	22.63	22.63
17	中(粗)砂	m^3	899	489.00	590.98	489.00	590.98
18	砂砾	m^3	902	25.16	25.16	25.16	25.16
19	碎石(4cm)	m^3	952	861.53	708.56	861.53	708.56
20	石屑	m^3	961	343.25	343.25	—	—
21	路面用碎石(1.5cm)	m^3	965	49.13	49.13	—	—
22	路面用碎石(2.5cm)	m^3	966	98.25	98.25	—	—
23	路面用碎石(3.5cm)	m^3	967	540.38	540.38	—	—
24	路面用碎石(5cm)	m^3	968	294.75	294.75	—	—

续上表　　单位:1000m³ 路面实体

顺序号	项　　目	单位	代号	石质挖方路段		一般路段	
				普通混凝土	钢纤维混凝土	普通混凝土	钢纤维混凝土
				1	2	3	4
25	其他材料费	元	996	1438.9	1435.0	1438.9	1435.0
26	3.0m^3 以内轮胎式装载机	台班	1051	4.52	4.51	4.52	4.51
27	120kW 以内自行式平地机	台班	1057	1.49	1.49	—	—
28	6~8t 光轮压路机	台班	1075	4.25	4.25	—	—
29	8~10t 光轮压路机	台班	1076	1.10	1.10	1.10	1.10
30	12~15t 光轮压路机	台班	1078	3.75	3.75	—	—
31	15t 以内振动压路机	台班	1088	2.00	2.00	—	—
32	石屑撒布机	台班	1183	0.70	0.70	—	—
33	轨道式水泥混凝土摊铺机	台班	1235	1.68	1.71	1.68	1.71
34	混凝土真空吸水机组	台班	1239	5.32	5.79	5.32	5.79
35	混凝土电动刻纹机	台班	1243	31.82	39.77	31.82	39.77
36	混凝土电动切缝机	台班	1245	17.22	12.15	17.22	12.15
37	250L 以内混凝土搅拌机	台班	1272	12.05	12.06	12.05	12.06

续上表　　单位:1000m³ 路面实体

顺序号	项　　目	单位	代号	石质挖方路段		一般路段	
				普通混凝土	钢纤维混凝土	普通混凝土	钢纤维混凝土
				1	2	3	4
38	6m^3 以内混凝土搅拌运输车	台班	1307	9.77	9.76	9.77	9.76
39	40m^3/h 以内混凝土搅拌站	台班	1325	3.57	3.59	3.57	3.59
40	8t 以内载货汽车	台班	1375	2.15	2.15	2.15	2.15
41	8t 以内自卸汽车	台班	1385	9.84	9.84	9.84	9.84
42	4000L 以内洒水汽车	台班	1404	2.21	2.76	2.21	2.76
43	6000L 以内洒水汽车	台班	1405	7.58	9.27	6.79	8.49
44	1t 以内机动翻斗车	台班	1408	22.53	22.53	22.53	22.53
45	12t 以内汽车式起重机	台班	1451	0.55	0.55	0.55	0.55
46	20t 以内汽车式起重机	台班	1453	1.72	1.72	1.72	1.72
47	小型机具使用费	元	1998	541.4	541.8	541.4	541.8
48	基价	元	1999	457506	687122	362941	592562

注:石质挖方路段水泥混凝土路面指标中已综合整平层。

2-7 其他路面

工程内容 挖路槽，培路肩，清扫整理下承层，铺料，洒水，调浆、灌浆，拌和，整平，碾压，找补，路肩加固等全部工作。

单位：1000m²

顺序号	项目	单位	代号	泥结碎石路面		级配碎石路面	
				压实厚度10cm	每增减1cm	压实厚度10cm	每增减1cm
				1	2	3	4
1	人工	工日	1	44.9	4.0	31.4	2.7
2	锯材	m^3	102	0.070	0.007	0.070	0.007
3	型钢	t	182	0.010	0.001	0.010	0.001
4	32.5级水泥	t	832	3.815	0.382	3.815	0.382
5	水	m^3	866	17	2	17	2
6	砂	m^3	897	—	—	—	—
7	中(粗)砂	m^3	899	7.15	0.71	7.15	0.71
8	砂砾	m^3	902	—	—	—	—
9	黏土	m^3	911	28.28	2.83	18.14	1.81
10	砾石(2cm)	m^3	921	—	—	—	—
11	砾石(4cm)	m^3	922	—	—	—	—
12	碎石(4cm)	m^3	952	12.15	1.21	12.15	1.21
13	石屑	m^3	961	11.03	1.10	54.43	5.44
14	路面用碎石(1.5cm)	m^3	965	11.10	1.11	41.07	4.11
15	路面用碎石(2.5cm)	m^3	966	—	—	20.53	2.05
16	路面用碎石(3.5cm)	m^3	967	100.34	10.03	20.53	2.05
17	其他材料费	元	996	6.3	0.6	6.3	0.6
18	1.0m^3以内轮胎式装载机	台班	1048	0.23	0.02	0.23	0.02
19	120kW以内自行式平地机	台班	1057	0.30	—	0.71	—
20	6~8t光轮压路机	台班	1075	0.28	—	0.14	—
21	12~15t光轮压路机	台班	1078	0.78	—	1.52	—
22	0.6t以内手扶式振动碾	台班	1083	0.61	0.03	0.61	0.03
23	3m^3以内混凝土搅拌运输车	台班	1304	0.34	0.03	0.34	0.03
24	15m^3/h以内混凝土搅拌站	台班	1323	0.23	0.02	0.23	0.02
25	6000L以内洒水汽车	台班	1405	0.59	0.06	0.24	0.02
26	1t以内机动翻斗车	台班	1408	0.21	0.02	0.21	0.02
27	小型机具使用费	元	1998	16.1	1.6	16.1	1.6
28	基价	元	1999	14812	1375	15422	1372

续上表 单位:1000m²

顺序号	项　　目	单位	代号	级配砾石路面		天然砂砾路面	
				压实厚度 10cm	每增减 1cm	压实厚度 10cm	每增减 1cm
				5	6	7	8
1	人工	工日	1	31.4	2.7	29.0	2.5
2	锯材	m^3	102	0.070	0.007	0.070	0.007
3	型钢	t	182	0.010	0.001	0.010	0.001
4	32.5 级水泥	t	832	3.815	0.382	3.815	0.382
5	水	m^3	866	17	2	17	2
6	砂	m^3	897	42.18	4.22	—	—
7	中(粗)砂	m^3	899	7.15	0.71	7.15	0.71
8	砂砾	m^3	902	—	—	133.62	13.36
9	黏土	m^3	911	18.14	1.81	—	—
10	砾石(2cm)	m^3	921	64.27	6.43	—	—
11	砾石(4cm)	m^3	922	25.70	2.57	—	—
12	碎石(4cm)	m^3	952	12.15	1.21	12.15	1.21
13	石屑	m^3	961	—	—	—	—
14	路面用碎石(1.5cm)	m^3	965	—	—	—	—

续上表 单位:1000m²

顺序号	项　　目	单位	代号	级配砾石路面		天然砂砾路面	
				压实厚度 10cm	每增减 1cm	压实厚度 10cm	每增减 1cm
				5	6	7	8
15	路面用碎石(2.5cm)	m^3	966	—	—	—	—
16	路面用碎石(3.5cm)	m^3	967	—	—	—	—
17	其他材料费	元	996	6.3	0.6	6.3	0.6
18	1.0m^3 以内轮胎式装载机	台班	1048	0.23	0.02	0.23	0.02
19	120kW 以内自行式平地机	台班	1057	0.71	—	0.29	—
20	6～8t 光轮压路机	台班	1075	0.14	—	0.28	—
21	12～15t 光轮压路机	台班	1078	1.52	—	0.59	—
22	0.6t 以内手扶式振动碾	台班	1083	0.61	0.03	0.61	0.03
23	3m^3 以内混凝土搅拌运输车	台班	1304	0.34	0.03	0.34	0.03
24	15m^3/h 以内混凝土搅拌站	台班	1323	0.23	0.02	0.23	0.02
25	6000L 以内洒水汽车	台班	1405	0.24	0.02	0.24	0.02
26	1t 以内机动翻斗车	台班	1408	0.21	0.02	0.21	0.02
27	小型机具使用费	元	1998	16.1	1.6	16.1	1.6
28	基价	元	1999	12770	1108	9701	876

2-8 沥青路面镶边及路缘石

工程内容 放样,挖槽,混凝土拌和、运输、铺筑,预制块安装等全部工作。

单位:1km

顺序号	项目	单位	代号	沥青路面镶边	路缘石	
					高速、一级公路	二级及以下
				1	2	3
1	人工	工日	1	642.3	1391.0	720.5
2	型钢	t	182	0.232	0.546	0.283
3	钢板	t	183	0.024	0.026	0.013
4	电焊条	kg	231	4.0	2.6	1.3
5	铁件	kg	651	30.4	49.4	25.6
6	32.5 级水泥	t	832	30.144	130.962	67.838
7	水	m^3	866	131	624	323
8	青(红)砖	千块	877	36.36	—	—
9	中(粗)砂	m^3	899	51.40	271.70	140.74
10	片石	m^3	931	72.00	—	—
11	粉煤灰	m^3	945	—	65.65	34.01
12	碎石(4cm)	m^3	952	67.04	217.88	112.86

续上表

单位:1km

顺序号	项目	单位	代号	沥青路面镶边	路缘石	
					高速、一级公路	二级及以下
				1	2	3
13	石屑	m^3	961	—	36.79	19.06
14	其他材料费	元	996	231.6	587.6	304.4
15	1.0m^3 以内轮胎式装载机	台班	1048	—	1.69	0.88
16	水泥混凝土路缘石铺筑机	台班	1251	—	5.07	2.63
17	250L 以内混凝土搅拌机	台班	1272	2.96	9.62	4.98
18	3m^3 以内混凝土搅拌运输车	台班	1304	—	3.12	1.62
19	15m^3/h 以内混凝土搅拌站	台班	1323	—	1.69	0.88
20	32kV·A 以内交流电弧焊机	台班	1726	0.56	0.52	0.27
21	小型机具使用费	元	1998	24.7	425.1	220.2
22	基价	元	1999	68503	170217	88176

第三章　隧 道 工 程

说　　明

本章指标包括洞身、明洞、洞门、斜井、竖井、管棚等项目。

1. 本指标均指隧道洞内工程,即隧道进出口洞门端墙墙面间的工程。洞门墙以外的工程应按有关指标另行计算。

2. 洞身工程量按隧道正洞、人行横洞、车行横洞、紧急停车带面积之和计算。隧道正洞面积为隧道长度乘以隧道宽度。隧道长度不包括明洞和洞门的长度,隧道宽度指行车道加侧向宽度加人行道或检修道的宽度。分离式及小净距隧道工程量按单洞洞身长度计算;连拱隧道工程量按双洞洞身长度计算。分离式隧道是按1000m以内、3000m以内、4000m以内编制的。当隧道长度大于4000m时应以隧道长度4000m以内指标为基础,与隧道长度4000m以上每增加1000m指标叠加使用。

若设计能提出隧道的围岩等级时,可对洞身指标进行调整:

(1) Ⅰ级围岩,指标乘以0.68的系数。

(2) Ⅱ级围岩,指标乘以0.75的系数。

(3) Ⅲ、Ⅳ级围岩,指标不做调整。

(4) Ⅴ级围岩,指标乘以1.35的系数。

(5) Ⅵ级围岩,指标乘以1.65的系数。

3. 洞身指标已综合复合式路面结构,使用指标时不得调整。

4. 洞门指标单位为每端洞门,高速、一级公路一座隧道的工程量按两端洞门计算;二级及以下公路一座隧道的工程量按一端洞门计算。

5. 明洞工程量按明洞长度与明洞设计宽度的乘积计算。明洞宽度指行车道加侧向宽度加人行道或检修道的宽度。

6. 斜井工程量按斜井长度与斜井设计宽度的乘积计算,指标中已综合联络道(风道)。

7. 竖井工程量按竖井深度计算。本指标适用于直径8m以内的竖井,指标中已综合联络道(风道)。

8. 管棚工程量按单排管棚的设计长度计算。

9. 本章指标未包括地震、坍塌、溶洞、采空区、超前地质预报及大量地下水处理,以及其他特殊情况所需的费用,需要时可根据设计另行计算。

10. 本章指标中未包括小导管、洞内施工排水、斜井洞内施工排水等项目,需要时按公路工程概算定额进行计算。

11. 本章指标中未包括隧道的监控、通风、消防、供配电及照明、预留预埋等项目,应根据第七章中的有关项目计算。

3-1 洞 身

工程内容 洞身开挖,钢支撑、喷锚支护、防排水、衬砌、装饰、路面等工程的全部工作。

单位:$100m^2$

顺序号	项目	单位	代号	高速公路、一级公路			
				分离式			
				隧道长度1000m以内		隧道长度3000m以内	
				二车道	三车道	二车道	三车道
				1	2	3	4
1	人工	工日	1	1686.4	1826.0	1705.5	1784.4
2	原木	m^3	101	0.328	0.322	0.328	0.321
3	锯材	m^3	102	0.580	0.582	0.581	0.575
4	枕木	m^3	103	0.127	0.129	0.125	0.128
5	光圆钢筋	t	111	1.521	1.240	1.265	1.205
6	带肋钢筋	t	112	5.878	9.627	4.567	6.300
7	型钢	t	182	0.231	8.351	0.174	5.909
8	钢板	t	183	0.198	0.869	0.149	0.615
9	钢管	t	191	0.443	0.404	0.644	0.587
10	空心钢钎	kg	212	128.4	129.7	142.4	141.1

续上表

单位:$100m^2$

顺序号	项目	单位	代号	高速公路、一级公路			
				分离式			
				隧道长度1000m以内		隧道长度3000m以内	
				二车道	三车道	二车道	三车道
				1	2	3	4
11	ϕ50mm以内合金钻头	个	213	68.2	69.3	73.8	73.3
12	ϕ150mm以内合金钻头	个	214	0.3	0.3	0.5	0.4
13	中空注浆锚杆	m	217	316.4	288.1	343.8	288.2
14	电焊条	kg	231	54.5	66.0	40.7	44.4
15	膨胀螺栓	套	242	121.4	103.3	112.6	104.3
16	钢模板	t	271	0.509	0.517	0.502	0.513
17	组合钢模板	t	272	0.058	0.057	0.053	0.054
18	铁件	kg	651	62.1	136.8	47.4	98.3
19	铁钉	kg	653	3.0	2.9	3.0	2.9
20	8~12号铁丝	kg	655	30.7	30.3	30.7	30.0
21	20~22号铁丝	kg	656	4.2	24.1	4.0	16.1
22	电线	m	711	—	—	11	11

续上表 单位:100m²

顺序号	项目	单位	代号	高速公路、一级公路			
				分离式			
				隧道长度1000m以内		隧道长度3000m以内	
				二车道	三车道	二车道	三车道
				1	2	3	4
23	涂料	kg	734	110.6	96.8	101.4	97.4
24	土工布	m^2	770	20.0	14.9	19.8	14.7
25	复合式防水板	m^2	776	307.5	262.6	285.4	264.1
26	PVC塑料管(ϕ100mm)	m	780	2.22	1.66	2.19	1.63
27	塑料弹簧软管(ϕ50mm)	m	783	29.61	25.21	27.47	25.45
28	塑料弹簧软管(ϕ110mm)	m	785	18.91	16.65	19.62	16.65
29	塑料打孔波纹管(ϕ400mm)	m	791	22.60	16.89	22.36	16.65
30	橡胶止水带	m	794	25.46	16.84	36.14	18.43
31	橡胶止水条	m	795	21.51	31.07	19.24	34.30
32	32.5级水泥	t	832	114.630	127.256	100.580	109.920
33	硝铵炸药	kg	841	782.4	760.9	926.3	912.9
34	非电毫秒雷管	个	847	955	937	1103	1091

续上表 单位:100m²

顺序号	项目	单位	代号	高速公路、一级公路			
				分离式			
				隧道长度1000m以内		隧道长度3000m以内	
				二车道	三车道	二车道	三车道
				1	2	3	4
35	导爆索	m	848	607	599	624	617
36	石油沥青	t	851	1.250	1.248	1.250	1.248
37	乳化沥青	t	853	0.183	0.194	0.183	0.194
38	煤	t	864	0.003	0.003	0.003	0.003
39	电	kW·h	865	1819	1793	3067	3030
40	水	m^3	866	676	719	629	658
41	瓷砖	m^2	872	45.3	33.4	44.7	33.4
42	青(红)砖	千块	877	2.71	2.11	0.60	0.50
43	砂	m^3	897	4.53	4.53	4.53	4.53
44	中(粗)砂	m^3	899	176.78	196.70	151.68	165.59
45	砂砾	m^3	902	2.68	2.09	0.60	0.50
46	片石	m^3	931	0.36	0.27	0.35	0.26

续上表 单位:100m²

顺序号	项目	单位	代号	高速公路、一级公路			
				分离式			
				隧道长度1000m以内		隧道长度3000m以内	
				二车道	三车道	二车道	三车道
				1	2	3	4
47	矿粉	t	949	1.312	1.314	1.312	1.314
48	碎石(2cm)	m^3	951	25.40	31.74	22.06	26.40
49	碎石(4cm)	m^3	952	196.63	214.30	170.00	182.43
50	碎石(8cm)	m^3	954	1.41	1.05	1.39	1.04
51	石屑	m^3	961	2.83	2.84	2.83	2.84
52	路面用碎石(1.5cm)	m^3	965	5.32	5.32	5.32	5.32
53	路面用碎石(2.5cm)	m^3	966	3.03	3.03	3.03	3.03
54	其他材料费	元	996	3379.9	3366.6	3486.0	3424.5
55	设备摊销费	元	997	2342.4	2375.7	2309.1	2358.3
56	75kW以内履带式推土机	台班	1003	0.63	0.73	0.53	0.59
57	1.0m³以内轮胎式装载机	台班	1048	0.63	0.73	0.53	0.59
58	2.0m³以内轮胎式装载机	台班	1050	4.39	4.33	4.64	4.60

续上表 单位:100m²

顺序号	项目	单位	代号	高速公路、一级公路			
				分离式			
				隧道长度1000m以内		隧道长度3000m以内	
				二车道	三车道	二车道	三车道
				1	2	3	4
59	3.0m³以内轮胎式装载机	台班	1051	0.12	0.10	0.12	0.10
60	6~8t光轮压路机	台班	1075	0.06	0.06	0.06	0.06
61	8~10t光轮压路机	台班	1076	0.13	0.10	0.03	0.02
62	12~15t光轮压路机	台班	1078	0.06	0.06	0.06	0.06
63	气腿式凿岩机	台班	1102	90.44	92.17	97.03	96.80
64	φ38~115mm潜孔钻机	台班	1113	1.52	1.33	2.27	1.99
65	4000L以内液态沥青运输车	台班	1185	0.03	0.03	0.03	0.03
66	160t/h以内沥青混合料拌和设备	台班	1205	0.03	0.03	0.03	0.03
67	9.0m以内沥青混合料摊铺机	台班	1213	0.03	0.03	0.03	0.03
68	2.5~3.5m稀浆封层机	台班	1216	0.03	0.03	0.03	0.03
69	16~20t轮胎式压路机	台班	1224	0.01	0.01	0.01	0.01
70	20~25t轮胎式压路机	台班	1225	0.02	0.02	0.02	0.02
71	滑模式水泥混凝土摊铺机	台班	1234	0.05	0.04	0.05	0.04

续上表 单位:100m²

顺序号	项目	单位	代号	高速公路、一级公路			
				分离式			
				隧道长度1000m以内		隧道长度3000m以内	
				二车道	三车道	二车道	三车道
				1	2	3	4
72	混凝土电动刻纹机	台班	1243	0.88	0.93	0.88	0.93
73	混凝土电动切缝机	台班	1245	0.38	0.40	0.38	0.40
74	250L以内混凝土搅拌机	台班	1272	0.20	0.16	0.15	0.12
75	混凝土喷射机	台班	1283	5.38	6.73	4.68	5.60
76	6m³以内混凝土搅拌运输车	台班	1307	3.96	4.47	3.53	3.90
77	60m³/h以内混凝土输送泵	台班	1316	2.19	2.46	1.83	2.02
78	60m³/h以内混凝土搅拌站	台班	1327	0.83	0.93	0.70	0.77
79	4t以内载货汽车	台班	1372	2.04	4.78	1.63	3.52
80	5t以内自卸汽车	台班	1383	0.03	0.03	0.03	0.03
81	12t以内自卸汽车	台班	1387	11.46	11.32	16.64	16.48
82	20t以内自卸汽车	台班	1390	0.11	0.12	0.11	0.12
83	40t以内平板拖车组	台班	1395	0.09	0.07	0.02	0.02
84	4000L以内洒水汽车	台班	1404	0.03	0.03	0.03	0.03

续上表 单位:100m²

顺序号	项目	单位	代号	高速公路、一级公路			
				分离式			
				隧道长度1000m以内		隧道长度3000m以内	
				二车道	三车道	二车道	三车道
				1	2	3	4
85	6000L以内洒水汽车	台班	1405	0.19	0.20	0.19	0.20
86	1t以内机动翻斗车	台班	1408	3.09	3.03	2.88	2.71
87	12t以内汽车式起重机	台班	1451	0.10	0.09	0.06	0.07
88	30t以内汽车式起重机	台班	1455	0.17	0.14	0.04	0.03
89	32kV·A以内交流电弧焊机	台班	1726	15.14	14.88	11.25	10.19
90	10m³/min以内电动空压机	台班	1837	17.57	18.38	18.07	17.91
91	20m³/min以内电动空压机	台班	1838	16.83	16.57	17.98	17.62
92	9m³/min以内机动空压机	台班	1842	4.61	5.75	4.00	4.79
93	100kW以内轴流式通风机	台班	1933	22.14	21.83	13.52	13.36
94	1259m³/min以内离心式通风机	台班	1938	—	—	16.93	16.73
95	2132m³/min以内离心式通风机	台班	1940	—	—	—	—
96	小型机具使用费	元	1998	2885.4	3170.5	3093.6	3250.5
97	基价	元	1999	305662	365294	300654	336977

续上表

单位：100m²

顺序号	项目	单位	代号	高速公路、一级公路			
				分离式			
				隧道长度4000m以内		隧道长度4000m以上，每增加1000m	
				二车道	三车道	二车道	三车道
				5	6	7	8
1	人工	工日	1	1731.4	1712.0	35.1	30.3
2	原木	m^3	101	0.319	0.296	—	—
3	锯材	m^3	102	0.576	0.539	—	—
4	枕木	m^3	103	0.122	0.118	—	—
5	光圆钢筋	t	111	1.229	1.112	—	—
6	带肋钢筋	t	112	4.410	5.811	—	—
7	型钢	t	182	0.168	5.373	—	—
8	钢板	t	183	0.143	0.559	—	—
9	钢管	t	191	0.738	0.637	0.020	0.017
10	空心钢钎	kg	212	137.9	130.0	—	—

续上表

单位：100m²

顺序号	项目	单位	代号	高速公路、一级公路			
				分离式			
				隧道长度4000m以内		隧道长度4000m以上，每增加1000m	
				二车道	三车道	二车道	三车道
				5	6	7	8
11	ϕ50mm以内合金钻头	个	213	71.5	67.5	—	—
12	ϕ150mm以内合金钻头	个	214	0.6	0.5	—	—
13	中空注浆锚杆	m	217	319.9	262.0	—	—
14	电焊条	kg	231	39.1	40.7	—	—
15	膨胀螺栓	套	242	111.4	93.9	—	—
16	钢模板	t	271	0.489	0.473	—	—
17	组合钢模板	t	272	0.051	0.050	—	—
18	铁件	kg	651	45.9	89.8	—	—
19	铁钉	kg	653	2.9	2.6	—	—
20	8~12号铁丝	kg	655	29.8	27.6	—	—

续上表　　　　单位：$100m^2$

顺序号	项　目	单位	代号	高速公路、一级公路			
				分　离　式			
				隧道长度4000m以内		隧道长度4000m以上，每增加1000m	
				二车道	三车道	二车道	三车道
				5	6	7	8
21	20~22号铁丝	kg	656	3.9	14.8	—	—
22	电线	m	711	11	10	—	—
23	涂料	kg	734	100.8	88.0	—	—
24	土工布	m^2	770	19.2	13.3	—	—
25	复合式防水板	m^2	776	282.5	238.8	—	—
26	PVC塑料管(ϕ100mm)	m	780	2.12	1.51	—	—
27	塑料弹簧软管(ϕ50mm)	m	783	27.17	22.92	—	—
28	塑料弹簧软管(ϕ110mm)	m	785	21.69	15.14	—	—
29	塑料打孔波纹管(ϕ400mm)	m	791	21.69	15.03	—	—
30	橡胶止水带	m	794	20.74	15.31	—	—

续上表　　　　单位：$100m^2$

顺序号	项　目	单位	代号	高速公路、一级公路			
				分　离　式			
				隧道长度4000m以内		隧道长度4000m以上，每增加1000m	
				二车道	三车道	二车道	三车道
				5	6	7	8
31	橡胶止水条	m	795	29.26	28.25	—	—
32	32.5级水泥	t	832	98.138	101.759	—	—
33	硝铵炸药	kg	841	902.6	842.5	—	—
34	非电毫秒雷管	个	847	1075	1007	—	—
35	导爆索	m	848	608	570	—	—
36	石油沥青	t	851	1.200	1.135	—	—
37	乳化沥青	t	853	0.175	0.176	—	—
38	煤	t	864	0.003	0.003	—	—
39	电	kW·h	865	3655	3420	310	269
40	水	m^3	866	612	607	—	—

续上表

单位:100m²

顺序号	项　目	单位	代号	高速公路、一级公路			
				分离式			
				隧道长度4000m以内		隧道长度4000m以上，每增加1000m	
				二车道	三车道	二车道	三车道
				5	6	7	8
41	瓷砖	m^2	872	43.3	30.4	—	—
42	青(红)砖	千块	877	0.29	0.18	—	—
43	砂	m^3	897	4.35	4.12	—	—
44	中(粗)砂	m^3	899	147.29	152.32	—	—
45	砂砾	m^3	902	0.29	0.18	—	—
46	片石	m^3	931	0.34	0.24	—	—
47	矿粉	t	949	1.260	1.194	—	—
48	碎石(2cm)	m^3	951	21.50	24.35	—	—
49	碎石(4cm)	m^3	952	165.06	167.81	—	—
50	碎石(8cm)	m^3	954	1.35	0.94	—	—
51	石屑	m^3	961	2.71	2.58	—	—

续上表

单位:100m²

顺序号	项　目	单位	代号	高速公路、一级公路			
				分离式			
				隧道长度4000m以内		隧道长度4000m以上，每增加1000m	
				二车道	三车道	二车道	三车道
				5	6	7	8
52	路面用碎石(1.5cm)	m^3	965	5.11	4.84	—	—
53	路面用碎石(2.5cm)	m^3	966	2.91	2.76	—	—
54	其他材料费	元	996	3673.1	3436.1	151.2	131.1
55	设备摊销费	元	997	2249.7	2175.7	—	—
56	75kW以内履带式推土机	台班	1003	0.51	0.55	—	—
57	1.0m^3以内轮胎式装载机	台班	1048	0.51	0.55	—	—
58	2.0m^3以内轮胎式装载机	台班	1050	4.52	4.24	—	—
59	3.0m^3以内轮胎式装载机	台班	1051	0.11	0.10	—	—
60	6~8t光轮压路机	台班	1075	0.06	0.06	—	—
61	8~10t光轮压路机	台班	1076	0.01	—	—	—
62	12~15t光轮压路机	台班	1078	0.06	0.06	—	—

续上表

单位:100m²

顺序号	项　目	单位	代号	高速公路、一级公路			
				分离式			
				隧道长度4000m以内		隧道长度4000m以上,每增加1000m	
				二车道	三车道	二车道	三车道
				5	6	7	8
63	气腿式凿岩机	台班	1102	94.04	89.20	0.89	0.78
64	ϕ38~115mm潜孔钻机	台班	1113	2.62	2.17	—	—
65	4000L以内液态沥青运输车	台班	1185	0.03	0.03	—	—
66	160t/h以内沥青混合料拌和设备	台班	1205	0.03	0.03	—	—
67	9.0m以内沥青混合料摊铺机	台班	1213	0.03	0.03	—	—
68	2.5~3.5m稀浆封层机	台班	1216	0.03	0.03	—	—
69	16~20t轮胎式压路机	台班	1224	0.01	0.01	—	—
70	20~25t轮胎式压路机	台班	1225	0.02	0.02	—	—
71	滑模式水泥混凝土摊铺机	台班	1234	0.05	0.04	—	—
72	混凝土电动刻纹机	台班	1243	0.84	0.85	—	—
73	混凝土电动切缝机	台班	1245	0.36	0.36	—	—

续上表

单位:100m²

顺序号	项　目	单位	代号	高速公路、一级公路			
				分离式			
				隧道长度4000m以内		隧道长度4000m以上,每增加1000m	
				二车道	三车道	二车道	三车道
				5	6	7	8
74	250L以内混凝土搅拌机	台班	1272	0.14	0.11	—	—
75	混凝土喷射机	台班	1283	4.56	5.16	—	—
76	6m³以内混凝土搅拌运输车	台班	1307	3.61	3.78	0.17	0.17
77	60m³/h以内混凝土输送泵	台班	1316	1.79	1.87	—	—
78	60m³/h以内混凝土搅拌站	台班	1327	0.68	0.71	—	—
79	4t以内载货汽车	台班	1372	1.60	3.25	—	—
80	5t以内自卸汽车	台班	1383	0.03	0.03	—	—
81	12t以内自卸汽车	台班	1387	18.01	16.90	1.71	1.48
82	20t以内自卸汽车	台班	1390	0.11	0.11	—	—
83	40t以内平板拖车组	台班	1395	—	—	—	—
84	4000L以内洒水汽车	台班	1404	0.03	0.03	—	—
85	6000L以内洒水汽车	台班	1405	0.18	0.18	—	—

续上表 单位:100m²

顺序号	项目	单位	代号	高速公路、一级公路			
				分离式			
				隧道长度4000m以内		隧道长度4000m以上,每增加1000m	
				二车道	三车道	二车道	三车道
				5	6	7	8
86	1t以内机动翻斗车	台班	1408	2.78	2.49	—	—
87	12t以内汽车式起重机	台班	1451	0.06	0.06	—	—
88	30t以内汽车式起重机	台班	1455	0.02	0.01	—	—
89	32kV·A以内交流电弧焊机	台班	1726	10.82	9.32	—	—
90	$10m^3$/min以内电动空压机	台班	1837	17.36	16.47	0.12	0.10
91	$20m^3$/min以内电动空压机	台班	1838	17.92	16.59	0.17	0.15
92	$9m^3$/min以内机动空压机	台班	1842	3.90	4.42	—	—
93	100kW以内轴流式通风机	台班	1933	—	—	—	—
94	$1259m^3$/min以内离心式通风机	台班	1938	—	—	—	—
95	$2132m^3$/min以内离心式通风机	台班	1940	15.16	14.18	1.27	1.10
96	小型机具使用费	元	1998	3074.9	3057.6	13.1	11.8
97	基价	元	1999	297078	314759	4660	4057

续上表 单位:100m²

顺序号	项目	单位	代号	高速公路、一级公路			二级及以下
				连拱		小净距	
				二车道	三车道	二车道	
				9	10	11	12
1	人工	工日	1	2068.5	2140.4	1995.5	1471.2
2	原木	m^3	101	0.379	0.406	0.353	0.282
3	锯材	m^3	102	0.845	0.874	0.805	0.493
4	枕木	m^3	103	0.153	0.139	0.148	0.109
5	光圆钢筋	t	111	1.554	1.252	1.794	1.247
6	带肋钢筋	t	112	14.234	10.797	16.203	4.233
7	型钢	t	182	2.150	7.545	0.218	0.152
8	钢板	t	183	0.355	0.840	0.174	0.126
9	钢管	t	191	1.627	1.444	1.619	0.395
10	空心钢钎	kg	212	131.2	159.8	141.8	106.9
11	ϕ50mm以内合金钻头	个	213	69.0	86.0	76.0	56.6
12	ϕ150mm以内合金钻头	个	214	1.7	1.5	1.7	0.3

续上表 单位:100m²

顺序号	项目	单位	代号	高速公路、一级公路			二级及以下
				连拱		小净距	
				二车道	三车道	二车道	
				9	10	11	12
13	中空注浆锚杆	m	217	257.6	762.4	433.4	211.6
14	电焊条	kg	231	77.3	68.4	93.5	35.4
15	膨胀螺栓	套	242	133.5	97.0	114.0	108.6
16	钢模板	t	271	0.612	0.558	0.590	0.435
17	组合钢模板	t	272	0.136	0.123	0.075	0.058
18	铁件	kg	651	86.5	148.0	64.9	44.4
19	铁钉	kg	653	3.8	4.2	3.2	2.5
20	8~12号铁丝	kg	655	35.9	39.6	32.9	25.9
21	20~22号铁丝	kg	656	36.2	28.3	36.2	3.5
22	电线	m	711	—	—	—	—
23	涂料	kg	734	123.6	89.6	102.9	97.9
24	土工布	m²	770	20.4	12.2	20.1	20.4

续上表 单位:100m²

顺序号	项目	单位	代号	高速公路、一级公路			二级及以下
				连拱		小净距	
				二车道	三车道	二车道	
				9	10	11	12
25	复合式防水板	m²	776	338.5	245.6	289.7	275.5
26	PVC塑料管(ϕ100mm)	m	780	2.26	1.35	2.23	2.26
27	塑料弹簧软管(ϕ50mm)	m	783	32.59	23.67	27.83	26.49
28	塑料弹簧软管(ϕ110mm)	m	785	23.07	13.80	22.72	23.03
29	塑料打孔波纹管(ϕ400mm)	m	791	23.07	13.80	22.72	23.03
30	橡胶止水带	m	794	20.34	22.52	27.00	16.22
31	橡胶止水条	m	795	41.71	33.46	24.26	17.71
32	32.5级水泥	t	832	156.266	164.774	129.869	99.893
33	硝铵炸药	kg	841	847.8	847.8	807.7	669.5
34	非电毫秒雷管	个	847	1035	1035	986	817
35	导爆索	m	848	657	657	625	520
36	石油沥青	t	851	1.250	1.248	1.250	0.015

续上表　　单位:100m²

顺序号	项　目	单位	代号	高速公路、一级公路			二级及以下
				连　拱		小 净 距	
				二车道	三车道	二车道	
				9	10	11	12
37	乳化沥青	t	853	0.183	0.194	0.183	—
38	煤	t	864	0.003	0.003	0.003	0.003
39	电	kW·h	865	1968	1968	1871	1556
40	水	m^3	866	827	877	742	588
41	瓷砖	m^2	872	45.6	33.4	45.4	43.2
42	青(红)砖	千块	877	3.91	2.61	3.41	5.84
43	砂	m^3	897	4.53	4.53	4.53	—
44	中(粗)砂	m^3	899	230.76	238.25	189.16	155.24
45	砂砾	m^3	902	3.88	2.59	3.38	5.79
46	片石	m^3	931	0.36	0.22	0.36	0.36
47	矿粉	t	949	1.312	1.314	1.312	—
48	碎石(2cm)	m^3	951	29.37	36.50	29.12	21.71

续上表　　单位:100m²

顺序号	项　目	单位	代号	高速公路、一级公路			二级及以下
				连　拱		小 净 距	
				二车道	三车道	二车道	
				9	10	11	12
49	碎石(4cm)	m^3	952	259.55	259.95	207.26	171.95
50	碎石(8cm)	m^3	954	1.44	0.86	1.41	1.43
51	石屑	m^3	961	2.83	2.84	2.83	—
52	路面用碎石(1.5cm)	m^3	965	5.32	5.32	5.32	—
53	路面用碎石(2.5cm)	m^3	966	3.03	3.03	3.03	—
54	其他材料费	元	996	3997.6	4076.0	3953.5	2838.0
55	设备摊销费	元	997	2806.9	2562.5	2710.0	1975.0
56	75kW 以内履带式推土机	台班	1003	1.07	1.04	0.67	0.54
57	1.0m^3 以内轮胎式装载机	台班	1048	1.07	1.04	0.67	0.54
58	2.0m^3 以内轮胎式装载机	台班	1050	4.74	4.74	4.51	3.70
59	3.0m^3 以内轮胎式装载机	台班	1051	0.12	0.10	0.12	0.10
60	6~8t 光轮压路机	台班	1075	0.06	0.06	0.06	—

续上表 单位:100m²

顺序号	项目	单位	代号	高速公路、一级公路			二级及以下
				连拱		小净距	
				二车道	三车道	二车道	
				9	10	11	12
61	8~10t 光轮压路机	台班	1076	0.18	0.12	0.16	0.27
62	12~15t 光轮压路机	台班	1078	0.06	0.06	0.06	—
63	气腿式凿岩机	台班	1102	96.51	114.68	99.27	75.48
64	φ38~115mm 潜孔钻机	台班	1113	7.58	6.63	7.58	1.38
65	4000L 以内液态沥青运输车	台班	1185	0.03	0.03	0.03	—
66	160t/h 以内沥青混合料拌和设备	台班	1205	0.03	0.03	0.03	—
67	9.0m 以内沥青混合料摊铺机	台班	1213	0.03	0.03	0.03	—
68	2.5~3.5m 稀浆封层机	台班	1216	0.03	0.03	0.03	—
69	16~20t 轮胎式压路机	台班	1224	0.01	0.01	0.01	—
70	20~25t 轮胎式压路机	台班	1225	0.02	0.02	0.02	—
71	滑模式水泥混凝土摊铺机	台班	1234	0.05	0.04	0.05	0.04
72	混凝土电动刻纹机	台班	1243	0.88	0.93	0.88	0.82
73	混凝土电动切缝机	台班	1245	0.38	0.40	0.38	0.35

续上表 单位:100m²

顺序号	项目	单位	代号	高速公路、一级公路			二级及以下
				连拱		小净距	
				二车道	三车道	二车道	
				9	10	11	12
74	250L 以内混凝土搅拌机	台班	1272	0.38	0.28	0.37	0.31
75	混凝土喷射机	台班	1283	6.23	7.74	6.17	4.60
76	6m³ 以内混凝土搅拌运输车	台班	1307	6.46	6.25	4.15	3.38
77	60m³/h 以内混凝土输送泵	台班	1316	3.17	3.19	2.29	1.87
78	60m³/h 以内混凝土搅拌站	台班	1327	1.34	1.30	0.87	0.71
79	4t 以内载货汽车	台班	1372	2.62	5.07	2.33	1.34
80	5t 以内自卸汽车	台班	1383	0.03	0.03	0.03	—
81	12t 以内自卸汽车	台班	1387	12.40	12.40	11.80	9.80
82	20t 以内自卸汽车	台班	1390	0.11	0.12	0.11	—
83	40t 以内平板拖车组	台班	1395	0.14	0.09	0.12	0.20
84	4000L 以内洒水汽车	台班	1404	0.03	0.03	0.03	—
85	6000L 以内洒水汽车	台班	1405	0.19	0.20	0.19	0.17

续上表

单位:100m²

顺序号	项　目	单位	代号	高速公路、一级公路			二级及以下
				连　拱		小 净 距	
				二车道	三车道	二车道	
				9	10	11	12
86	1t 以内机动翻斗车	台班	1408	3.12	3.77	3.62	2.64
87	12t 以内汽车式起重机	台班	1451	0.26	0.25	0.25	0.18
88	30t 以内汽车式起重机	台班	1455	0.25	0.17	0.22	0.38
89	32kV·A 以内交流电弧焊机	台班	1726	17.29	15.04	22.05	9.85
90	$10m^3$/min 以内电动空压机	台班	1837	16.71	25.42	20.97	14.12
91	$20m^3$/min 以内电动空压机	台班	1838	25.19	24.24	23.33	14.48
92	$9m^3$/min 以内机动空压机	台班	1842	5.33	6.62	5.28	3.94
93	100kW 以内轴流式通风机	台班	1933	23.95	23.95	22.77	18.94
94	$1259m^3$/min 以内离心式通风机	台班	1938	—	—	—	—
95	$2132m^3$/min 以内离心式通风机	台班	1940	—	—	—	—
96	小型机具使用费	元	1998	3786.6	3997.4	3720.4	2436.9
97	基价	元	1999	412948	443309	391054	254449

3-2　明　　洞

工程内容　明洞开挖,洞身浇筑、仰拱回填,防排水,洞身装饰、喷涂,洞内路面,洞顶回填,边坡开挖防护排水等。

单位:100m²

顺序号	项　目	单位	代号	明　洞		
				分 离 式		连　拱
				二车道	三车道	二车道
				1	2	3
1	人工	工日	1	1618.1	1794.3	1718.8
2	原木	m³	101	0.443	0.294	0.474
3	锯材	m³	102	0.563	0.488	0.624
4	光圆钢筋	t	111	2.693	2.456	2.817
5	带肋钢筋	t	112	13.317	12.169	14.083
6	型钢	t	182	0.188	0.220	0.218
7	钢板	t	183	0.588	0.532	0.653
8	空心钢钎	kg	212	7.5	33.5	7.5
9	φ50mm 以内合金钻头	个	213	14.2	63.3	14.2
10	电焊条	kg	231	64.2	58.5	67.9

续上表 单位:100m²

顺序号	项目	单位	代号	明洞		
				分离式		连拱
				二车道	三车道	二车道
				1	2	3
11	膨胀螺栓	套	242	104.0	88.8	114.5
12	组合钢模板	t	272	0.096	0.155	0.118
13	铁件	kg	651	246.4	213.5	273.3
14	铁钉	kg	653	0.2	0.2	0.3
15	8~12号铁丝	kg	655	47.3	36.1	51.7
16	20~22号铁丝	kg	656	49.0	44.8	51.7
17	铸铁箅子	kg	681	1.9	2.1	1.9
18	涂料	kg	734	94.8	83.0	106.0
19	土工布	m²	770	17.2	12.8	17.5
20	玻璃纤维布	m²	771	15.1	—	15.1
21	三维植被网	m²	774	24.8	826.7	24.8
22	U形锚钉	kg	775	13.8	458.5	13.8
23	复合式防水板	m²	776	263.8	225.2	290.4

续上表 单位:100m²

顺序号	项目	单位	代号	明洞		
				分离式		连拱
				二车道	三车道	二车道
				1	2	3
24	PVC塑料管(φ100mm)	m	780	1.90	1.42	1.94
25	塑料弹簧软管(φ50mm)	m	783	25.38	21.67	27.94
26	塑料弹簧软管(φ110mm)	m	785	16.23	14.28	19.76
27	塑料打孔波纹管(φ400mm)	m	791	19.42	14.52	19.76
28	橡胶止水带	m	794	21.83	14.44	17.45
29	橡胶止水条	m	795	18.47	26.61	35.74
30	草籽	kg	821	3.0	29.4	3.0
31	32.5级水泥	t	832	131.723	119.212	138.591
32	硝铵炸药	kg	841	109.5	480.4	109.5
33	导火线	m	842	283	1248	283
34	普通雷管	个	845	224	998	224
35	石油沥青	t	851	1.113	1.155	1.113
36	乳化沥青	t	853	0.183	0.166	0.183

续上表

单位:100m²

<table>
<tr><th rowspan="4">顺序号</th><th rowspan="4">项　目</th><th rowspan="4">单位</th><th rowspan="4">代号</th><th colspan="3">明　洞</th></tr>
<tr><th colspan="2">分　离　式</th><th>连　拱</th></tr>
<tr><th>二车道</th><th>三车道</th><th>二车道</th></tr>
<tr><th>1</th><th>2</th><th>3</th></tr>
<tr><td>37</td><td>煤</td><td>t</td><td>864</td><td>0.003</td><td>0.003</td><td>0.003</td></tr>
<tr><td>38</td><td>水</td><td>m^3</td><td>866</td><td>619</td><td>684</td><td>655</td></tr>
<tr><td>39</td><td>瓷砖</td><td>m^2</td><td>872</td><td>38.8</td><td>28.6</td><td>39.0</td></tr>
<tr><td>40</td><td>青(红)砖</td><td>千块</td><td>877</td><td>2.29</td><td>1.79</td><td>3.39</td></tr>
<tr><td>41</td><td>砂</td><td>m^3</td><td>897</td><td>3.96</td><td>4.17</td><td>3.96</td></tr>
<tr><td>42</td><td>中(粗)砂</td><td>m^3</td><td>899</td><td>265.54</td><td>223.19</td><td>276.14</td></tr>
<tr><td>43</td><td>砂砾</td><td>m^3</td><td>902</td><td>39.79</td><td>55.64</td><td>40.88</td></tr>
<tr><td>44</td><td>黏土</td><td>m^3</td><td>911</td><td>98.35</td><td>3.54</td><td>98.35</td></tr>
<tr><td>45</td><td>片石</td><td>m^3</td><td>931</td><td>273.21</td><td>130.38</td><td>278.49</td></tr>
<tr><td>46</td><td>矿粉</td><td>t</td><td>949</td><td>1.147</td><td>1.207</td><td>1.147</td></tr>
<tr><td>47</td><td>碎石(4cm)</td><td>m^3</td><td>952</td><td>258.80</td><td>200.72</td><td>261.89</td></tr>
<tr><td>48</td><td>碎石(8cm)</td><td>m^3</td><td>954</td><td>46.81</td><td>104.06</td><td>64.28</td></tr>
<tr><td>49</td><td>石屑</td><td>m^3</td><td>961</td><td>2.47</td><td>2.60</td><td>2.47</td></tr>
<tr><td>50</td><td>路面用碎石(1.5cm)</td><td>m^3</td><td>965</td><td>4.69</td><td>4.93</td><td>4.69</td></tr>
</table>

续上表

单位:100m²

<table>
<tr><th rowspan="4">顺序号</th><th rowspan="4">项　目</th><th rowspan="4">单位</th><th rowspan="4">代号</th><th colspan="3">明　洞</th></tr>
<tr><th colspan="2">分　离　式</th><th>连　拱</th></tr>
<tr><th>二车道</th><th>三车道</th><th>二车道</th></tr>
<tr><th>1</th><th>2</th><th>3</th></tr>
<tr><td>51</td><td>路面用碎石(2.5cm)</td><td>m^3</td><td>966</td><td>2.60</td><td>2.74</td><td>2.60</td></tr>
<tr><td>52</td><td>块石</td><td>m^3</td><td>981</td><td>6.30</td><td>—</td><td>6.30</td></tr>
<tr><td>53</td><td>其他材料费</td><td>元</td><td>996</td><td>1597.1</td><td>6177.7</td><td>1671.6</td></tr>
<tr><td>54</td><td>设备摊销费</td><td>元</td><td>997</td><td>27.3</td><td>28.7</td><td>27.3</td></tr>
<tr><td>55</td><td>75kW 以内履带式推土机</td><td>台班</td><td>1003</td><td>1.29</td><td>2.88</td><td>1.35</td></tr>
<tr><td>56</td><td>135kW 以内履带式推土机</td><td>台班</td><td>1006</td><td>3.45</td><td>15.38</td><td>3.45</td></tr>
<tr><td>57</td><td>1.0m^3 以内履带式单斗挖掘机</td><td>台班</td><td>1035</td><td>1.97</td><td>8.79</td><td>1.97</td></tr>
<tr><td>58</td><td>1.0m^3 以内轮胎式装载机</td><td>台班</td><td>1048</td><td>0.86</td><td>0.98</td><td>0.92</td></tr>
<tr><td>59</td><td>2.0m^3 以内轮胎式装载机</td><td>台班</td><td>1050</td><td>1.87</td><td>8.14</td><td>1.87</td></tr>
<tr><td>60</td><td>3.0m^3 以内轮胎式装载机</td><td>台班</td><td>1051</td><td>0.10</td><td>0.09</td><td>0.10</td></tr>
<tr><td>61</td><td>6~8t 光轮压路机</td><td>台班</td><td>1075</td><td>0.05</td><td>0.06</td><td>0.05</td></tr>
<tr><td>62</td><td>8~10t 光轮压路机</td><td>台班</td><td>1076</td><td>0.11</td><td>0.08</td><td>0.16</td></tr>
<tr><td>63</td><td>12~15t 光轮压路机</td><td>台班</td><td>1078</td><td>0.05</td><td>0.06</td><td>0.05</td></tr>
<tr><td>64</td><td>液压喷播机</td><td>台班</td><td>1139</td><td>0.13</td><td>1.23</td><td>0.13</td></tr>
</table>

续上表　　　　单位:100m²

顺序号	项　目	单位	代号	明　洞		
				分离式		连　拱
				二车道	三车道	二车道
				1	2	3
65	4000L以内液态沥青运输车	台班	1185	0.03	0.03	0.03
66	160t/h以内沥青混合料拌和设备	台班	1205	0.02	0.03	0.02
67	9.0m以内沥青混合料摊铺机	台班	1213	0.03	0.03	0.03
68	2.5～3.5m稀浆封层机	台班	1216	0.03	0.03	0.03
69	16～20t轮胎式压路机	台班	1224	0.01	0.01	0.01
70	20～25t轮胎式压路机	台班	1225	0.02	0.02	0.02
71	滑模式水泥混凝土摊铺机	台班	1234	0.04	0.04	0.04
72	混凝土电动刻纹机	台班	1243	0.76	0.80	0.76
73	混凝土电动切缝机	台班	1245	0.32	0.34	0.32
74	250L以内混凝土搅拌机	台班	1272	0.64	0.23	0.68
75	6m³以内混凝土搅拌运输车	台班	1307	4.39	4.94	4.70
76	60m³/h以内混凝土输送泵	台班	1316	0.49	—	0.25
77	60m³/h以内混凝土搅拌站	台班	1327	1.08	1.21	1.15
78	4t以内载货汽车	台班	1372	0.09	0.87	0.09

续上表　　　　单位:100m²

顺序号	项　目	单位	代号	明　洞		
				分离式		连　拱
				二车道	三车道	二车道
				1	2	3
79	5t以内自卸汽车	台班	1383	0.02	0.03	0.02
80	8t以内自卸汽车	台班	1385	22.00	97.99	22.00
81	20t以内自卸汽车	台班	1390	0.10	0.10	0.10
82	40t以内平板拖车组	台班	1395	0.08	0.06	0.12
83	4000L以内洒水汽车	台班	1404	0.12	0.90	0.12
84	6000L以内洒水汽车	台班	1405	0.16	0.17	0.16
85	1t以内机动翻斗车	台班	1408	0.77	0.52	0.78
86	8t以内汽车式起重机	台班	1450	0.24	—	0.24
87	12t以内汽车式起重机	台班	1451	11.07	12.32	12.70
88	30t以内汽车式起重机	台班	1455	0.15	0.12	0.22
89	32kV·A以内交流电弧焊机	台班	1726	9.55	8.71	10.11
90	9m³/min以内机动空压机	台班	1842	3.99	18.34	3.99
91	小型机具使用费	元	1998	1083.2	1769.8	1142.3
92	基价	元	1999	314406	404040	332001

3-3 洞　门

工程内容 挖基、刷坡、洞门及排水，砌筑、预制混凝土块等工程的全部工作。

单位:每端洞门

顺序号	项目	单位	代号	洞门		
				二车道		三车道
				分离式	连拱	分离式
				1	2	3
1	人工	工日	1	2029.0	1948.4	2346.6
2	原木	m^3	101	4.378	4.202	5.297
3	锯材	m^3	102	4.986	4.786	6.033
4	光圆钢筋	t	111	2.933	2.821	2.933
5	带肋钢筋	t	112	7.568	7.266	7.568
6	型钢	t	182	0.730	0.700	0.883
7	钢管	t	191	0.542	0.521	0.645
8	空心钢钎	kg	212	172.2	165.3	176.6
9	ϕ50mm 以内合金钻头	个	213	89.5	85.9	97.7
10	电焊条	kg	231	28.2	27.1	28.2

续上表

单位:每端洞门

顺序号	项目	单位	代号	洞门		
				二车道		三车道
				分离式	连拱	分离式
				1	2	3
11	钢模板	t	271	0.002	0.002	0.002
12	组合钢模板	t	272	1.585	1.522	1.917
13	铁件	kg	651	950.0	912.1	1145.4
14	铁钉	kg	653	12.2	11.7	14.7
15	8~12 号铁丝	kg	655	18.2	17.5	22.1
16	20~22 号铁丝	kg	656	3.1	3.0	3.1
17	铸铁箅子	kg	681	0.4	0.4	0.4
18	32.5 级水泥	t	832	273.404	262.498	322.320
19	硝铵炸药	kg	841	175.4	168.4	238.1
20	导火线	m	842	456	437	618
21	普通雷管	个	845	364	350	495
22	石油沥青	t	851	0.003	0.003	0.003
23	水	m^3	866	1503	1443	1682

续上表 单位:每端洞门

顺序号	项目	单位	代号	洞门		
				二车道		三车道
				分离式	连拱	分离式
				1	2	3
24	中(粗)砂	m^3	899	387.04	371.60	456.61
25	砂砾	m^3	902	39.32	37.80	47.29
26	片石	m^3	931	82.46	79.16	101.89
27	碎石(2cm)	m^3	951	50.86	48.91	50.86
28	碎石(4cm)	m^3	952	514.98	494.38	623.12
29	其他材料费	元	996	11126.8	10881.9	11797.7
30	75kW 以内履带式推土机	台班	1003	2.46	2.37	3.08
31	135kW 以内履带式推土机	台班	1006	5.62	5.39	7.62
32	1.0 以内履带式单斗挖掘机	台班	1035	3.21	3.08	4.36
33	1.0m^3 以内轮胎式装载机	台班	1048	1.77	1.70	2.14
34	2.0m^3 以内轮胎式装载机	台班	1050	2.95	2.83	4.00
35	气腿式凿岩机	台班	1102	113.01	108.49	113.01
36	250L 以内混凝土搅拌机	台班	1272	16.01	15.38	16.01

续上表 单位:每端洞门

顺序号	项目	单位	代号	洞门		
				二车道		三车道
				分离式	连拱	分离式
				1	2	3
37	混凝土喷射机	台班	1283	17.68	16.98	17.68
38	6m^3 以内混凝土搅拌运输车	台班	1307	8.42	8.09	10.18
39	60m^3/h 以内混凝土搅拌站	台班	1327	2.08	1.99	2.51
40	8t 以内自卸汽车	台班	1385	35.77	34.34	48.55
41	12t 以内汽车式起重机	台班	1451	21.28	20.43	25.75
42	32kV·A 以内交流电弧焊机	台班	1726	10.95	10.51	10.95
43	9m^3/min 以内机动空压机	台班	1842	76.11	73.07	78.37
44	小型机具使用费	元	1998	2430.3	2333.2	2675.9
45	基价	元	1999	468780	450303	541751

3-4 斜 井※

工程内容 开挖、钢支撑、喷锚支护、防排水、衬砌、路面、混凝土拌和运输、混凝土拌和设备安拆等全部工作。

单位：100m^2

顺序号	项目	单位	代号	斜井
				1
1	人工	工日	1	1205.0
2	原木	m^3	101	0.216
3	锯材	m^3	102	0.344
4	光圆钢筋	t	111	0.872
5	带肋钢筋	t	112	5.341
6	型钢	t	182	1.864
7	钢板	t	183	0.371
8	钢管	t	191	0.134
9	空心钢钎	kg	212	64.0
10	ϕ50mm 以内合金钻头	个	213	32.8
11	电焊条	kg	231	30.2
12	膨胀螺栓	套	242	141.1
13	组合钢模板	t	272	0.002

续上表

单位：100m^2

顺序号	项目	单位	代号	斜井
				1
14	铁件	kg	651	80.6
15	铁钉	kg	653	1.8
16	8～12 号铁丝	kg	655	24.0
17	20～22 号铁丝	kg	656	12.8
18	电线	m	711	22
19	土工布	m^2	770	24.6
20	复合式防水板	m^2	776	354.3
21	PVC 塑料管(ϕ100mm)	m	780	2.74
22	塑料弹簧软管(ϕ50mm)	m	783	34.43
23	塑料弹簧软管(ϕ110mm)	m	785	27.86
24	塑料打孔波纹管(ϕ400mm)	m	791	27.86
25	橡胶止水带	m	794	18.48
26	橡胶止水条	m	795	39.59
27	32.5 级水泥	t	832	59.655

续上表 单位:100m²

顺序号	项　目	单位	代号	斜　井
				1
28	硝铵炸药	kg	841	467.7
29	非电毫秒雷管	个	847	548
30	石油沥青	t	851	0.014
31	煤	t	864	0.003
32	电	kW·h	865	3005
33	水	m^3	866	355
34	青(红)砖	千块	877	0.84
35	中(粗)砂	m^3	899	83.92
36	砂砾	m^3	902	0.83
37	片石	m^3	931	0.44
38	碎石(2cm)	m^3	951	21.08
39	碎石(4cm)	m^3	952	100.79
40	碎石(8cm)	m^3	954	1.73
41	其他材料费	元	996	3669.9

续上表 单位:100m²

顺序号	项　目	单位	代号	斜　井
				1
42	75kW 以内履带式推土机	台班	1003	0.34
43	1.0m^3 以内轮胎式装载机	台班	1048	0.34
44	2.0m^3 以内轮胎式装载机	台班	1050	2.30
45	3.0m^3 以内轮胎式装载机	台班	1051	0.08
46	8~10t 光轮压路机	台班	1076	0.04
47	气腿式凿岩机	台班	1102	77.60
48	滑模式水泥混凝土摊铺机	台班	1234	0.03
49	混凝土电动刻纹机	台班	1243	0.82
50	混凝土电动切缝机	台班	1245	0.35
51	250L 以内混凝土搅拌机	台班	1272	0.12
52	混凝土喷射机	台班	1283	4.47
53	6m^3 以内混凝土搅拌运输车	台班	1307	2.18
54	60m^3/h 以内混凝土输送泵	台班	1316	0.14
55	60m^3/h 以内混凝土搅拌站	台班	1327	0.46

续上表

单位:100m²

顺序号	项　　目	单位	代号	斜　　井
				1
56	4t 以内载货汽车	台班	1372	1.06
57	12t 以内自卸汽车	台班	1387	6.73
58	40t 以内平板拖车组	台班	1395	0.03
59	6000L 以内洒水汽车	台班	1405	0.17
60	1t 以内机动翻斗车	台班	1408	1.16
61	12t 以内汽车式起重机	台班	1451	0.02
62	30t 以内汽车式起重机	台班	1455	0.05
63	50kN 以内单筒慢动卷扬机	台班	1500	6.15
64	32kV·A 以内交流电弧焊机	台班	1726	6.93
65	10m³/min 以内电动空压机	台班	1837	26.94
66	9m³/min 以内机动空压机	台班	1842	3.82
67	30kW 以内轴流式通风机	台班	1932	29.94
68	小型机具使用费	元	1998	1319.4
69	基价	元	1999	194956

3-5　竖　　井※

工程内容　开挖、喷锚支护、防排水、衬砌、混凝土拌和运输、混凝土拌和设备安拆等全部工作。

单位:10m 井深

顺序号	项　　目	单位	代号	竖　　井
				直径 8m 以内
				1
1	人工	工日	1	932.4
2	原木	m³	101	0.166
3	锯材	m³	102	0.576
4	光圆钢筋	t	111	1.061
5	带肋钢筋	t	112	6.123
6	型钢	t	182	0.005
7	钢管	t	191	0.099
8	空心钢钎	kg	212	80.5
9	φ50mm 以内合金钻头	个	213	48.4
10	电焊条	kg	231	27.5
11	钢模板	t	271	0.224

续上表 单位:10m 井深

顺序号	项　目	单位	代号	竖　井
				直径 8m 以内
				1
12	组合钢模板	t	272	0.010
13	铁件	kg	651	13.5
14	8～12 号铁丝	kg	655	0.2
15	20～22 号铁丝	kg	656	10.9
16	复合式防水板	m^2	776	279.6
17	32.5 级水泥	t	832	56.933
18	硝铵炸药	kg	841	508.0
19	非电毫秒雷管	个	847	635
20	电	kW·h	865	1595
21	水	m^3	866	492
22	青(红)砖	千块	877	4.30
23	中(粗)砂	m^3	899	79.77
24	砂砾	m^3	902	4.26
25	碎石(2cm)	m^3	951	22.04

续上表 单位:10m 井深

顺序号	项　目	单位	代号	竖　井
				直径 8m 以内
				1
26	碎石(4cm)	m^3	952	93.43
27	其他材料费	元	996	3016.7
28	设备摊销费	元	997	1592.4
29	75kW 以内履带式推土机	台班	1003	0.41
30	1.0m^3 以内轮胎式装载机	台班	1048	0.41
31	8～10t 光轮压路机	台班	1076	0.20
32	气腿式凿岩机	台班	1102	77.13
33	0.2m^3 以内电动装岩机	台班	1127	28.57
34	250L 以内混凝土搅拌机	台班	1272	0.15
35	混凝土喷射机	台班	1283	5.64
36	6m^3 以内混凝土搅拌运输车	台班	1307	2.31
37	60m^3/h 以内混凝土搅拌站	台班	1327	0.48
38	12t 以内自卸汽车	台班	1387	3.02
39	40t 以内平板拖车组	台班	1395	0.15

续上表

单位:10m 井深

顺序号	项　　目	单位	代号	竖　井
				直径 8m 以内
				1
40	12t 以内汽车式起重机	台班	1451	0.11
41	30t 以内汽车式起重机	台班	1455	0.28
42	50kN 以内单筒慢动卷扬机	台班	1500	17.84
43	80kN 以内单筒慢动卷扬机	台班	1501	5.07
44	100kN 以内单筒慢动卷扬机	台班	1502	10.16
45	200kN 以内单筒慢动卷扬机	台班	1503	8.73
46	80kN 以内双筒快动卷扬机	台班	1524	24.68
47	ϕ100mm 电动多级水泵（>120m）	台班	1664	23.59
48	32kV·A 以内交流电弧焊机	台班	1726	5.25
49	10m^3/min 以内电动空压机	台班	1837	41.70
50	30kW 以内轴流式通风机	台班	1932	26.73
51	小型机具使用费	元	1998	1256.5
52	基价	元	1999	187787

3-6　管　　棚

工程内容　套拱混凝土、钢拱架、套拱孔管口、管棚及注浆、钢管填充砂浆及钢筋。

单位:10 延长米

顺序号	项　　目	单位	代号	管　　棚	
				二　车　道	三　车　道
				1	2
1	人工	工日	1	327.0	483.2
2	原木	m^3	101	0.034	0.053
3	锯材	m^3	102	0.966	1.188
4	带肋钢筋	t	112	0.270	0.332
5	型钢	t	182	0.078	0.121
6	钢管	t	191	6.436	7.834
7	ϕ150mm 以内合金钻头	个	214	7.4	9.0
8	电焊条	kg	231	4.6	5.6
9	组合钢模板	t	272	0.046	0.071
10	铁件	kg	651	48.3	74.9
11	32.5 级水泥	t	832	40.001	79.017

续上表　　　　　　　　　　　　　　　　　　　　　　　　　　　　单位:10 延长米

顺序号	项　目	单位	代号	管　棚	
				二　车　道	三　车　道
				1	2
12	水	m^3	866	129	192
13	中(粗)砂	m^3	899	8.00	12.39
14	碎石(4cm)	m^3	952	13.82	21.42
15	其他材料费	元	996	2253.3	2761.6
16	ϕ38～115mm 潜孔钻机	台班	1113	33.30	40.50
17	250L 以内混凝土搅拌机	台班	1272	0.75	0.90
18	4t 以内载货汽车	台班	1372	2.90	5.29
19	1t 以内机动翻斗车	台班	1408	0.19	0.23
20	12t 以内汽车式起重机	台班	1451	0.72	1.11
21	32kV·A 以内交流电弧焊机	台班	1726	0.61	0.75
22	20m^3/min 以内电动空压机	台班	1838	33.30	40.50
23	小型机具使用费	元	1998	1630.8	2244.6
24	基价	元	1999	112146	153183

第四章　涵 洞 工 程

说　　明

本章指标包括盖板涵、圆管涵、拱涵和箱涵等项目。

1. 涵身按涵洞长度计算。洞口按道计算，一道涵洞按两座洞口计算，如涵洞只有一座洞口，则按0.5道计算。

2. 涵洞工程指标分为跨径3m以内和5m以内。跨径超过5m的涵洞按第五章中标准跨径小于16m的桥梁指标进行计算。

3. 跨径小于0.5m的灌溉涵已综合在指标中，不得将灌溉涵作为工程量计算。

4. 指标中涵洞洞口按一般常用的标准洞口计算，如有特殊洞口，可根据实体圬工量，套用公路工程概算定额计算。

5. 若有双孔涵洞时，可按单孔指标乘以下列双孔系数：

结构类型	盖板涵	钢筋混凝土圆管涵	拱涵
双孔系数	1.6	1.8	1.5

4-1 盖板涵

工程内容 挖基、垫层、基础、洞身、洞口及洞口铺砌、圬工和钢筋、支架、拱盔、排水设施等工程的全部工作。

单位:表列单位

顺序号	项目	单位	代号	跨径3m以内		跨径5m以内	
				涵身	洞口	涵身	洞口
				10延米	1道	10延米	1道
				1	2	3	4
1	人工	工日	1	307.7	34.3	843.1	101.0
2	原木	m^3	101	1.566	0.006	4.130	0.059
3	锯材	m^3	102	0.329	0.013	0.867	0.069
4	光圆钢筋	t	111	0.226	—	0.584	—
5	带肋钢筋	t	112	0.616	—	1.596	—
6	型钢	t	182	0.062	0.001	0.176	0.012
7	钢管	t	191	0.029	—	0.072	0.006
8	钢丝绳	t	221	0.061	—	0.155	—
9	电焊条	kg	231	0.3	—	1.1	—
10	组合钢模板	t	272	0.123	0.003	0.351	0.028

续上表

单位:表列单位

顺序号	项目	单位	代号	跨径3m以内		跨径5m以内	
				涵身	洞口	涵身	洞口
				10延米	1道	10延米	1道
				1	2	3	4
11	铁件	kg	651	79.8	1.5	222.0	15.0
12	铁钉	kg	653	—	—	—	0.1
13	8~12号铁丝	kg	655	7.3	0.2	15.1	0.6
14	20~22号铁丝	kg	656	3.2	—	8.3	—
15	油毛毡	m^2	825	19.3	—	50.0	—
16	32.5级水泥	t	832	19.842	0.984	52.682	4.337
17	硝铵炸药	kg	841	2.3	0.9	5.9	2.2
18	导火线	m	842	—	2	—	4
19	水	m^3	866	100	7	251	24
20	中(粗)砂	m^3	899	41.32	3.39	105.77	11.68
21	砂砾	m^3	902	—	3.27	—	7.13
22	片石	m^3	931	17.44	14.91	45.24	34.36
23	碎石(4cm)	m^3	952	27.62	0.57	80.61	5.50
24	碎石(8cm)	m^3	954	14.65	0.23	36.49	2.19

续上表

单位:表列单位

顺序号	项　目	单位	代号	跨径3m以内		跨径5m以内	
				涵　身	洞　口	涵　身	洞　口
				10延米	1道	10延米	1道
				1	2	3	4
25	块石	m^3	981	32.92	5.68	65.79	12.58
26	粗料石	m^3	984	—	0.19	—	0.42
27	其他材料费	元	996	389.8	22.2	1064.5	80.0
28	250L以内混凝土搅拌机	台班	1272	1.52	0.05	5.22	0.51
29	6t以内载货汽车	台班	1374	0.36	—	0.95	—
30	1t以内机动翻斗车	台班	1408	1.23	0.03	4.04	0.34
31	5t以内汽车式起重机	台班	1449	0.32	—	0.83	—
32	12t以内汽车式起重机	台班	1451	0.72	0.02	2.20	0.23
33	20t以内汽车式起重机	台班	1453	0.51	—	1.21	—
34	30kN以内单筒慢动卷扬机	台班	1499	4.13	—	10.71	—
35	ϕ150mm电动单级离心水泵	台班	1653	8.87	—	23.18	—
36	32kV·A以内交流电弧焊机	台班	1726	0.19	—	0.48	—
37	小型机具使用费	元	1998	99.3	6.2	256.2	21.0
38	基价	元	1999	44552	3934	118183	12173

4-2　钢筋混凝土圆管涵

工程内容　挖基、垫层、基础、洞身、洞口及洞口铺砌、圬工和钢筋、支架、拱盔、排水设施等工程的全部工作。

单位:表列单位

顺序号	项　目	单位	代号	涵　身	洞　口
				10延米	1道
				1	2
1	人工	工日	1	107.3	73.3
2	原木	m^3	101	—	0.094
3	锯材	m^3	102	0.065	0.099
4	光圆钢筋	t	111	0.443	—
5	型钢	t	182	0.015	0.018
6	钢管	t	191	—	0.008
7	钢模板	t	271	0.051	—
8	组合钢模板	t	272	0.032	0.040
9	铁件	kg	651	12.4	23.2
10	铁钉	kg	653	—	0.3
11	8~12号铁丝	kg	655	—	0.4

续上表　　　　单位:表列单位

顺序号	项　目	单位	代号	涵　身	洞　口
				10 延米	1 道
				1	2
12	20~22 号铁丝	kg	656	2.5	—
13	铁皮	m^2	666	—	0.3
14	32.5 级水泥	t	832	6.479	4.835
15	硝铵炸药	kg	841	—	1.1
16	导火线	m	842	—	1
17	水	m^3	866	28	22
18	中(粗)砂	m^3	899	11.33	10.35
19	砂砾	m^3	902	15.94	2.33
20	片石	m^3	931	1.26	13.93
21	碎石(2cm)	m^3	951	5.52	—
22	碎石(4cm)	m^3	952	—	8.26
23	碎石(8cm)	m^3	954	11.20	3.47
24	块石	m^3	981	—	4.28
25	粗料石	m^3	984	—	0.14

续上表　　　　单位:表列单位

顺序号	项　目	单位	代号	涵　身	洞　口
				10 延米	1 道
				1	2
26	其他材料费	元	996	50.9	82.1
27	250L 以内混凝土搅拌机	台班	1272	1.58	0.77
28	4t 以内载货汽车	台班	1372	0.33	—
29	10t 以内载货汽车	台班	1376	0.56	—
30	1t 以内机动翻斗车	台班	1408	0.40	0.51
31	5t 以内汽车式起重机	台班	1449	2.10	—
32	12t 以内汽车式起重机	台班	1451	0.24	0.34
33	20t 以内汽车式起重机	台班	1453	—	0.02
34	ϕ150mm 电动单级离心水泵	台班	1653	2.05	—
35	小型机具使用费	元	1998	17.7	18.4
36	基价	元	1999	14954	9512

4-3 拱　　涵

工程内容　挖基、垫层、基础、洞身、洞口及洞口铺砌、圬工和钢筋、支架、拱盔、排水设施等工程的全部工作。

单位:表列单位

顺序号	项　　目	单位	代号	跨径3m以内		跨径5m以内	
				涵　　身	洞　　口	涵　　身	洞　　口
				10延米	1道	10延米	1道
				1	2	3	4
1	人工	工日	1	345.1	212.4	1613.0	610.2
2	原木	m^3	101	1.100	0.127	4.432	0.516
3	锯材	m^3	102	0.740	0.147	6.691	0.538
4	型钢	t	182	—	0.026	0.457	0.107
5	钢管	t	191	0.042	0.012	0.226	0.049
6	组合钢模板	t	272	—	0.060	1.039	0.243
7	铁件	kg	651	27.5	32.4	691.4	131.3
8	铁钉	kg	653	2.1	0.2	27.2	1.0
9	8~12号铁丝	kg	655	10.6	1.3	9.0	3.7
10	铁皮	m^2	666	—	—	22.0	—
11	铸铁管	kg	682	—	—	34.1	—

续上表

单位:表列单位

顺序号	项　　目	单位	代号	跨径3m以内		跨径5m以内	
				涵　　身	洞　　口	涵　　身	洞　　口
				10延米	1道	10延米	1道
				1	2	3	4
12	油毛毡	m^2	825	—	—	109.6	—
13	32.5级水泥	t	832	17.912	9.247	119.232	31.839
14	硝铵炸药	kg	841	6.3	4.7	12.5	11.8
15	导火线	m	842	—	8	—	18
16	石油沥青	t	851	—	—	0.422	—
17	水	m^3	866	169	50	529	160
18	生石灰	t	891	4.610	—	—	—
19	中(粗)砂	m^3	899	89.66	24.70	230.01	77.16
20	砂砾	m^3	902	6.34	14.78	20.61	33.24
21	黏土	m^3	911	4.23	—	—	—
22	片石	m^3	931	147.40	71.41	91.27	169.96
23	碎石(2cm)	m^3	951	—	—	6.20	—
24	碎石(4cm)	m^3	952	—	11.91	237.25	48.25
25	碎石(8cm)	m^3	954	—	4.73	94.69	19.17

续上表 单位:表列单位

顺序号	项目	单位	代号	跨径3m以内		跨径5m以内	
				涵身	洞口	涵身	洞口
				10延米	1道	10延米	1道
				1	2	3	4
26	块石	m^3	981	87.55	26.08	9.56	59.65
27	粗料石	m^3	984	—	0.87	—	1.96
28	其他材料费	元	996	86.7	170.4	2046.9	579.4
29	8~10t光轮压路机	台班	1076	—	—	0.09	—
30	12~15t光轮压路机	台班	1078	—	—	0.04	—
31	250L以内混凝土搅拌机	台班	1272	—	1.10	19.12	4.48
32	1t以内机动翻斗车	台班	1408	—	0.73	12.59	2.95
33	12t以内汽车式起重机	台班	1451	—	0.50	8.73	2.04
34	30kN以内单筒慢动卷扬机	台班	1499	—	—	5.52	—
35	φ150mm电动单级离心水泵	台班	1653	11.84	—	—	—
36	φ500mm以内木工圆锯机	台班	1710	0.21	—	2.45	—
37	小型机具使用费	元	1998	145.9	44.4	460.6	137.0
38	基价	元	1999	50747	25637	217140	75765

注:跨径≤3m拱涵指标是按石拱涵编制的;3m<跨径≤5m指标是按混凝土拱涵编制的。

4-4 箱涵

工程内容 挖基、垫层、基础、洞身、洞口及洞口铺砌、圬工和钢筋、支架、拱盔、排水设施等工程的全部工作。

单位:表列单位

顺序号	项目	单位	代号	跨径3m以内		跨径5m以内	
				涵身	洞口	涵身	洞口
				10延米	1道	10延米	1道
				1	2	3	4
1	人工	工日	1	346.0	34.3	610.6	101.0
2	原木	m^3	101	0.121	0.006	0.214	0.059
3	锯材	m^3	102	0.142	0.013	0.251	0.069
4	带肋钢筋	t	112	5.120	—	9.035	—
5	型钢	t	182	0.063	0.001	0.111	0.012
6	钢管	t	191	0.016	—	0.028	0.006
7	电焊条	kg	231	52.6	—	92.9	—
8	组合钢模板	t	272	0.163	0.003	0.288	0.028
9	门式钢支架	t	273	0.021	—	0.037	—
10	铁件	kg	651	67.4	1.6	118.9	15.0

续上表 单位:表列单位

顺序号	项目	单位	代号	跨径3m以内		跨径5m以内	
				涵身	洞口	涵身	洞口
				10延米	1道	10延米	1道
				1	2	3	4
11	铁钉	kg	653	—	—	—	0.1
12	8~12号铁丝	kg	655	—	0.2	—	0.6
13	20~22号铁丝	kg	656	12.1	—	21.4	—
14	32.5级水泥	t	832	19.586	0.984	34.562	4.337
15	硝铵炸药	kg	841	—	0.9	—	2.2
16	导火线	m	842	—	2	—	4
17	水	m^3	866	63	7	111	24
18	中(粗)砂	m^3	899	25.00	3.39	44.11	11.68
19	砂砾	m^3	902	9.26	3.27	16.34	7.13
20	片石	m^3	931	—	14.91	—	34.36
21	碎石(4cm)	m^3	952	44.68	0.57	78.84	5.50
22	碎石(8cm)	m^3	954	—	0.23	—	2.19

续上表 单位:表列单位

顺序号	项目	单位	代号	跨径3m以内		跨径5m以内	
				涵身	洞口	涵身	洞口
				10延米	1道	10延米	1道
				1	2	3	4
23	块石	m^3	981	—	5.68	—	12.58
24	粗料石	m^3	984	—	0.19	—	0.42
25	其他材料费	元	996	87.4	22.2	154.1	80.0
26	8~10t光轮压路机	台班	1076	0.11	—	0.19	—
27	250L以内混凝土搅拌机	台班	1272	2.47	0.05	4.36	0.51
28	1t以内机动翻斗车	台班	1408	1.63	0.03	2.87	0.34
29	5t以内汽车式起重机	台班	1449	0.32	—	0.56	—
30	12t以内汽车式起重机	台班	1451	4.53	0.02	7.99	0.23
31	ϕ150mm电动单级离心水泵	台班	1653	4.63	—	8.17	—
32	32kV·A以内交流电弧焊机	台班	1726	12.84	—	22.66	—
33	小型机具使用费	元	1998	193.6	6.2	341.7	21.0
34	基价	元	1999	58041	3934	102418	12173

第五章　桥 梁 工 程

说　　明

本指标分标准跨径小于16m的桥梁和标准跨径大于或等于16m的桥梁两项，其中标准跨径大于或等于16m的桥梁分为一般结构桥梁（如预应力空心板、预应力T形梁、预应力混凝土箱梁等）和技术复杂结构桥梁（如连续刚构、连续梁、斜拉桥、悬索桥、钢管拱等）两部分。

1. 本章指标均包括基础、下部、上部、桥台锥坡、桥头搭板等工程。当设置导流坝、丁坝等调治构造物时，其圬工及土石方等工程应分别按第一章路基工程的防护工程指标及路基土石方指标另行计算。

2. 桥面面积为桥梁长度与桥面宽度的乘积。桥梁全长，有桥台的桥梁为两岸桥台侧墙或八字墙尾端间的距离；无桥台的桥梁为桥面系行车道的长度。桥梁宽度为行车道加人行道或安全带加桥梁护栏的宽度并计算至外缘。

3. 本章指标除特殊说明外均包括桥面铺装，使用时不得调整指标。

4. 本指标中均已综合混凝土集中拌和、混凝土运输及拌和站安拆，临时轨道、混凝土构件蒸汽养生及蒸汽养生室建筑等项目。

5. 标准跨径小于16m的桥梁（5－1节）指标已综合不同结构类型的桥梁，使用时不得调整指标。

6. 标准跨径大于或等于16m的桥梁（5－2～5－11节）应按不同结构类型编制估算。标准跨径100m以内的箱形拱和钢管拱，指标综合了基础、下部和上部；标准跨径100m以上的箱形拱和钢管拱，其基础、下部和上部则应按技术复杂大桥相关指标进行计算。

7. 技术复杂大桥：

如工程可行性研究设计能提出技术复杂大桥上部构造用高强钢丝（钢绞线）和基础工程用的钢壳沉井或双壁钢围堰以及上部构造、下部构造、基础等各部位用的光圆钢筋、带肋钢筋的数量，可按设计提供的数量调整指标中相应的数量。

（1）基础工程：

扩大基础工程量按基础设计混凝土圬工实体计算。

沉井基础仅适用于水深在20m以内的桥梁工程，水深超过20m时，应编制补充指标或采用公路工程概算定额计算。

钢筋混凝土沉井按井体、封底、封顶、填芯等设计混凝土圬工实体计算；钢壳沉井按井壁、封底、封顶、填芯等设计混凝土实体计算。

灌注桩基础工程量按设计混凝土圬工实体计算。

钢管桩指标仅适用于打桩船打钢管桩，以打入的根数计算，指标中已综合防腐费用，未包括钢管桩的材料费用，需要另计。

承台及围堰工程量按承台及承台封底设计混凝土圬工实体之和计算。

地下连续墙工程量按地下连续墙内衬与墙体的混凝土圬工实体体积之和计算。

锚体工程量按锚块、散索鞍支墩、横梁、锚室、基础的混凝土圬工实体体积之和计算，指标中综合了锚固系统、冷却管、现浇支架。

（2）下部构造：

下部构造工程量按墩、台或索塔设计混凝土圬工实体计算。

（3）上部构造：

平行钢丝斜拉索、钢绞线斜拉索、主缆的工程量以平行钢丝、钢绞线的设计质量计算，不包括锚头和PE或套管防护料的质量，锚头和PE或套管防护料费用应含在成品单价中。

钢绞线斜拉索的单价中包括厂家现场编索和锚具的费用。

主缆指标综合了牵引系统、猫道系统、主缆系统、缠丝、索鞍、索夹、吊索、防腐涂装的费用，编制估算时，不得另行计算。

钢箱梁质量为钢箱梁(包括箱梁内横隔板)、桥面板(包括横肋)、横梁、钢锚箱、检查车及钢护栏质量之和。如为钢—混混合梁结构,结合部的钢铆钉质量应计入钢箱梁质量内。编制估算时,钢箱梁单价应包括钢箱梁运输至安装现场和工地现场焊接费用。

钢箱梁指标中综合了钢箱梁安装所需的一切工作,但未包括钢箱梁桥面铺装,钢桥面铺装费用应另行计算。

技术复杂大桥上部构造指标中钢管拱是按标准跨径 240m 以内编制的,标准跨径大于 240m 时,可按以下规定进行计算:

①标准跨径 240 ~ 400m 以内,指标乘以 1.15 的系数;

②标准跨径 400 ~ 600m 以内,指标乘以 1.33 的系数。

5-1 标准跨径小于16m的桥梁

工程内容 挖基、围堰、基础、下部、上部、桥面系、桥头搭板等工程的全部工作。

单位:100m² 桥面

顺序号	项目	单位	代号	标准跨径<16m的桥梁
				1
1	人工	工日	1	1056.0
2	原木	m³	101	0.402
3	锯材	m³	102	1.168
4	光圆钢筋	t	111	4.373
5	带肋钢筋	t	112	8.179
6	钢绞线	t	125	0.422
7	冷拔低碳钢丝	t	132	0.009
8	波纹管钢带	t	151	0.020
9	型钢	t	182	0.425
10	钢板	t	183	0.095
11	圆钢	t	184	0.003
12	钢管	t	191	0.373

续上表

单位:100m² 桥面

顺序号	项目	单位	代号	标准跨径<16m的桥梁
				1
13	钢钎	kg	211	0.8
14	钢丝绳	t	221	0.009
15	电焊条	kg	231	66.0
16	螺栓	kg	240	1.2
17	钢管立柱	t	247	0.017
18	波形钢板	t	249	0.031
19	钢管桩	t	262	0.070
20	钢护筒	t	263	0.203
21	钢模板	t	271	0.059
22	组合钢模板	t	272	0.240
23	门式钢支架	t	273	0.002
24	四氟板式橡胶组合支座	dm³	401	3.2
25	板式橡胶支座	dm³	402	13.3
26	模数式伸缩缝	t	541	0.197
27	板式橡胶伸缩缝	m	542	2.3

续上表　　单位:100m² 桥面

顺序号	项　目	单位	代号	标准跨径 <16m 的桥梁
				1
28	铸铁	kg	561	129.4
29	钢绞线群锚(3 孔)	套	572	5.60
30	钢绞线群锚(7 孔)	套	576	2.30
31	铁件	kg	651	318.0
32	铁钉	kg	653	2.0
33	8～12 号铁丝	kg	655	2.6
34	20～22 号铁丝	kg	656	41.2
35	铸铁管	kg	682	32.9
36	油漆	kg	732	1.6
37	桥面防水涂料	kg	735	108.7
38	玻璃纤维布	m^2	771	122.7
39	麻袋	个	818	434
40	油毛毡	m^2	825	2.7
41	32.5 级水泥	t	832	70.782
42	42.5 级水泥	t	833	5.210

续上表　　单位:100m² 桥面

顺序号	项　目	单位	代号	标准跨径 <16m 的桥梁
				1
43	硝铵炸药	kg	841	4.5
44	导火线	m	842	11
45	普通雷管	个	845	9
46	石油沥青	t	851	0.506
47	煤	t	864	0.010
48	水	m^3	866	415
49	砂	m^3	897	1.94
50	中(粗)砂	m^3	899	129.21
51	砂砾	m^3	902	34.00
52	黏土	m^3	911	53.75
53	片石	m^3	931	107.50
54	矿粉	t	949	0.529
55	碎石(2cm)	m^3	951	18.55
56	碎石(4cm)	m^3	952	96.85
57	碎石(8cm)	m^3	954	43.15

续上表

单位:100m² 桥面

顺序号	项目	单位	代号	标准跨径 < 16m 的桥梁
				1
58	石屑	m^3	961	1.05
59	路面用碎石(1.5cm)	m^3	965	2.90
60	块石	m^3	981	6.63
61	草皮	m^2	995	12.54
62	其他材料费	元	996	788.9
63	设备摊销费	元	997	452.8
64	0.6m^3 以内履带式单斗挖掘机	台班	1027	2.06
65	1.0m^3 以内轮胎式装载机	台班	1048	0.06
66	6~8t 光轮压路机	台班	1075	0.10
67	8~10t 光轮压路机	台班	1076	0.15
68	10~12t 光轮压路机	台班	1077	0.06
69	12~15t 光轮压路机	台班	1078	0.09
70	30t/h 以内沥青混合料拌和设备	台班	1201	0.06
71	滑模式水泥混凝土摊铺机	台班	1234	0.02
72	混凝土电动刻纹机	台班	1243	0.67
73	250L 以内混凝土搅拌机	台班	1272	0.25

续上表

单位:100m² 桥面

顺序号	项目	单位	代号	标准跨径 < 16m 的桥梁
				1
74	500L 以内混凝土搅拌机	台班	1274	4.93
75	60m^3/h 以内混凝土输送泵	台班	1316	0.11
76	90t 以内预应力拉伸机	台班	1344	0.12
77	500t 以内预应力拉伸机	台班	1347	0.11
78	钢绞线拉伸设备	台班	1349	0.84
79	波纹管卷制机	台班	1352	0.08
80	8t 以内载货汽车	台班	1375	0.12
81	10t 以内载货汽车	台班	1376	0.41
82	3t 以内自卸汽车	台班	1382	0.36
83	1t 以内机动翻斗车	台班	1408	20.85
84	25t 以内轮胎式起重机	台班	1443	0.59
85	5t 以内汽车式起重机	台班	1449	0.20
86	8t 以内汽车式起重机	台班	1450	0.06
87	12t 以内汽车式起重机	台班	1451	5.33
88	20t 以内汽车式起重机	台班	1453	1.68

续上表

单位:100m² 桥面

顺序号	项目	单位	代号	标准跨径<16m 的桥梁
				1
89	30t 以内汽车式起重机	台班	1455	0.45
90	30kN 以内单筒慢动卷扬机	台班	1499	0.93
91	50kN 以内单筒慢动卷扬机	台班	1500	2.66
92	300kN 以内振动打拔桩锤	台班	1581	0.02
93	600kN 以内振动打拔桩锤	台班	1583	0.02
94	22 型电动冲击钻机	台班	1588	5.56
95	30 型电动冲击钻机	台班	1589	17.10
96	ϕ150mm 电动单级离心水泵	台班	1653	1.52
97	ϕ500mm 以内木工圆锯机	台班	1710	0.01
98	32kV·A 以内交流电弧焊机	台班	1726	12.48
99	9m³/min 以内机动空压机	台班	1842	0.14
100	221kW 以内内燃拖轮	艘班	1855	0.09
101	100t 以内工程驳船	艘班	1874	0.03
102	200t 以内工程驳船	艘班	1876	0.46
103	小型机具使用费	元	1998	555.2
104	基价	元	1999	212469

5-2 预应力混凝土空心板桥

工程内容 挖基、围堰、基础、下部、上部、桥面系、桥头搭板等工程的全部工作。

单位:100m² 桥面

顺序号	项目	单位	代号	基础		
				干处	水深(m)	
					3 以内	5 以内
				1	2	3
1	人工	工日	1	695.8	999.2	701.1
2	原木	m³	101	0.244	0.244	0.274
3	锯材	m³	102	1.184	1.184	1.471
4	枕木	m³	103	0.329	0.329	0.436
5	光圆钢筋	t	111	4.087	4.087	3.637
6	带肋钢筋	t	112	12.911	12.911	13.727
7	钢绞线	t	125	1.318	1.318	1.318
8	波纹管钢带	t	151	0.137	0.137	0.137
9	型钢	t	182	0.247	0.247	0.311
10	钢板	t	183	0.154	0.154	0.181

续上表

单位:100m² 桥面

顺序号	项目	单位	代号	基础		
				干处	水深(m)	
					3以内	5以内
				1	2	3
11	钢管	t	191	0.483	0.483	0.590
12	钢丝绳	t	221	0.023	0.023	0.029
13	钢纤维	t	225	—	—	0.001
14	电焊条	kg	231	74.9	74.9	80.9
15	钢管桩	t	262	—	—	0.274
16	钢护筒	t	263	0.054	0.054	2.619
17	钢套箱	t	264	—	—	0.233
18	钢模板	t	271	0.067	0.067	0.073
19	组合钢模板	t	272	0.094	0.094	0.063
20	门式钢支架	t	273	0.007	0.007	0.008
21	四氟板式橡胶组合支座	dm³	401	5.1	5.1	6.0
22	板式橡胶支座	dm³	402	18.8	18.8	18.9
23	模数式伸缩缝	t	541	0.187	0.187	0.219

续上表

单位:100m² 桥面

顺序号	项目	单位	代号	基础		
				干处	水深(m)	
					3以内	5以内
				1	2	3
24	铸铁	kg	561	60.2	60.2	60.2
25	钢绞线群锚(3孔)	套	572	46.16	46.16	46.16
26	铁件	kg	651	127.2	127.2	118.9
27	铁钉	kg	653	3.0	3.0	3.4
28	8~12号铁丝	kg	655	0.6	0.6	0.7
29	20~22号铁丝	kg	656	58.3	58.3	58.3
30	铁皮	m²	666	—	—	1.3
31	铸铁管	kg	682	48.7	48.7	50.6
32	油漆	kg	732	0.7	0.7	0.7
33	桥面防水涂料	kg	735	217.7	217.7	217.7
34	玻璃纤维布	m²	771	245.6	245.6	245.6
35	麻袋	个	818	—	902	—
36	草袋	个	819	—	1900	—

续上表　　单位:100m² 桥面

顺序号	项　目	单位	代号	基　础		
				干　处	水　深(m)	
					3 以内	5 以内
				1	2	3
37	32.5 级水泥	t	832	59.757	59.757	60.089
38	42.5 级水泥	t	833	16.812	16.812	17.470
39	硝铵炸药	kg	841	0.5	0.5	—
40	导火线	m	842	1	1	—
41	石油沥青	t	851	0.007	0.007	0.008
42	改性沥青	t	852	1.257	1.257	1.257
43	乳化沥青	t	853	0.123	0.123	0.123
44	纤维稳定剂	t	856	0.064	0.064	0.064
45	煤	t	864	0.002	0.002	0.001
46	水	m³	866	364	364	351
47	青(红)砖	千块	877	3.23	3.23	0.09
48	砂	m³	897	1.04	1.04	1.04

续上表　　单位:100m² 桥面

顺序号	项　目	单位	代号	基　础		
				干　处	水　深(m)	
					3 以内	5 以内
				1	2	3
49	中(粗)砂	m³	899	96.60	96.60	93.38
50	砂砾	m³	902	87.44	87.44	67.22
51	黏土	m³	911	32.30	32.30	31.69
52	片石	m³	931	14.28	14.28	4.26
53	矿粉	t	949	2.149	2.149	2.149
54	碎石(2cm)	m³	951	30.27	30.27	31.45
55	碎石(4cm)	m³	952	102.41	102.41	103.06
56	碎石(6cm)	m³	953	0.62	0.62	1.45
57	碎石(8cm)	m³	954	1.58	1.58	1.64
58	石屑	m³	961	1.72	1.72	1.72
59	路面用碎石(1.5cm)	m³	965	9.68	9.68	9.68
60	块石	m³	981	3.26	3.26	—

续上表 单位:100m² 桥面

顺序号	项 目	单位	代号	基 础		
				干 处	水 深(m)	
					3以内	5以内
				1	2	3
61	其他材料费	元	996	529.1	529.1	643.6
62	设备摊销费	元	997	614.1	614.1	1822.8
63	75kW以内履带式推土机	台班	1003	0.72	0.72	0.23
64	105kW以内履带式推土机	台班	1005	0.05	0.05	—
65	0.6m³以内履带式单斗挖掘机	台班	1027	0.07	0.07	—
66	1.0m³以内履带式单斗挖掘机	台班	1035	0.11	0.11	0.09
67	1.0m³以内轮胎式装载机	台班	1048	0.67	0.67	0.23
68	2.0m³以内轮胎式装载机	台班	1050	0.06	0.06	0.06
69	120kW以内自行式平地机	台班	1057	0.07	0.07	0.05
70	6~8t光轮压路机	台班	1075	0.16	0.16	0.13
71	8~10t光轮压路机	台班	1076	0.36	0.36	0.18
72	12~15t光轮压路机	台班	1078	0.32	0.32	0.24

续上表 单位:100m² 桥面

顺序号	项 目	单位	代号	基 础		
				干 处	水 深(m)	
					3以内	5以内
				1	2	3
73	235kW以内稳定土拌和机	台班	1155	0.02	0.02	—
74	4000L以内沥青洒布车	台班	1193	0.02	0.02	0.02
75	160t/h以内沥青混合料拌和设备	台班	1205	0.03	0.03	0.03
76	9.0m以内沥青混合料摊铺机	台班	1213	0.03	0.03	0.03
77	15t以内振动压路机	台班	1220	0.04	0.04	0.04
78	滑模式水泥混凝土摊铺机	台班	1234	0.02	0.02	0.02
79	混凝土真空吸水机组	台班	1239	0.33	0.33	0.34
80	混凝土电动刻纹机	台班	1243	0.58	0.58	0.58
81	混凝土电动切缝机	台班	1245	0.32	0.32	0.33
82	250L以内混凝土搅拌机	台班	1272	0.82	0.82	0.72
83	60m³/h以内混凝土输送泵	台班	1316	0.31	0.31	0.37
84	40m³/h以内混凝土搅拌站	台班	1325	0.78	0.78	0.27

续上表 单位:100m² 桥面

顺序号	项目	单位	代号	基础		
				干处	水深(m)	
					3 以内	5 以内
				1	2	3
85	钢绞线拉伸设备	台班	1349	4.95	4.95	4.95
86	波纹管卷制机	台班	1352	0.72	0.72	0.72
87	8t 以内载货汽车	台班	1375	0.31	0.31	0.51
88	15t 以内载货汽车	台班	1378	0.29	0.29	—
89	5t 以内自卸汽车	台班	1383	0.03	0.03	0.03
90	10t 以内自卸汽车	台班	1386	0.13	0.13	0.13
91	20t 以内平板拖车组	台班	1393	0.04	0.04	—
92	4000L 以内洒水汽车	台班	1404	0.14	0.14	0.14
93	6000L 以内洒水汽车	台班	1405	0.12	0.12	0.08
94	1t 以内机动翻斗车	台班	1408	0.78	0.78	0.38
95	15t 以内履带式起重机	台班	1432	0.28	0.28	0.77
96	25t 以内轮胎式起重机	台班	1443	0.97	0.97	1.01

续上表 单位:100m² 桥面

顺序号	项目	单位	代号	基础		
				干处	水深(m)	
					3 以内	5 以内
				1	2	3
97	5t 以内汽车式起重机	台班	1449	0.09	0.09	—
98	12t 以内汽车式起重机	台班	1451	3.13	3.13	4.79
99	20t 以内汽车式起重机	台班	1453	2.50	2.50	2.13
100	30t 以内汽车式起重机	台班	1455	1.58	1.58	1.64
101	75t 以内汽车式起重机	台班	1458	0.07	0.07	—
102	30kN 以内单筒慢动卷扬机	台班	1499	3.33	3.33	3.45
103	50kN 以内单筒慢动卷扬机	台班	1500	6.78	6.78	8.50
104	30kN 以内单筒快动卷扬机	台班	1509	—	—	0.65
105	300kN 以内振动打拔桩锤	台班	1581	—	—	0.68
106	600kN 以内振动打拔桩锤	台班	1583	—	—	0.06
107	ϕ1500mm 以内回旋钻机	台班	1600	12.49	12.49	14.60
108	泥浆搅拌机	台班	1624	1.84	1.84	2.03

续上表

单位:100m² 桥面

顺序号	项目	单位	代号	基础		
				干处	水深(m)	
					3以内	5以内
				1	2	3
109	32kV·A以内交流电弧焊机	台班	1726	14.98	14.98	15.67
110	100kV·A以内交流对焊机	台班	1746	0.57	0.57	0.59
111	44kW以内内燃拖轮	艘班	1851	—	—	0.04
112	88kW以内内燃拖轮	艘班	1852	—	—	4.25
113	221kW以内内燃拖轮	艘班	1855	—	—	0.41
114	294kW以内内燃拖轮	艘班	1856	—		0.05
115	100t以内工程驳船	艘班	1874	—	—	21.18
116	200t以内工程驳船	艘班	1876	—	—	2.04
117	150m³/h以内混凝土搅拌船	艘班	1915	—	—	0.84
118	123kW以内机动艇	艘班	1919	—	—	0.15
119	潜水设备	台班	1945	—	—	0.06
120	小型机具使用费	元	1998	608.8	608.8	636.1
121	基价	元	1999	220501	243880	271390

5-3 钢筋混凝土T形梁桥

工程内容 挖基、围堰、基础、下部、上部、桥面系、桥头搭板等工程的全部工作。

单位:100m² 桥面

顺序号	项目	单位	代号	基础		
				干处	水深(m)	
					3以内	5以内
				1	2	3
1	人工	工日	1	705.1	1008.5	802.6
2	原木	m³	101	0.158	0.158	0.190
3	锯材	m³	102	1.017	1.017	1.354
4	枕木	m³	103	0.331	0.331	0.420
5	光圆钢筋	t	111	4.986	4.986	4.633
6	带肋钢筋	t	112	15.928	15.928	17.511
7	型钢	t	182	0.223	0.223	0.312
8	钢板	t	183	0.585	0.585	0.625
9	钢管	t	191	0.597	0.597	0.748
10	钢丝绳	t	221	0.009	0.009	0.015

续上表　　　　　　　　　　　　　　　　　　　　　　　　　　　单位:100m² 桥面

顺序号	项　目	单位	代号	基　础		
				干　处	水　深(m)	
					3以内	5以内
				1	2	3
11	电焊条	kg	231	189.5	189.5	202.7
12	钢管桩	t	262	—	—	0.250
13	钢护筒	t	263	0.055	0.055	2.699
14	钢套箱	t	264	—	—	0.212
15	钢模板	t	271	0.336	0.336	0.359
16	组合钢模板	t	272	0.061	0.061	0.043
17	门式钢支架	t	273	0.006	0.006	0.008
18	四氟板式橡胶组合支座	dm^3	401	5.5	5.5	6.3
19	板式橡胶支座	dm^3	402	13.5	13.5	13.4
20	模数式伸缩缝	t	541	0.171	0.171	0.199
21	铸铁	kg	561	63.1	63.1	63.1
22	铁件	kg	651	125.2	125.2	130.2
23	铁钉	kg	653	0.5	0.5	0.8

续上表　　　　　　　　　　　　　　　　　　　　　　　　　　　单位:100m² 桥面

顺序号	项　目	单位	代号	基　础		
				干　处	水　深(m)	
					3以内	5以内
				1	2	3
24	8~12号铁丝	kg	655	2.5	2.5	2.7
25	20~22号铁丝	kg	656	71.9	71.9	74.4
26	铁皮	m^2	666	—	—	1.3
27	铸铁管	kg	682	22.8	22.8	23.6
28	油漆	kg	732	0.8	0.8	0.8
29	桥面防水涂料	kg	735	228.3	228.3	228.3
30	玻璃纤维布	m^2	771	257.5	257.5	257.5
31	麻袋	个	818	—	902	—
32	草袋	个	819	—	1900	—
33	32.5级水泥	t	832	63.468	63.468	69.852
34	42.5级水泥	t	833	20.352	20.352	21.044
35	硝铵炸药	kg	841	0.4	0.4	—
36	导火线	m	842	1	1	—

续上表　　单位:100m² 桥面

顺序号	项　目	单位	代号	基　础		
				干　处	水　深(m)	
					3 以内	5 以内
				1	2	3
37	石油沥青	t	851	0.007	0.007	0.006
38	改性沥青	t	852	1.318	1.318	1.318
39	乳化沥青	t	853	0.129	0.129	0.129
40	纤维稳定剂	t	856	0.067	0.067	0.067
41	煤	t	864	0.002	0.002	0.001
42	水	m^3	866	412	412	446
43	青(红)砖	千块	877	2.96	2.96	2.84
44	砂	m^3	897	1.09	1.09	1.09
45	中(粗)砂	m^3	899	103.42	103.42	111.52
46	砂砾	m^3	902	93.15	93.15	85.80
47	黏土	m^3	911	38.83	38.83	40.93
48	片石	m^3	931	12.87	12.87	6.85
49	矿粉	t	949	2.253	2.253	2.253

续上表　　单位:100m² 桥面

顺序号	项　目	单位	代号	基　础		
				干　处	水　深(m)	
					3 以内	5 以内
				1	2	3
50	碎石(2cm)	m^3	951	24.60	24.60	25.44
51	碎石(4cm)	m^3	952	106.12	106.12	115.12
52	碎石(6cm)	m^3	953	0.57	0.57	1.32
53	碎石(8cm)	m^3	954	2.96	2.96	3.00
54	石屑	m^3	961	1.81	1.81	1.81
55	路面用碎石(1.5cm)	m^3	965	10.15	10.15	10.15
56	块石	m^3	981	3.35	3.35	4.33
57	其他材料费	元	996	376.9	376.9	509.9
58	设备摊销费	元	997	3346.1	3346.1	4700.3
59	75kW 以内履带式推土机	台班	1003	0.75	0.75	0.28
60	105kW 以内履带式推土机	台班	1005	0.05	0.05	0.07
61	0.6m^3 以内履带式单斗挖掘机	台班	1027	0.07	0.07	0.09
62	1.0m^3 以内履带式单斗挖掘机	台班	1035	0.09	0.09	0.09

续上表 单位:100m² 桥面

顺序号	项　目	单位	代号	基　础		
				干　处	水　深(m)	
					3 以内	5 以内
				1	2	3
63	1.0m³ 以内轮胎式装载机	台班	1048	0.70	0.70	0.21
64	2.0m³ 以内轮胎式装载机	台班	1050	0.07	0.07	0.07
65	120kW 以内自行式平地机	台班	1057	0.06	0.06	0.05
66	6～8t 光轮压路机	台班	1075	0.19	0.19	0.19
67	8～10t 光轮压路机	台班	1076	0.40	0.40	0.40
68	12～15t 光轮压路机	台班	1078	0.34	0.34	0.30
69	235kW 以内稳定土拌和机	台班	1155	0.02	0.02	—
70	4000L 以内沥青洒布车	台班	1193	0.02	0.02	0.02
71	160t/h 以内沥青混合料拌和设备	台班	1205	0.03	0.03	0.03
72	9.0m 以内沥青混合料摊铺机	台班	1213	0.03	0.03	0.03
73	15t 以内振动压路机	台班	1220	0.05	0.05	0.05
74	滑模式水泥混凝土摊铺机	台班	1234	0.02	0.02	0.02
75	混凝土真空吸水机组	台班	1239	0.31	0.31	0.31

续上表 单位:100m² 桥面

顺序号	项　目	单位	代号	基　础		
				干　处	水　深(m)	
					3 以内	5 以内
				1	2	3
76	混凝土电动刻纹机	台班	1243	0.61	0.61	0.61
77	混凝土电动切缝机	台班	1245	0.30	0.30	0.30
78	250L 以内混凝土搅拌机	台班	1272	0.77	0.77	0.70
79	60m³/h 以内混凝土输送泵	台班	1316	0.59	0.59	0.69
80	40m³/h 以内混凝土搅拌站	台班	1325	0.82	0.82	0.25
81	8t 以内载货汽车	台班	1375	0.28	0.28	0.72
82	15t 以内载货汽车	台班	1378	0.23	0.23	—
83	5t 以内自卸汽车	台班	1383	0.03	0.03	0.03
84	10t 以内自卸汽车	台班	1386	0.14	0.14	0.11
85	20t 以内平板拖车组	台班	1393	0.04	0.04	0.05
86	4000L 以内洒水汽车	台班	1404	0.13	0.13	0.13
87	6000L 以内洒水汽车	台班	1405	0.11	0.11	0.07
88	1t 以内机动翻斗车	台班	1408	0.46	0.46	0.09

续上表 单位:100m² 桥面

顺序号	项　目	单位	代号	基　础		
				干　处	水　深(m)	
					3 以内	5 以内
				1	2	3
89	15t 以内履带式起重机	台班	1432	0.20	0.20	0.70
90	5t 以内汽车式起重机	台班	1449	0.09	0.09	—
91	12t 以内汽车式起重机	台班	1451	3.64	3.64	5.54
92	20t 以内汽车式起重机	台班	1453	1.62	1.62	1.75
93	75t 以内汽车式起重机	台班	1458	0.07	0.07	0.10
94	30kN 以内单筒慢动卷扬机	台班	1499	6.18	6.18	6.39
95	50kN 以内单筒慢动卷扬机	台班	1500	11.40	11.40	13.40
96	30kN 以内单筒快动卷扬机	台班	1509	—	—	0.59
97	300kN 以内振动打拔桩锤	台班	1581	—	—	0.70
98	600kN 以内振动打拔桩锤	台班	1583	—	—	0.06
99	ϕ1500mm 以内回旋钻机	台班	1600	13.76	13.76	16.03
100	泥浆搅拌机	台班	1624	2.29	2.29	2.66
101	32kV · A 以内交流电弧焊机	台班	1726	29.25	29.25	31.16

续上表 单位:100m² 桥面

顺序号	项　目	单位	代号	基　础		
				干　处	水　深(m)	
					3 以内	5 以内
				1	2	3
102	100kV · A 以内交流对焊机	台班	1746	0.88	0.88	0.90
103	44kW 以内内燃拖轮	艘班	1851	—	—	0.04
104	88kW 以内内燃拖轮	艘班	1852	—	—	3.69
105	221kW 以内内燃拖轮	艘班	1855	—	—	0.38
106	294kW 以内内燃拖轮	艘班	1856	—	—	0.07
107	100t 以内工程驳船	艘班	1874	—	—	29.92
108	200t 以内工程驳船	艘班	1876	—	—	1.86
109	150m³/h 以内混凝土搅拌船	艘班	1915	—	—	1.03
110	123kW 以内机动艇	艘班	1919	—	—	0.19
111	潜水设备	台班	1945	—	—	0.06
112	小型机具使用费	元	1998	789.8	789.8	848.0
113	基价	元	1999	228675	252054	301259

5-4 预制安装预应力混凝土T形梁

工程内容 挖基、围堰、基础、下部、上部、桥面系、桥头搭板等工程的全部工作。

单位:100m² 桥面

顺序号	项目	单位	代号	标准跨径(m) 30以内 基础 干处 墩高(m) 20以内	40以内	60以内
				1	2	3
1	人工	工日	1	713.7	772.9	1214.1
2	原木	m^3	101	0.260	0.291	0.423
3	锯材	m^3	102	1.086	1.215	1.512
4	枕木	m^3	103	0.349	0.349	0.349
5	光圆钢筋	t	111	4.511	4.600	4.393
6	带肋钢筋	t	112	15.499	17.229	37.610
7	钢绞线	t	125	1.504	1.504	1.504

续上表

单位:100m² 桥面

顺序号	项目	单位	代号	标准跨径(m) 30以内 基础 干处 墩高(m) 20以内	40以内	60以内
				1	2	3
8	波纹管钢带	t	151	0.089	0.089	0.089
9	型钢	t	182	0.159	0.175	0.416
10	钢板	t	183	0.721	0.721	0.815
11	圆钢	t	184	—	—	—
12	钢管	t	191	0.538	0.650	0.285
13	钢钎	kg	211	—	—	0.4
14	钢丝绳	t	221	0.015	0.016	0.012
15	电焊条	kg	231	211.8	221.1	315.2
16	钢管桩	t	262	—	—	—
17	钢护筒	t	263	0.044	0.054	0.058

续上表 单位:100m² 桥面

顺序号	项　　目	单位	代号	标准跨径(m)		
				30 以 内		
				基　　础		
				干　　处		
				墩　　高(m)		
				20 以内	40 以内	60 以内
				1	2	3
18	钢套箱	t	264	—	—	—
19	钢模板	t	271	0.368	0.368	0.368
20	组合钢模板	t	272	0.104	0.121	0.426
21	门式钢支架	t	273	0.006	0.007	—
22	四氟板式橡胶组合支座	dm^3	401	6.4	6.4	6.4
23	板式橡胶支座	dm^3	402	20.1	20.1	20.1
24	模数式伸缩缝	t	541	0.122	0.122	0.122
25	铸铁	kg	561	63.3	63.3	63.3
26	钢绞线群锚(7 孔)	套	576	5.01	5.01	5.01
27	钢绞线群锚(12 孔)	套	580	3.99	3.99	3.99

续上表 单位:100m² 桥面

顺序号	项　　目	单位	代号	标准跨径(m)		
				30 以 内		
				基　　础		
				干　　处		
				墩　　高(m)		
				20 以内	40 以内	60 以内
				1	2	3
28	铁件	kg	651	142.3	156.1	291.7
29	铁钉	kg	653	0.9	1.1	0.4
30	8~12 号铁丝	kg	655	2.9	3.0	2.5
31	20~22 号铁丝	kg	656	70.1	75.1	142.1
32	铁皮	m^2	666	—	—	—
33	铸铁管	kg	682	28.3	28.3	28.3
34	油漆	kg	732	0.8	0.8	0.8
35	桥面防水涂料	kg	735	229.2	229.2	229.2
36	玻璃纤维布	m^2	771	258.5	258.5	258.5
37	32.5 级水泥	t	832	60.885	71.156	100.363

续上表 单位:100m² 桥面

顺序号	项目	单位	代号	标准跨径(m)		
				30 以内		
				基础		
				干处		
				墩高(m)		
				20 以内	40 以内	60 以内
				1	2	3
38	42.5 级水泥	t	833	25.205	25.205	25.205
39	硝铵炸药	kg	841	0.3	0.4	2.1
40	导火线	m	842	—	—	5
41	普通雷管	个	845	—	—	4
42	石油沥青	t	851	0.005	0.005	0.005
43	改性沥青	t	852	1.323	1.323	1.323
44	乳化沥青	t	853	0.130	0.130	0.130
45	纤维稳定剂	t	856	0.067	0.067	0.067
46	煤	t	864	0.001	0.001	0.004
47	水	m^3	866	424	485	546

续上表 单位:100m² 桥面

顺序号	项目	单位	代号	标准跨径(m)		
				30 以内		
				基础		
				干处		
				墩高(m)		
				20 以内	40 以内	60 以内
				1	2	3
48	青(红)砖	千块	877	2.06	2.06	2.06
49	砂	m^3	897	1.09	1.09	1.09
50	中(粗)砂	m^3	899	104.51	117.62	158.64
51	砂砾	m^3	902	90.47	90.47	90.47
52	黏土	m^3	911	36.00	44.07	22.76
53	片石	m^3	931	12.78	14.08	6.99
54	矿粉	t	949	2.262	2.262	2.262
55	碎石(2cm)	m^3	951	30.46	30.46	30.46
56	碎石(4cm)	m^3	952	100.91	118.16	177.85
57	碎石(6cm)	m^3	953	0.64	0.64	0.64

续上表　　　　单位：100m² 桥面

顺序号	项目	单位	代号	标准跨径(m)		
				30 以内		
				基础		
				干处		
				墩高(m)		
				20 以内	40 以内	60 以内
				1	2	3
58	碎石(8cm)	m^3	954	2.06	2.14	1.73
59	石屑	m^3	961	1.81	1.81	1.81
60	路面用碎石(1.5cm)	m^3	965	10.19	10.19	10.19
61	块石	m^3	981	3.51	3.51	3.51
62	其他材料费	元	996	579.4	647.7	995.7
63	设备摊销费	元	997	4457.2	4649.9	4776.2
64	75kW 以内履带式推土机	台班	1003	0.73	0.82	1.16
65	105kW 以内履带式推土机	台班	1005	0.05	0.05	0.05
66	0.6m³ 以内履带式单斗挖掘机	台班	1027	0.07	0.07	0.07
67	1.0m³ 以内履带式单斗挖掘机	台班	1035	0.05	0.06	0.04

续上表　　　　单位：100m² 桥面

顺序号	项目	单位	代号	标准跨径(m)		
				30 以内		
				基础		
				干处		
				墩高(m)		
				20 以内	40 以内	60 以内
				1	2	3
68	1.0m³ 以内轮胎式装载机	台班	1048	0.67	0.77	1.11
69	2.0m³ 以内轮胎式装载机	台班	1050	0.07	0.07	0.07
70	120kW 以内自行式平地机	台班	1057	0.05	0.05	0.05
71	6～8t 光轮压路机	台班	1075	0.19	0.19	0.19
72	8～10t 光轮压路机	台班	1076	0.39	0.39	0.39
73	12～15t 光轮压路机	台班	1078	0.33	0.33	0.33
74	235kW 以内稳定土拌和机	台班	1155	0.01	0.01	0.01
75	4000L 以内沥青洒布车	台班	1193	0.02	0.02	0.02
76	160t/h 以内沥青混合料拌和设备	台班	1205	0.03	0.03	0.03
77	9.0m 以内沥青混合料摊铺机	台班	1213	0.03	0.03	0.03

续上表 单位:100m² 桥面

顺序号	项目	单位	代号	标准跨径(m)		
				30 以内		
				基础		
				干处		
				墩高(m)		
				20以内	40以内	60以内
				1	2	3
78	15t以内振动压路机	台班	1220	0.05	0.05	0.05
79	滑模式水泥混凝土摊铺机	台班	1234	0.02	0.02	0.02
80	混凝土真空吸水机组	台班	1239	0.24	0.24	0.24
81	混凝土电动刻纹机	台班	1243	0.61	0.61	0.61
82	混凝土电动切缝机	台班	1245	0.23	0.23	0.23
83	250L以内混凝土搅拌机	台班	1272	0.65	0.65	0.65
84	60m³/h以内混凝土输送泵	台班	1316	0.84	0.92	2.51
85	40m³/h以内混凝土搅拌站	台班	1325	0.78	0.89	1.29
86	钢绞线拉伸设备	台班	1349	1.55	1.55	1.55
87	波纹管卷制机	台班	1352	0.34	0.34	0.34

续上表 单位:100m² 桥面

顺序号	项目	单位	代号	标准跨径(m)		
				30 以内		
				基础		
				干处		
				墩高(m)		
				20以内	40以内	60以内
				1	2	3
88	8t以内载货汽车	台班	1375	0.19	0.19	0.19
89	15t以内载货汽车	台班	1378	0.12	0.14	0.10
90	5t以内自卸汽车	台班	1383	0.03	0.03	0.03
91	10t以内自卸汽车	台班	1386	0.14	0.14	0.14
92	20t以内平板拖车组	台班	1393	0.04	0.04	0.34
93	4000L以内洒水汽车	台班	1404	0.10	0.10	0.10
94	6000L以内洒水汽车	台班	1405	0.08	0.08	0.08
95	1t以内机动翻斗车	台班	1408	0.35	0.35	0.35
96	15t以内履带式起重机	台班	1432	0.10	0.12	0.10
97	5t以内汽车式起重机	台班	1449	0.07	0.09	0.09

续上表 单位:100m² 桥面

顺序号	项　目	单位	代号	标准跨径(m)		
				30 以 内		
				基　础		
				干　处		
				墩　高(m)		
				20 以内	40 以内	60 以内
				1	2	3
98	12t 以内汽车式起重机	台班	1451	3.79	4.61	3.38
99	20t 以内汽车式起重机	台班	1453	0.97	1.08	1.14
100	40t 以内汽车式起重机	台班	1456	—	—	0.30
101	75t 以内汽车式起重机	台班	1458	0.08	0.08	0.08
102	12t 以内 80m 高塔式起重机	台班	1471	—	—	6.56
103	30kN 以内单筒慢动卷扬机	台班	1499	7.53	7.59	7.26
104	50kN 以内单筒慢动卷扬机	台班	1500	14.18	14.57	22.97
105	30kN 以内单筒快动卷扬机	台班	1509	—	—	—
106	300kN 以内振动打拔桩锤	台班	1581	—	—	—
107	600kN 以内振动打拔桩锤	台班	1583	—	—	—

续上表 单位:100m² 桥面

顺序号	项　目	单位	代号	标准跨径(m)		
				30 以 内		
				基　础		
				干　处		
				墩　高(m)		
				20 以内	40 以内	60 以内
				1	2	3
108	ϕ1500mm 以内回旋钻机	台班	1600	1.34	1.64	10.19
109	ϕ2500mm 以内回旋钻机	台班	1602	7.14	8.74	3.09
110	泥浆搅拌机	台班	1624	2.13	2.61	1.04
111	ϕ150mm 电动多级水泵(≤180m)	台班	1665	—	—	7.28
112	32kV·A 以内交流电弧焊机	台班	1726	32.19	34.00	53.70
113	100kV·A 以内交流对焊机	台班	1746	0.82	0.82	0.82
114	44kW 以内内燃拖轮	艘班	1851	—	—	—
115	88kW 以内内燃拖轮	艘班	1852	—	—	—
116	221kW 以内内燃拖轮	艘班	1855	—	—	—

续上表　　单位:100m² 桥面

顺序号	项目	单位	代号	标准跨径(m) 30以内 基础 干处 墩高(m) 20以内	40以内	60以内
				1	2	3
117	294kW 以内内燃拖轮	艘班	1856	—	—	—
118	100t 以内工程驳船	艘班	1874	—	—	—
119	200t 以内工程驳船	艘班	1876	—	—	—
120	100m³/h 以内混凝土搅拌船	艘班	1913	—	—	—
121	123kW 以内机动艇	艘班	1919	—	—	—
122	潜水设备	台班	1945	—	—	—
123	小型机具使用费	元	1998	1074.6	1159.3	2578.4
124	基价	元	1999	240347	261353	392800

续上表　　单位:100m² 桥面

顺序号	项目	单位	代号	标准跨径(m) 30以内 基础 水深(m) 5以内 墩高(m) 20以内	40以内	60以内
				4	5	6
1	人工	工日	1	977.3	1043.1	1604.0
2	原木	m³	101	0.365	0.398	0.589
3	锯材	m³	102	1.529	1.647	2.184
4	枕木	m³	103	0.349	0.349	0.349
5	光圆钢筋	t	111	4.511	4.600	4.393
6	带肋钢筋	t	112	15.557	17.290	37.689
7	钢绞线	t	125	1.504	1.504	1.504
8	波纹管钢带	t	151	0.089	0.089	0.089
9	型钢	t	182	0.263	0.276	0.576

续上表

单位:100m² 桥面

顺序号	项目	单位	代号	标准跨径(m)		
				30 以内		
				基础		
				水深(m)		
				5 以内		
				墩高(m)		
				20 以内	40 以内	60 以内
				4	5	6
10	钢板	t	183	0.866	0.868	1.044
11	圆钢	t	184	0.006	0.006	0.009
12	钢管	t	191	0.564	0.677	0.327
13	钢钎	kg	211	—	—	—
14	钢丝绳	t	221	0.019	0.020	0.016
15	电焊条	kg	231	222.5	232.1	332.2
16	钢管桩	t	262	0.297	0.305	0.472
17	钢护筒	t	263	0.432	0.536	0.582
18	钢套箱	t	264	3.365	3.410	5.347

续上表

单位:100m² 桥面

顺序号	项目	单位	代号	标准跨径(m)		
				30 以内		
				基础		
				水深(m)		
				5 以内		
				墩高(m)		
				20 以内	40 以内	60 以内
				4	5	6
19	钢模板	t	271	0.368	0.368	0.368
20	组合钢模板	t	272	0.104	0.121	0.426
21	门式钢支架	t	273	0.006	0.007	—
22	四氟板式橡胶组合支座	dm³	401	6.4	6.4	6.4
23	板式橡胶支座	dm³	402	20.1	20.1	20.1
24	模数式伸缩缝	t	541	0.122	0.122	0.122
25	铸铁	kg	561	63.3	63.3	63.3
26	钢绞线群锚(7 孔)	套	576	5.01	5.01	5.01
27	钢绞线群锚(12 孔)	套	580	3.99	3.99	3.99

续上表　　单位:100m² 桥面

顺序号	项目	单位	代号	标准跨径(m)		
				30 以内		
				基础		
				水深(m)		
				5 以内		
				墩高(m)		
				20 以内	40 以内	60 以内
				4	5	6
28	铁件	kg	651	150.6	164.5	304.9
29	铁钉	kg	653	1.6	1.7	1.4
30	8~12 号铁丝	kg	655	2.9	3.0	2.5
31	20~22 号铁丝	kg	656	70.1	75.1	142.1
32	铁皮	m²	666	0.7	0.8	0.4
33	铸铁管	kg	682	28.3	28.3	28.3
34	油漆	kg	732	0.8	0.8	0.8
35	桥面防水涂料	kg	735	229.2	229.2	229.2
36	玻璃纤维布	m²	771	258.5	258.5	258.5

续上表　　单位:100m² 桥面

顺序号	项目	单位	代号	标准跨径(m)		
				30 以内		
				基础		
				水深(m)		
				5 以内		
				墩高(m)		
				20 以内	40 以内	60 以内
				4	5	6
37	32.5 级水泥	t	832	60.943	71.226	100.400
38	42.5 级水泥	t	833	25.205	25.205	25.205
39	硝铵炸药	kg	841	—	—	—
40	导火线	m	842	—	—	—
41	普通雷管	个	845	—	—	—
42	石油沥青	t	851	0.005	0.005	0.005
43	改性沥青	t	852	1.323	1.323	1.323
44	乳化沥青	t	853	0.130	0.130	0.130
45	纤维稳定剂	t	856	0.067	0.067	0.067

续上表 单位:100m² 桥面

顺序号	项目	单位	代号	标准跨径(m) 30以内 基础 水深(m) 5以内 墩高(m) 20以内	40以内	60以内
				4	5	6
46	煤	t	864	—	—	—
47	水	m³	866	424	485	546
48	青(红)砖	千块	877	2.10	2.11	2.09
49	砂	m³	897	1.09	1.09	1.09
50	中(粗)砂	m³	899	104.63	117.76	158.71
51	砂砾	m³	902	90.47	90.47	90.47
52	黏土	m³	911	33.24	40.63	19.03
53	片石	m³	931	12.78	14.08	6.99
54	矿粉	t	949	2.262	2.262	2.262

续上表 单位:100m² 桥面

顺序号	项目	单位	代号	标准跨径(m) 30以内 基础 水深(m) 5以内 墩高(m) 20以内	40以内	60以内
				4	5	6
55	碎石(2cm)	m³	951	30.46	30.46	30.46
56	碎石(4cm)	m³	952	101.05	118.33	177.94
57	碎石(6cm)	m³	953	0.64	0.64	0.64
58	碎石(8cm)	m³	954	2.06	2.14	1.73
59	石屑	m³	961	1.81	1.81	1.81
60	路面用碎石(1.5cm)	m³	965	10.19	10.19	10.19
61	块石	m³	981	3.51	3.51	3.51
62	其他材料费	元	996	953.9	1029.6	1589.7
63	设备摊销费	元	997	9836.3	10114.9	13324.8

续上表 单位:100m² 桥面

顺序号	项目	单位	代号	标准跨径(m)		
				30 以内		
				基础		
				水深(m)		
				5 以内		
				墩高(m)		
				20 以内	40 以内	60 以内
				4	5	6
64	75kW 以内履带式推土机	台班	1003	0.32	0.32	0.32
65	105kW 以内履带式推土机	台班	1005	0.05	0.05	0.05
66	0.6m³ 以内履带式单斗挖掘机	台班	1027	0.07	0.07	0.07
67	1.0m³ 以内履带式单斗挖掘机	台班	1035	0.05	0.06	0.04
68	1.0m³ 以内轮胎式装载机	台班	1048	0.26	0.26	0.26
69	2.0m³ 以内轮胎式装载机	台班	1050	0.07	0.07	0.07
70	120kW 以内自行式平地机	台班	1057	0.05	0.05	0.05
71	6～8t 光轮压路机	台班	1075	0.19	0.19	0.19
72	8～10t 光轮压路机	台班	1076	0.39	0.39	0.39

续上表 单位:100m² 桥面

顺序号	项目	单位	代号	标准跨径(m)		
				30 以内		
				基础		
				水深(m)		
				5 以内		
				墩高(m)		
				20 以内	40 以内	60 以内
				4	5	6
73	12～15t 光轮压路机	台班	1078	0.33	0.33	0.33
74	235kW 以内稳定土拌和机	台班	1155	0.01	0.01	0.01
75	4000L 以内沥青洒布车	台班	1193	0.02	0.02	0.02
76	160t/h 以内沥青混合料拌和设备	台班	1205	0.03	0.03	0.03
77	9.0m 以内沥青混合料摊铺机	台班	1213	0.03	0.03	0.03
78	15t 以内振动压路机	台班	1220	0.05	0.05	0.05
79	滑模式水泥混凝土摊铺机	台班	1234	0.02	0.02	0.02
80	混凝土真空吸水机组	台班	1239	0.24	0.24	0.24
81	混凝土电动刻纹机	台班	1243	0.61	0.61	0.61

续上表 单位:100m² 桥面

顺序号	项　目	单位	代号	标准跨径(m)		
				30 以 内		
				基　础		
				水　深(m)		
				5 以 内		
				墩　高(m)		
				20 以内	40 以内	60 以内
				4	5	6
82	混凝土电动切缝机	台班	1245	0.23	0.23	0.23
83	250L 以内混凝土搅拌机	台班	1272	0.65	0.65	0.65
84	60m³/h 以内混凝土输送泵	台班	1316	0.84	0.92	2.51
85	40m³/h 以内混凝土搅拌站	台班	1325	0.31	0.31	0.31
86	钢绞线拉伸设备	台班	1349	1.55	1.55	1.55
87	波纹管卷制机	台班	1352	0.34	0.34	0.34
88	8t 以内载货汽车	台班	1375	0.74	0.76	1.07
89	15t 以内载货汽车	台班	1378	—	—	—
90	5t 以内自卸汽车	台班	1383	0.03	0.03	0.03

续上表 单位:100m² 桥面

顺序号	项　目	单位	代号	标准跨径(m)		
				30 以 内		
				基　础		
				水　深(m)		
				5 以 内		
				墩　高(m)		
				20 以内	40 以内	60 以内
				4	5	6
91	10t 以内自卸汽车	台班	1386	0.14	0.14	0.14
92	20t 以内平板拖车组	台班	1393	0.04	0.04	0.34
93	4000L 以内洒水汽车	台班	1404	0.10	0.10	0.10
94	6000L 以内洒水汽车	台班	1405	0.08	0.08	0.08
95	1t 以内机动翻斗车	台班	1408	0.35	0.35	0.35
96	15t 以内履带式起重机	台班	1432	0.37	0.46	0.35
97	5t 以内汽车式起重机	台班	1449	—	—	—
98	12t 以内汽车式起重机	台班	1451	6.92	7.80	8.36
99	20t 以内汽车式起重机	台班	1453	0.97	1.08	1.14

续上表 单位:100m² 桥面

<table>
<tr><td rowspan="8">顺序号</td><td rowspan="8">项 目</td><td rowspan="8">单位</td><td rowspan="8">代号</td><td colspan="3">标准跨径(m)</td></tr>
<tr><td colspan="3">30 以 内</td></tr>
<tr><td colspan="3">基 础</td></tr>
<tr><td colspan="3">水 深(m)</td></tr>
<tr><td colspan="3">5 以 内</td></tr>
<tr><td colspan="3">墩 高(m)</td></tr>
<tr><td>20 以内</td><td>40 以内</td><td>60 以内</td></tr>
<tr><td>4</td><td>5</td><td>6</td></tr>
<tr><td>100</td><td>40t 以内汽车式起重机</td><td>台班</td><td>1456</td><td>—</td><td>—</td><td>0.30</td></tr>
<tr><td>101</td><td>75t 以内汽车式起重机</td><td>台班</td><td>1458</td><td>0.08</td><td>0.08</td><td>0.08</td></tr>
<tr><td>102</td><td>12t 以内 80m 高塔式起重机</td><td>台班</td><td>1471</td><td>—</td><td>—</td><td>6.56</td></tr>
<tr><td>103</td><td>30kN 以内单筒慢动卷扬机</td><td>台班</td><td>1499</td><td>7.53</td><td>7.59</td><td>7.26</td></tr>
<tr><td>104</td><td>50kN 以内单筒慢动卷扬机</td><td>台班</td><td>1500</td><td>17.13</td><td>17.59</td><td>27.62</td></tr>
<tr><td>105</td><td>30kN 以内单筒快动卷扬机</td><td>台班</td><td>1509</td><td>9.37</td><td>9.50</td><td>14.89</td></tr>
<tr><td>106</td><td>300kN 以内振动打拔桩锤</td><td>台班</td><td>1581</td><td>0.11</td><td>0.14</td><td>0.15</td></tr>
<tr><td>107</td><td>600kN 以内振动打拔桩锤</td><td>台班</td><td>1583</td><td>0.07</td><td>0.07</td><td>0.11</td></tr>
<tr><td>108</td><td>ϕ1500mm 以内回旋钻机</td><td>台班</td><td>1600</td><td>1.37</td><td>1.68</td><td>10.27</td></tr>
</table>

续上表 单位:100m² 桥面

<table>
<tr><td rowspan="8">顺序号</td><td rowspan="8">项 目</td><td rowspan="8">单位</td><td rowspan="8">代号</td><td colspan="3">标准跨径(m)</td></tr>
<tr><td colspan="3">30 以 内</td></tr>
<tr><td colspan="3">基 础</td></tr>
<tr><td colspan="3">水 深(m)</td></tr>
<tr><td colspan="3">5 以 内</td></tr>
<tr><td colspan="3">墩 高(m)</td></tr>
<tr><td>20 以内</td><td>40 以内</td><td>60 以内</td></tr>
<tr><td>4</td><td>5</td><td>6</td></tr>
<tr><td>109</td><td>ϕ2500mm 以内回旋钻机</td><td>台班</td><td>1602</td><td>7.21</td><td>8.82</td><td>3.11</td></tr>
<tr><td>110</td><td>泥浆搅拌机</td><td>台班</td><td>1624</td><td>2.13</td><td>2.61</td><td>1.04</td></tr>
<tr><td>111</td><td>ϕ150mm 电动多级水泵(≤180m)</td><td>台班</td><td>1665</td><td>—</td><td>—</td><td>7.28</td></tr>
<tr><td>112</td><td>32kV·A 以内交流电弧焊机</td><td>台班</td><td>1726</td><td>33.43</td><td>35.27</td><td>55.69</td></tr>
<tr><td>113</td><td>100kV·A 以内交流对焊机</td><td>台班</td><td>1746</td><td>0.82</td><td>0.82</td><td>0.82</td></tr>
<tr><td>114</td><td>44kW 以内内燃拖轮</td><td>艘班</td><td>1851</td><td>0.61</td><td>0.62</td><td>0.96</td></tr>
<tr><td>115</td><td>88kW 以内内燃拖轮</td><td>艘班</td><td>1852</td><td>1.31</td><td>1.60</td><td>1.36</td></tr>
<tr><td>116</td><td>221kW 以内内燃拖轮</td><td>艘班</td><td>1855</td><td>0.45</td><td>0.46</td><td>0.71</td></tr>
</table>

续上表 单位:100m² 桥面

顺序号	项目	单位	代号	标准跨径(m) 30以内 基础 水深(m) 5以内 墩高(m) 20以内	40以内	60以内
				4	5	6
117	294kW以内内燃拖轮	艘班	1856	0.03	0.04	0.06
118	100t以内工程驳船	艘班	1874	3.76	4.22	15.56
119	200t以内工程驳船	艘班	1876	12.91	15.37	7.22
120	100m³/h以内混凝土搅拌船	艘班	1913	0.99	1.22	2.05
121	123kW以内机动艇	艘班	1919	0.10	0.12	0.20
122	潜水设备	台班	1945	0.92	0.93	1.46
123	小型机具使用费	元	1998	1175.5	1261.9	2737.3
124	基价	元	1999	313717	341281	511145

续上表 单位:100m² 桥面

顺序号	项目	单位	代号	标准跨径(m) 30以内 基础 水深(m) 10以内 墩高(m) 40以内	60以内
				7	8
1	人工	工日	1	1251.0	1927.8
2	原木	m³	101	0.496	0.721
3	锯材	m³	102	2.044	2.653
4	枕木	m³	103	0.349	0.349
5	光圆钢筋	t	111	4.771	4.471
6	带肋钢筋	t	112	20.620	46.077
7	钢绞线	t	125	1.504	1.504
8	波纹管钢带	t	151	0.089	0.089
9	型钢	t	182	0.341	0.712

续上表

单位:100m² 桥面

顺序号	项目	单位	代号	标准跨径(m)	
				30 以内	
				基础	
				水深(m)	
				10 以内	
				墩高(m)	
				40 以内	60 以内
				7	8
10	钢板	t	183	0.919	1.135
11	圆钢	t	184	0.008	0.012
12	钢管	t	191	0.902	0.409
13	钢钎	kg	211	—	—
14	钢丝绳	t	221	0.024	0.017
15	电焊条	kg	231	253.7	377.6
16	钢管桩	t	262	0.412	0.605
17	钢护筒	t	263	0.724	0.745
18	钢套箱	t	264	4.604	6.847

续上表

单位:100m² 桥面

顺序号	项目	单位	代号	标准跨径(m)	
				30 以内	
				基础	
				水深(m)	
				10 以内	
				墩高(m)	
				40 以内	60 以内
				7	8
19	钢模板	t	271	0.368	0.368
20	组合钢模板	t	272	0.155	0.539
21	门式钢支架	t	273	0.010	—
22	四氟板式橡胶组合支座	dm³	401	6.4	6.4
23	板式橡胶支座	dm³	402	20.1	20.1
24	模数式伸缩缝	t	541	0.122	0.122
25	铸铁	kg	561	63.3	63.3
26	钢绞线群锚(7 孔)	套	576	5.01	5.01
27	钢绞线群锚(12 孔)	套	580	3.99	3.99

续上表 单位:100m² 桥面

顺序号	项目	单位	代号	标准跨径(m)	
				30 以内	
				基础	
				水深(m)	
				10 以内	
				墩高(m)	
				40 以内	60 以内
				7	8
28	铁件	kg	651	193.9	367.8
29	铁钉	kg	653	2.2	1.7
30	8~12 号铁丝	kg	655	3.3	2.6
31	20~22 号铁丝	kg	656	84.6	168.5
32	铁皮	m²	666	1.1	0.6
33	铸铁管	kg	682	28.3	28.3
34	油漆	kg	732	0.8	0.8
35	桥面防水涂料	kg	735	229.2	229.2
36	玻璃纤维布	m²	771	258.5	258.5

续上表 单位:100m² 桥面

顺序号	项目	单位	代号	标准跨径(m)	
				30 以内	
				基础	
				水深(m)	
				10 以内	
				墩高(m)	
				40 以内	60 以内
				7	8
37	32.5 级水泥	t	832	90.893	124.336
38	42.5 级水泥	t	833	25.205	25.205
39	硝铵炸药	kg	841	—	—
40	导火线	m	842	—	—
41	普通雷管	个	845	—	—
42	石油沥青	t	851	0.005	0.005
43	改性沥青	t	852	1.323	1.323
44	乳化沥青	t	853	0.130	0.130
45	纤维稳定剂	t	856	0.067	0.067

续上表 单位:100m² 桥面

顺序号	项目	单位	代号	标准跨径(m) 30以内 基础 水深(m) 10以内 墩高(m)	
				40以内	60以内
				7	8
46	煤	t	864	—	—
47	水	m^3	866	600	657
48	青(红)砖	千块	877	2.13	2.09
49	砂	m^3	897	1.09	1.09
50	中(粗)砂	m^3	899	142.88	190.32
51	砂砾	m^3	902	90.47	90.47
52	黏土	m^3	911	54.86	24.36
53	片石	m^3	931	16.56	6.99
54	矿粉	t	949	2.262	2.262

续上表 单位:100m² 桥面

顺序号	项目	单位	代号	标准跨径(m) 30以内 基础 水深(m) 10以内 墩高(m)	
				40以内	60以内
				7	8
55	碎石(2cm)	m^3	951	30.46	30.46
56	碎石(4cm)	m^3	952	151.38	221.13
57	碎石(6cm)	m^3	953	0.64	0.64
58	碎石(8cm)	m^3	954	2.29	1.73
59	石屑	m^3	961	1.81	1.81
60	路面用碎石(1.5cm)	m^3	965	10.19	10.19
61	块石	m^3	981	3.51	3.51
62	其他材料费	元	996	1293.9	1957.5
63	设备摊销费	元	997	12396.3	16052.5

续上表　　单位:100m² 桥面

顺序号	项目	单位	代号	标准跨径(m) 30以内 基础 水深(m) 10以内 墩高(m) 40以内	60以内
				7	8
64	75kW 以内履带式推土机	台班	1003	0.32	0.32
65	105kW 以内履带式推土机	台班	1005	0.05	0.05
66	0.6m³ 以内履带式单斗挖掘机	台班	1027	0.07	0.07
67	1.0m³ 以内履带式单斗挖掘机	台班	1035	0.08	0.05
68	1.0m³ 以内轮胎式装载机	台班	1048	0.26	0.26
69	2.0m³ 以内轮胎式装载机	台班	1050	0.07	0.07
70	120kW 以内自行式平地机	台班	1057	0.05	0.05
71	6～8t 光轮压路机	台班	1075	0.19	0.19
72	8～10t 光轮压路机	台班	1076	0.39	0.39

续上表　　单位:100m² 桥面

顺序号	项目	单位	代号	标准跨径(m) 30以内 基础 水深(m) 10以内 墩高(m) 40以内	60以内
				7	8
73	12～15t 光轮压路机	台班	1078	0.33	0.33
74	235kW 以内稳定土拌和机	台班	1155	0.01	0.01
75	4000L 以内沥青洒布车	台班	1193	0.02	0.02
76	160t/h 以内沥青混合料拌和设备	台班	1205	0.03	0.03
77	9.0m 以内沥青混合料摊铺机	台班	1213	0.03	0.03
78	15t 以内振动压路机	台班	1220	0.05	0.05
79	滑模式水泥混凝土摊铺机	台班	1234	0.02	0.02
80	混凝土真空吸水机组	台班	1239	0.24	0.24
81	混凝土电动刻纹机	台班	1243	0.61	0.61

续上表

单位:100m² 桥面

顺序号	项目	单位	代号	标准跨径(m)	
				30 以内	
				基础	
				水深(m)	
				10 以内	
				墩高(m)	
				40 以内	60 以内
				7	8
82	混凝土电动切缝机	台班	1245	0.23	0.23
83	250L 以内混凝土搅拌机	台班	1272	0.65	0.65
84	$60m^3/h$ 以内混凝土输送泵	台班	1316	1.08	3.09
85	$40m^3/h$ 以内混凝土搅拌站	台班	1325	0.31	0.31
86	钢绞线拉伸设备	台班	1349	1.55	1.55
87	波纹管卷制机	台班	1352	0.34	0.34
88	8t 以内载货汽车	台班	1375	0.95	1.31
89	15t 以内载货汽车	台班	1378	—	—
90	5t 以内自卸汽车	台班	1383	0.03	0.03

续上表

单位:100m² 桥面

顺序号	项目	单位	代号	标准跨径(m)	
				30 以内	
				基础	
				水深(m)	
				10 以内	
				墩高(m)	
				40 以内	60 以内
				7	8
91	10t 以内自卸汽车	台班	1386	0.14	0.14
92	20t 以内平板拖车组	台班	1393	0.04	0.42
93	4000L 以内洒水汽车	台班	1404	0.10	0.10
94	6000L 以内洒水汽车	台班	1405	0.08	0.08
95	1t 以内机动翻斗车	台班	1408	0.35	0.35
96	15t 以内履带式起重机	台班	1432	0.62	0.45
97	5t 以内汽车式起重机	台班	1449	—	—
98	12t 以内汽车式起重机	台班	1451	10.49	10.66
99	20t 以内汽车式起重机	台班	1453	1.31	1.33

续上表 单位:100m² 桥面

顺序号	项目	单位	代号	标准跨径(m)	
				30以内	
				基础	
				水深(m)	
				10以内	
				墩高(m)	
				40以内	60以内
				7	8
100	40t以内汽车式起重机	台班	1456	—	0.38
101	75t以内汽车式起重机	台班	1458	0.08	0.08
102	12t以内80m高塔式起重机	台班	1471	—	8.40
103	30kN以内单筒慢动卷扬机	台班	1499	7.71	7.26
104	50kN以内单筒慢动卷扬机	台班	1500	19.39	31.87
105	30kN以内单筒快动卷扬机	台班	1509	12.82	19.06
106	300kN以内振动打拔桩锤	台班	1581	0.19	0.19
107	600kN以内振动打拔桩锤	台班	1583	0.10	0.14
108	ϕ1500mm以内回旋钻机	台班	1600	2.27	13.16

续上表 单位:100m² 桥面

顺序号	项目	单位	代号	标准跨径(m)	
				30以内	
				基础	
				水深(m)	
				10以内	
				墩高(m)	
				40以内	60以内
				7	8
109	ϕ2500mm以内回旋钻机	台班	1602	11.91	3.98
110	泥浆搅拌机	台班	1624	3.52	1.34
111	ϕ150mm电动多级水泵(≤180m)	台班	1665	—	9.32
112	32kV·A以内交流电弧焊机	台班	1726	39.18	64.54
113	100kV·A以内交流对焊机	台班	1746	0.82	0.82
114	44kW以内内燃拖轮	艘班	1851	0.83	1.23
115	88kW以内内燃拖轮	艘班	1852	2.16	1.74
116	221kW以内内燃拖轮	艘班	1855	0.62	0.91

续上表　　　　单位:100m² 桥面

顺序号	项　目	单位	代号	标准跨径(m)	
				30 以内	
				基础	
				水深(m)	
				10 以内	
				墩高(m)	
				40 以内	60 以内
				7	8
117	294kW 以内内燃拖轮	艘班	1856	0.05	0.08
118	100t 以内工程驳船	艘班	1874	5.69	19.93
119	200t 以内工程驳船	艘班	1876	20.75	9.25
120	100m³/h 以内混凝土搅拌船	艘班	1913	1.64	2.62
121	123kW 以内机动艇	艘班	1919	0.16	0.25
122	潜水设备	台班	1945	1.26	1.87
123	小型机具使用费	元	1998	1459.8	3309.6
124	基价	元	1999	409361	613316

续上表　　　　单位:100m² 桥面

顺序号	项　目	单位	代号	标准跨径(m)			
				30 以上			
				基础			
				干处			
				墩高(m)			
				40 以内	60 以内	80 以内	100 以内
				9	10	11	12
1	人工	工日	1	912.0	1447.9	1677.4	1884.0
2	原木	m³	101	0.344	0.505	0.597	0.679
3	锯材	m³	102	1.434	1.805	2.105	2.375
4	枕木	m³	103	0.411	0.411	0.411	0.411
5	光圆钢筋	t	111	5.428	5.189	5.273	5.349
6	带肋钢筋	t	112	20.330	44.976	53.926	61.981
7	钢绞线	t	125	1.775	1.775	1.775	1.775
8	波纹管钢带	t	151	0.105	0.105	0.105	0.105
9	型钢	t	182	0.206	0.497	0.595	0.683
10	钢板	t	183	0.851	0.963	0.991	1.016

续上表

单位:100m² 桥面

顺序号	项目	单位	代号	标准跨径(m)			
				30 以上			
				基础			
				干处			
				墩高(m)			
				40 以内	60 以内	80 以内	100 以内
				9	10	11	12
11	圆钢	t	184	—	—	—	—
12	钢管	t	191	0.767	0.341	0.415	0.483
13	钢钎	kg	211	—	0.4	0.5	0.6
14	钢丝绳	t	221	0.019	0.014	0.015	0.015
15	电焊条	kg	231	261.0	374.9	418.4	457.5
16	钢管桩	t	262	—	—	—	—
17	钢护筒	t	263	0.063	0.070	0.087	0.103
18	钢套箱	t	264	—	—	—	—
19	钢模板	t	271	0.434	0.434	0.434	0.434
20	组合钢模板	t	272	0.143	0.511	0.632	0.741

续上表

单位:100m² 桥面

顺序号	项目	单位	代号	标准跨径(m)			
				30 以上			
				基础			
				干处			
				墩高(m)			
				40 以内	60 以内	80 以内	100 以内
				9	10	11	12
21	门式钢支架	t	273	0.009	—	—	—
22	四氟板式橡胶组合支座	dm³	401	7.5	7.5	7.5	7.5
23	板式橡胶支座	dm³	402	23.8	23.8	23.8	23.8
24	模数式伸缩缝	t	541	0.144	0.144	0.144	0.144
25	铸铁	kg	561	74.8	74.8	74.8	74.8
26	钢绞线群锚(7孔)	套	576	5.91	5.91	5.91	5.91
27	钢绞线群锚(12孔)	套	580	4.71	4.71	4.71	4.71
28	铁件	kg	651	184.2	348.5	411.8	468.9
29	铁钉	kg	653	1.3	0.5	0.5	0.6
30	8~12号铁丝	kg	655	3.6	3.0	3.1	3.2

续上表

单位:100m² 桥面

顺序号	项目	单位	代号	标准跨径(m) 30以上 基础 干处 墩高(m) 40以内	60以内	80以内	100以内
				9	10	11	12
31	20~22号铁丝	kg	656	88.6	169.5	197.8	223.2
32	铁皮	m²	666	—	—	—	—
33	铸铁管	kg	682	33.4	33.4	33.4	33.4
34	油漆	kg	732	0.9	0.9	0.9	0.9
35	桥面防水涂料	kg	735	270.4	270.4	270.4	270.4
36	玻璃纤维布	m²	771	305.0	305.0	305.0	305.0
37	32.5级水泥	t	832	83.964	120.134	145.733	168.772
38	42.5级水泥	t	833	29.741	29.741	29.741	29.741
39	硝铵炸药	kg	841	0.5	2.6	3.2	3.8
40	导火线	m	842	1	6	8	9

续上表

单位:100m² 桥面

顺序号	项目	单位	代号	标准跨径(m) 30以上 基础 干处 墩高(m) 40以内	60以内	80以内	100以内
				9	10	11	12
41	普通雷管	个	845	—	5	6	7
42	石油沥青	t	851	0.006	0.006	0.006	0.006
43	改性沥青	t	852	1.561	1.561	1.561	1.561
44	乳化沥青	t	853	0.153	0.153	0.153	0.153
45	纤维稳定剂	t	856	0.079	0.079	0.079	0.079
46	煤	t	864	0.002	0.004	0.005	0.006
47	水	m³	866	572	653	770	876
48	青(红)砖	千块	877	2.43	2.43	2.43	2.43
49	砂	m³	897	1.29	1.29	1.29	1.29
50	中(粗)砂	m³	899	138.79	189.45	223.24	253.66

续上表 单位:100m² 桥面

顺序号	项目	单位	代号	标准跨径(m)			
				30 以上			
				基础			
				干处			
				墩高(m)			
				40 以内	60 以内	80 以内	100 以内
				9	10	11	12
51	砂砾	m^3	902	106.75	106.75	106.75	106.75
52	黏土	m^3	911	52.00	27.31	34.14	40.28
53	片石	m^3	931	16.61	8.25	8.25	8.25
54	矿粉	t	949	2.669	2.669	2.669	2.669
55	碎石(2cm)	m^3	951	35.94	35.94	35.94	35.94
56	碎石(4cm)	m^3	952	139.43	212.94	259.13	300.70
57	碎石(6cm)	m^3	953	0.75	0.75	0.75	0.75
58	碎石(8cm)	m^3	954	2.53	2.04	2.04	2.04
59	石屑	m^3	961	2.14	2.14	2.14	2.14
60	路面用碎石(1.5cm)	m^3	965	12.02	12.02	12.02	12.02

续上表 单位:100m² 桥面

顺序号	项目	单位	代号	标准跨径(m)			
				30 以上			
				基础			
				干处			
				墩高(m)			
				40 以内	60 以内	80 以内	100 以内
				9	10	11	12
61	块石	m^3	981	4.14	4.14	4.14	4.14
62	其他材料费	元	996	763.4	1189.2	1404.6	1598.3
63	设备摊销费	元	997	5486.9	5659.5	6013.4	6331.9
64	75kW 以内履带式推土机	台班	1003	0.97	1.39	1.64	1.87
65	105kW 以内履带式推土机	台班	1005	0.06	0.06	0.06	0.06
66	0.6m³ 以内履带式单斗挖掘机	台班	1027	0.08	0.08	0.08	0.08
67	1.0m³ 以内履带式单斗挖掘机	台班	1035	0.07	0.05	0.06	0.07
68	1.0m³ 以内轮胎式装载机	台班	1048	0.90	1.32	1.58	1.81
69	2.0m³ 以内轮胎式装载机	台班	1050	0.08	0.08	0.08	0.08
70	120kW 以内自行式平地机	台班	1057	0.06	0.06	0.06	0.06

续上表 单位:100m² 桥面

顺序号	项　　目	单位	代号	标准跨径(m)			
				30 以 上			
				基　础			
				干　处			
				墩　高(m)			
				40 以内	60 以内	80 以内	100 以内
				9	10	11	12
71	6～8t 光轮压路机	台班	1075	0.22	0.22	0.22	0.22
72	8～10t 光轮压路机	台班	1076	0.46	0.46	0.46	0.46
73	12～15t 光轮压路机	台班	1078	0.39	0.39	0.39	0.39
74	235kW 以内稳定土拌和机	台班	1155	0.01	0.01	0.01	0.01
75	4000L 以内沥青洒布车	台班	1193	0.03	0.03	0.03	0.03
76	160t/h 以内沥青混合料拌和设备	台班	1205	0.03	0.03	0.03	0.03
77	9.0m 以内沥青混合料摊铺机	台班	1213	0.04	0.04	0.04	0.04
78	15t 以内振动压路机	台班	1220	0.05	0.05	0.05	0.05
79	滑模式水泥混凝土摊铺机	台班	1234	0.02	0.02	0.02	0.02
80	混凝土真空吸水机组	台班	1239	0.28	0.28	0.28	0.28
81	混凝土电动刻纹机	台班	1243	0.72	0.72	0.72	0.72

续上表 单位:100m² 桥面

顺序号	项　　目	单位	代号	标准跨径(m)			
				30 以 上			
				基　础			
				干　处			
				墩　高(m)			
				40 以内	60 以内	80 以内	100 以内
				9	10	11	12
82	混凝土电动切缝机	台班	1245	0.27	0.27	0.27	0.27
83	250L 以内混凝土搅拌机	台班	1272	0.76	0.76	0.76	0.76
84	60m³/h 以内混凝土输送泵	台班	1316	1.09	3.01	3.63	4.18
85	40m³/h 以内混凝土搅拌站	台班	1325	1.05	1.54	1.84	2.10
86	钢绞线拉伸设备	台班	1349	1.83	1.83	1.83	1.83
87	波纹管卷制机	台班	1352	0.40	0.40	0.40	0.40
88	8t 以内载货汽车	台班	1375	0.23	0.23	0.23	0.23
89	15t 以内载货汽车	台班	1378	0.17	0.12	0.16	0.18
90	5t 以内自卸汽车	台班	1383	0.03	0.03	0.03	0.03
91	10t 以内自卸汽车	台班	1386	0.17	0.17	0.17	0.17
92	20t 以内平板拖车组	台班	1393	0.05	0.41	0.50	0.58

续上表

单位:100m² 桥面

顺序号	项目	单位	代号	标准跨径(m)			
				30 以上			
				基础			
				干处			
				墩高(m)			
				40 以内	60 以内	80 以内	100 以内
				9	10	11	12
93	4000L 以内洒水汽车	台班	1404	0.12	0.12	0.12	0.12
94	6000L 以内洒水汽车	台班	1405	0.10	0.10	0.10	0.10
95	1t 以内机动翻斗车	台班	1408	0.41	0.41	0.41	0.41
96	15t 以内履带式起重机	台班	1432	0.14	0.12	0.16	0.18
97	5t 以内汽车式起重机	台班	1449	0.10	0.11	0.14	0.16
98	12t 以内汽车式起重机	台班	1451	5.44	4.06	5.03	5.90
99	20t 以内汽车式起重机	台班	1453	1.28	1.36	1.56	1.75
100	40t 以内汽车式起重机	台班	1456	—	0.36	0.45	0.53
101	75t 以内汽车式起重机	台班	1458	0.09	0.09	0.09	0.09
102	12t 以内 80m 高塔式起重机	台班	1471	—	7.87	9.84	11.61
103	30kN 以内单筒慢动卷扬机	台班	1499	8.96	8.56	8.56	8.56

续上表

单位:100m² 桥面

顺序号	项目	单位	代号	标准跨径(m)			
				30 以上			
				基础			
				干处			
				墩高(m)			
				40 以内	60 以内	80 以内	100 以内
				9	10	11	12
104	50kN 以内单筒慢动卷扬机	台班	1500	17.19	27.31	30.47	33.31
105	30kN 以内单筒快动卷扬机	台班	1509	—	—	—	—
106	300kN 以内振动打拔桩锤	台班	1581	—	—	—	—
107	600kN 以内振动打拔桩锤	台班	1583	—	—	—	—
108	ϕ1500mm 以内回旋钻机	台班	1600	1.93	12.23	15.29	18.04
109	ϕ2500mm 以内回旋钻机	台班	1602	10.31	3.71	4.63	5.47
110	泥浆搅拌机	台班	1624	3.08	1.25	1.57	1.85
111	ϕ150mm 电动多级水泵(≤180m)	台班	1665	—	8.73	10.92	12.88
112	32kV·A 以内交流电弧焊机	台班	1726	40.12	63.96	72.84	80.84
113	100kV·A 以内交流对焊机	台班	1746	0.97	0.97	0.97	0.97

续上表　　单位:100m² 桥面

顺序号	项　目	单位	代号	标准跨径(m)			
				30 以 上			
				基　础			
				干　处			
				墩　高(m)			
				40 以内	60 以内	80 以内	100 以内
				9	10	11	12
114	44kW 以内内燃拖轮	艘班	1851	—	—	—	—
115	88kW 以内内燃拖轮	艘班	1852	—	—	—	—
116	221kW 以内内燃拖轮	艘班	1855	—	—	—	—
117	294kW 以内内燃拖轮	艘班	1856	—	—	—	—
118	100t 以内工程驳船	艘班	1874	—	—	—	—
119	200t 以内工程驳船	艘班	1876	—	—	—	—
120	100m³/h 以内混凝土搅拌船	艘班	1913	—	—	—	—
121	123kW 以内机动艇	艘班	1919	—	—	—	—
122	潜水设备	台班	1945	—	—	—	—
123	小型机具使用费	元	1998	1368.0	3080.2	3644.8	4153.0
124	基价	元	1999	308268	468312	542218	608717

续上表　　单位:100m² 桥面

顺序号	项　目	单位	代号	标准跨径(m)			
				30 以 上			
				基　础			
				水　深(m)			
				5 以 内			
				墩　高(m)			
				40 以内	60 以内	80 以内	100 以内
				13	14	15	16
1	人工	工日	1	1225.6	1904.3	2183.5	2429.3
2	原木	m³	101	0.466	0.698	0.812	0.911
3	锯材	m³	102	2.006	2.682	3.089	3.439
4	枕木	m³	103	0.411	0.411	0.411	0.411
5	光圆钢筋	t	111	5.428	5.189	5.273	5.349
6	带肋钢筋	t	112	20.402	45.069	54.031	62.096
7	钢绞线	t	125	1.775	1.775	1.775	1.775
8	波纹管钢带	t	151	0.105	0.105	0.105	0.105
9	型钢	t	182	0.338	0.703	0.825	0.932

续上表　　单位:100m² 桥面

顺序号	项　目	单位	代号	标准跨径(m)			
				30 以 上			
				基　础			
				水　深(m)			
				5 以 内			
				墩　高(m)			
				40 以内	60 以内	80 以内	100 以内
				13	14	15	16
10	钢板	t	183	1.021	1.231	1.290	1.340
11	圆钢	t	184	0.007	0.011	0.012	0.013
12	钢管	t	191	0.798	0.390	0.471	0.542
13	钢钎	kg	211	—	—	—	—
14	钢丝绳	t	221	0.024	0.018	0.020	0.021
15	电焊条	kg	231	273.5	394.6	440.4	481.3
16	钢管桩	t	262	0.345	0.542	0.607	0.655
17	钢护筒	t	263	0.632	0.698	0.873	1.030
18	钢套箱	t	264	3.956	6.229	6.957	7.513

续上表　　单位:100m² 桥面

顺序号	项　目	单位	代号	标准跨径(m)			
				30 以 上			
				基　础			
				水　深(m)			
				5 以 内			
				墩　高(m)			
				40 以内	60 以内	80 以内	100 以内
				13	14	15	16
19	钢模板	t	271	0.434	0.434	0.434	0.434
20	组合钢模板	t	272	0.143	0.511	0.632	0.741
21	门式钢支架	t	273	0.009	—	—	—
22	四氟板式橡胶组合支座	dm³	401	7.5	7.5	7.5	7.5
23	板式橡胶支座	dm³	402	23.8	23.8	23.8	23.8
24	模数式伸缩缝	t	541	0.144	0.144	0.144	0.144
25	铸铁	kg	561	74.8	74.8	74.8	74.8
26	钢绞线群锚(7 孔)	套	576	5.91	5.91	5.91	5.91
27	钢绞线群锚(12 孔)	套	580	4.71	4.71	4.71	4.71

续上表　　　　　　　　　　　　　　　　　　　　　　　　　　　　　　　　单位:100m² 桥面

顺序号	项　目	单位	代号	标准跨径(m) 30 以上 基础 水深(m) 5 以内 墩高(m) 40 以内	60 以内	80 以内	100 以内
				13	14	15	16
28	铁件	kg	651	194.4	364.4	429.7	488.1
29	铁钉	kg	653	2.1	1.8	2.0	2.2
30	8~12 号铁丝	kg	655	3.6	3.0	3.1	3.2
31	20~22 号铁丝	kg	656	88.6	169.5	197.8	223.2
32	铁皮	m^2	666	1.0	0.5	0.7	0.8
33	铸铁管	kg	682	33.4	33.4	33.4	33.4
34	油漆	kg	732	0.9	0.9	0.9	0.9
35	桥面防水涂料	kg	735	270.4	270.4	270.4	270.4
36	玻璃纤维布	m^2	771	305.0	305.0	305.0	305.0

续上表　　　　　　　　　　　　　　　　　　　　　　　　　　　　　　　　单位:100m² 桥面

顺序号	项　目	单位	代号	标准跨径(m) 30 以上 基础 水深(m) 5 以内 墩高(m) 40 以内	60 以内	80 以内	100 以内
				13	14	15	16
37	32.5 级水泥	t	832	84.046	120.179	145.789	168.837
38	42.5 级水泥	t	833	29.741	29.741	29.741	29.741
39	硝铵炸药	kg	841	—	—	—	—
40	导火线	m	842	—	—	—	—
41	普通雷管	个	845	—	—	—	—
42	石油沥青	t	851	0.006	0.006	0.006	0.006
43	改性沥青	t	852	1.561	1.561	1.561	1.561
44	乳化沥青	t	853	0.153	0.153	0.153	0.153
45	纤维稳定剂	t	856	0.079	0.079	0.079	0.079

续上表　　单位:100m² 桥面

顺序号	项　目	单位	代号	标准跨径(m)			
				30 以 上			
				基　础			
				水　深(m)			
				5 以 内			
				墩　高(m)			
				40 以内	60 以内	80 以内	100 以内
				13	14	15	16
46	煤	t	864	0.001	0.001	0.001	0.001
47	水	m^3	866	572	653	770	876
48	青(红)砖	千块	877	2.49	2.46	2.47	2.48
49	砂	m^3	897	1.29	1.29	1.29	1.29
50	中(粗)砂	m^3	899	138.96	189.54	223.35	253.79
51	砂砾	m^3	902	106.75	106.75	106.75	106.75
52	黏土	m^3	911	47.95	22.83	28.54	33.68
53	片石	m^3	931	16.61	8.25	8.25	8.25
54	矿粉	t	949	2.669	2.669	2.669	2.669

续上表　　单位:100m² 桥面

顺序号	项　目	单位	代号	标准跨径(m)			
				30 以 上			
				基　础			
				水　深(m)			
				5 以 内			
				墩　高(m)			
				40 以内	60 以内	80 以内	100 以内
				13	14	15	16
55	碎石(2cm)	m^3	951	35.94	35.94	35.94	35.94
56	碎石(4cm)	m^3	952	139.62	213.05	259.26	300.85
57	碎石(6cm)	m^3	953	0.75	0.75	0.75	0.75
58	碎石(8cm)	m^3	954	2.53	2.04	2.04	2.04
59	石屑	m^3	961	2.14	2.14	2.14	2.14
60	路面用碎石(1.5cm)	m^3	965	12.02	12.02	12.02	12.02
61	块石	m^3	981	4.14	4.14	4.14	4.14
62	其他材料费	元	996	1203.2	1877.5	2174.4	2430.0
63	设备摊销费	元	997	11798.0	15592.4	17111.7	18316.8

续上表

单位:100m² 桥面

顺序号	项目	单位	代号	标准跨径(m) 30以上 基础 水深(m) 5以内 墩高(m) 40以内	60以内	80以内	100以内
				13	14	15	16
64	75kW以内履带式推土机	台班	1003	0.37	0.37	0.37	0.37
65	105kW以内履带式推土机	台班	1005	0.06	0.06	0.06	0.06
66	0.6m³以内履带式单斗挖掘机	台班	1027	0.08	0.08	0.08	0.08
67	1.0m³以内履带式单斗挖掘机	台班	1035	0.07	0.05	0.06	0.07
68	1.0m³以内轮胎式装载机	台班	1048	0.31	0.31	0.31	0.31
69	2.0m³以内轮胎式装载机	台班	1050	0.08	0.08	0.08	0.08
70	120kW以内自行式平地机	台班	1057	0.06	0.06	0.06	0.06
71	6~8t光轮压路机	台班	1075	0.22	0.22	0.22	0.22
72	8~10t光轮压路机	台班	1076	0.46	0.46	0.46	0.46

续上表

单位:100m² 桥面

顺序号	项目	单位	代号	标准跨径(m) 30以上 基础 水深(m) 5以内 墩高(m) 40以内	60以内	80以内	100以内
				13	14	15	16
73	12~15t光轮压路机	台班	1078	0.39	0.39	0.39	0.39
74	235kW以内稳定土拌和机	台班	1155	0.01	0.01	0.01	0.01
75	4000L以内沥青洒布车	台班	1193	0.03	0.03	0.03	0.03
76	160t/h以内沥青混合料拌和设备	台班	1205	0.03	0.03	0.03	0.03
77	9.0m以内沥青混合料摊铺机	台班	1213	0.04	0.04	0.04	0.04
78	15t以内振动压路机	台班	1220	0.05	0.05	0.05	0.05
79	滑模式水泥混凝土摊铺机	台班	1234	0.02	0.02	0.02	0.02
80	混凝土真空吸水机组	台班	1239	0.28	0.28	0.28	0.28
81	混凝土电动刻纹机	台班	1243	0.72	0.72	0.72	0.72

续上表　　单位:100m² 桥面

顺序号	项　目	单位	代号	标准跨径(m)			
				30 以 上			
				基　础			
				水　深(m)			
				5 以 内			
				墩　高(m)			
				40 以内	60 以内	80 以内	100 以内
				13	14	15	16
82	混凝土电动切缝机	台班	1245	0.27	0.27	0.27	0.27
83	250L 以内混凝土搅拌机	台班	1272	0.76	0.76	0.76	0.76
84	60m³/h 以内混凝土输送泵	台班	1316	1.09	3.01	3.63	4.18
85	40m³/h 以内混凝土搅拌站	台班	1325	0.36	0.36	0.36	0.36
86	钢绞线拉伸设备	台班	1349	1.83	1.83	1.83	1.83
87	波纹管卷制机	台班	1352	0.40	0.40	0.40	0.40
88	8t 以内载货汽车	台班	1375	0.87	1.23	1.35	1.44
89	15t 以内载货汽车	台班	1378	—	—	—	—
90	5t 以内自卸汽车	台班	1383	0.03	0.03	0.03	0.03

续上表　　单位:100m² 桥面

顺序号	项　目	单位	代号	标准跨径(m)			
				30 以 上			
				基　础			
				水　深(m)			
				5 以 内			
				墩　高(m)			
				40 以内	60 以内	80 以内	100 以内
				13	14	15	16
91	10t 以内自卸汽车	台班	1386	0.17	0.17	0.17	0.17
92	20t 以内平板拖车组	台班	1393	0.05	0.41	0.50	0.58
93	4000L 以内洒水汽车	台班	1404	0.12	0.12	0.12	0.12
94	6000L 以内洒水汽车	台班	1405	0.10	0.10	0.10	0.10
95	1t 以内机动翻斗车	台班	1408	0.41	0.41	0.41	0.41
96	15t 以内履带式起重机	台班	1432	0.54	0.43	0.53	0.63
97	5t 以内汽车式起重机	台班	1449	—	—	—	—
98	12t 以内汽车式起重机	台班	1451	9.11	9.82	11.47	12.87
99	20t 以内汽车式起重机	台班	1453	1.28	1.36	1.56	1.75

续上表

单位:100m^2 桥面

顺序号	项　目	单位	代号	标准跨径(m) 30以上 基础 水深(m) 5以内 墩高(m) 40以内	60以内	80以内	100以内
				13	14	15	16
100	40t以内汽车式起重机	台班	1456	—	0.36	0.45	0.53
101	75t以内汽车式起重机	台班	1458	0.09	0.09	0.09	0.09
102	12t以内80m高塔式起重机	台班	1471	—	7.87	9.84	11.61
103	30kN以内单筒慢动卷扬机	台班	1499	8.96	8.56	8.56	8.56
104	50kN以内单筒慢动卷扬机	台班	1500	20.69	32.72	36.55	39.90
105	30kN以内单筒快动卷扬机	台班	1509	11.01	17.34	19.37	20.92
106	300kN以内振动打拔桩锤	台班	1581	0.16	0.18	0.23	0.27
107	600kN以内振动打拔桩锤	台班	1583	0.08	0.13	0.14	0.16
108	ϕ1500mm以内回旋钻机	台班	1600	1.98	12.33	15.41	18.19

续上表

单位:100m^2 桥面

顺序号	项　目	单位	代号	标准跨径(m) 30以上 基础 水深(m) 5以内 墩高(m) 40以内	60以内	80以内	100以内
				13	14	15	16
109	ϕ2500mm以内回旋钻机	台班	1602	10.41	4.38	4.66	5.50
110	泥浆搅拌机	台班	1624	3.08	1.25	1.57	1.85
111	ϕ150mm电动多级水泵(≤180m)	台班	1665	—	8.73	10.92	12.88
112	32kV·A以内交流电弧焊机	台班	1726	41.58	66.26	75.41	83.61
113	100kV·A以内交流对焊机	台班	1746	0.97	0.97	0.97	0.97
114	44kW以内内燃拖轮	艘班	1851	0.71	1.12	1.25	1.35
115	88kW以内内燃拖轮	艘班	1852	1.89	1.63	2.03	2.40
116	221kW以内内燃拖轮	艘班	1855	0.52	0.82	0.91	0.99

续上表 单位:100m² 桥面

顺序号	项目	单位	代号	标准跨径(m)			
				30 以上			
				基础			
				水深(m)			
				5 以内			
				墩高(m)			
				40 以内	60 以内	80 以内	100 以内
				13	14	15	16
117	294kW 以内内燃拖轮	艘班	1856	0.04	0.07	0.09	0.10
118	100t 以内工程驳船	艘班	1874	4.94	18.58	22.77	26.49
119	200t 以内工程驳船	艘班	1876	18.02	9.27	10.08	11.44
120	100m³/h 以内混凝土搅拌船	艘班	1913	1.43	2.45	3.07	3.62
121	123kW 以内机动艇	艘班	1919	0.14	0.24	0.29	0.35
122	潜水设备	台班	1945	1.08	1.70	1.90	2.05
123	小型机具使用费	元	1998	1486.0	3264.3	3850.8	4375.5
124	基价	元	1999	401410	609145	704583	790373

续上表 单位:100m² 桥面

顺序号	项目	单位	代号	标准跨径(m)			
				30 以上			
				基础			
				水深(m)			
				10 以内			
				墩高(m)			
				40 以内	60 以内	80 以内	100 以内
				17	18	19	20
1	人工	工日	1	1469.1	2287.7	2562.6	2915.5
2	原木	m³	101	0.580	0.853	0.964	1.108
3	锯材	m³	102	2.497	3.262	3.607	4.165
4	枕木	m³	103	0.411	0.411	0.411	0.411
5	光圆钢筋	t	111	5.629	5.283	5.406	5.476
6	带肋钢筋	t	112	24.331	55.083	68.162	75.643
7	钢绞线	t	125	1.775	1.775	1.775	1.775
8	波纹管钢带	t	151	0.105	0.105	0.105	0.105
9	型钢	t	182	0.419	0.869	0.990	1.143

续上表 单位:100m² 桥面

顺序号	项目	单位	代号	标准跨径(m) 30以上 基础 水深(m) 10以内 墩高(m)			
				40以内	60以内	80以内	100以内
				17	18	19	20
10	钢板	t	183	1.080	1.337	1.347	1.465
11	圆钢	t	184	0.009	0.014	0.013	0.017
12	钢管	t	191	1.063	0.487	0.591	0.670
13	钢钎	kg	211	—	—	—	—
14	钢丝绳	t	221	0.029	0.021	0.022	0.024
15	电焊条	kg	231	298.9	448.6	509.9	553.0
16	钢管桩	t	262	0.466	0.693	0.631	0.823
17	钢护筒	t	263	0.854	0.893	1.149	1.294
18	钢套箱	t	264	5.340	7.967	7.235	9.437

续上表 单位:100m² 桥面

顺序号	项目	单位	代号	标准跨径(m) 30以上 基础 水深(m) 10以内 墩高(m)			
				40以内	60以内	80以内	100以内
				17	18	19	20
19	钢模板	t	271	0.434	0.434	0.434	0.434
20	组合钢模板	t	272	0.183	0.646	0.822	0.923
21	门式钢支架	t	273	0.011	—	—	—
22	四氟板式橡胶组合支座	dm³	401	7.5	7.5	7.5	7.5
23	板式橡胶支座	dm³	402	23.8	23.8	23.8	23.8
24	模数式伸缩缝	t	541	0.144	0.144	0.144	0.144
25	铸铁	kg	561	74.8	74.8	74.8	74.8
26	钢绞线群锚(7孔)	套	576	5.91	5.91	5.91	5.91
27	钢绞线群锚(12孔)	套	580	4.71	4.71	4.71	4.71

续上表

单位:100m² 桥面

顺序号	项目	单位	代号	标准跨径(m) 30以上 基础 水深(m) 10以内 墩高(m) 40以内	60以内	80以内	100以内
				17	18	19	20
28	铁件	kg	651	229.2	439.6	530.4	588.8
29	铁钉	kg	653	2.8	2.3	2.2	2.7
30	8~12号铁丝	kg	655	3.9	3.1	3.2	3.3
31	20~22号铁丝	kg	656	99.8	201.1	242.4	266.0
32	铁皮	m²	666	1.3	0.7	0.9	1.0
33	铸铁管	kg	682	33.4	33.4	33.4	33.4
34	油漆	kg	732	0.9	0.9	0.9	0.9
35	桥面防水涂料	kg	735	270.4	270.4	270.4	270.4
36	玻璃纤维布	m²	771	305.0	305.0	305.0	305.0

续上表

单位:100m² 桥面

顺序号	项目	单位	代号	标准跨径(m) 30以上 基础 水深(m) 10以内 墩高(m) 40以内	60以内	80以内	100以内
				17	18	19	20
37	32.5级水泥	t	832	107.253	148.759	186.201	207.518
38	42.5级水泥	t	833	29.741	29.741	29.741	29.741
39	硝铵炸药	kg	841	—	—	—	—
40	导火线	m	842	—	—	—	—
41	普通雷管	个	845	—	—	—	—
42	石油沥青	t	851	0.006	0.006	0.006	0.006
43	改性沥青	t	852	1.561	1.561	1.561	1.561
44	乳化沥青	t	853	0.153	0.153	0.153	0.153
45	纤维稳定剂	t	856	0.079	0.079	0.079	0.079

续上表 单位:100m² 桥面

顺序号	项目	单位	代号	标准跨径(m) 30以上 基础 水深(m) 10以内 墩高(m) 40以内	60以内	80以内	100以内
				17	18	19	20
46	煤	t	864	0.001	0.001	0.001	0.001
47	水	m³	866	708	784	956	1054
48	青(红)砖	千块	877	2.52	2.47	2.48	2.49
49	砂	m³	897	1.29	1.29	1.29	1.29
50	中(粗)砂	m³	899	168.60	227.28	276.71	304.86
51	砂砾	m³	902	106.75	106.75	106.75	106.75
52	黏土	m³	911	64.73	29.20	37.55	42.30
53	片石	m³	931	19.54	8.25	8.25	8.25
54	矿粉	t	949	2.669	2.669	2.669	2.669

续上表 单位:100m² 桥面

顺序号	项目	单位	代号	标准跨径(m) 30以上 基础 水深(m) 10以内 墩高(m) 40以内	60以内	80以内	100以内
				17	18	19	20
55	碎石(2cm)	m³	951	35.94	35.94	35.94	35.94
56	碎石(4cm)	m³	952	178.62	264.62	332.19	370.65
57	碎石(6cm)	m³	953	0.75	0.75	0.75	0.75
58	碎石(8cm)	m³	954	2.70	2.04	2.04	2.04
59	石屑	m³	961	2.14	2.14	2.14	2.14
60	路面用碎石(1.5cm)	m³	965	12.02	12.02	12.02	12.02
61	块石	m³	981	4.14	4.14	4.14	4.14
62	其他材料费	元	996	1511.0	2309.8	2546.0	2968.1
63	设备摊销费	元	997	14441.9	18758.7	18114.0	21919.4

续上表 单位:100m² 桥面

顺序号	项目	单位	代号	标准跨径(m)			
				30 以上			
				基础			
				水深(m)			
				10 以内			
				墩高(m)			
				40 以内	60 以内	80 以内	100 以内
				17	18	19	20
64	75kW 以内履带式推土机	台班	1003	0.37	0.37	0.37	0.37
65	105kW 以内履带式推土机	台班	1005	0.06	0.06	0.06	0.06
66	0.6m³ 以内履带式单斗挖掘机	台班	1027	0.08	0.08	0.08	0.08
67	1.0m³ 以内履带式单斗挖掘机	台班	1035	0.09	0.06	0.08	0.09
68	1.0m³ 以内轮胎式装载机	台班	1048	0.31	0.31	0.31	0.31
69	2.0m³ 以内轮胎式装载机	台班	1050	0.08	0.08	0.08	0.08
70	120kW 以内自行式平地机	台班	1057	0.06	0.06	0.06	0.06
71	6~8t 光轮压路机	台班	1075	0.22	0.22	0.22	0.22
72	8~10t 光轮压路机	台班	1076	0.46	0.46	0.46	0.46

续上表 单位:100m² 桥面

顺序号	项目	单位	代号	标准跨径(m)			
				30 以上			
				基础			
				水深(m)			
				10 以内			
				墩高(m)			
				40 以内	60 以内	80 以内	100 以内
				17	18	19	20
73	12~15t 光轮压路机	台班	1078	0.39	0.39	0.39	0.39
74	235kW 以内稳定土拌和机	台班	1155	0.01	0.01	0.01	0.01
75	4000L 以内沥青洒布车	台班	1193	0.03	0.03	0.03	0.03
76	160t/h 以内沥青混合料拌和设备	台班	1205	0.03	0.03	0.03	0.03
77	9.0m 以内沥青混合料摊铺机	台班	1213	0.04	0.04	0.04	0.04
78	15t 以内振动压路机	台班	1220	0.05	0.05	0.05	0.05
79	滑模式水泥混凝土摊铺机	台班	1234	0.02	0.02	0.02	0.02
80	混凝土真空吸水机组	台班	1239	0.28	0.28	0.28	0.28
81	混凝土电动刻纹机	台班	1243	0.72	0.72	0.72	0.72

续上表　　单位:100m² 桥面

顺序号	项　目	单位	代号	标准跨径(m)			
				30 以上			
				基　础			
				水　深(m)			
				10 以内			
				墩　高(m)			
				40 以内	60 以内	80 以内	100 以内
				17	18	19	20
82	混凝土电动切缝机	台班	1245	0.27	0.27	0.27	0.27
83	250L 以内混凝土搅拌机	台班	1272	0.76	0.76	0.76	0.76
84	60m³/h 以内混凝土输送泵	台班	1316	1.28	3.70	4.60	5.11
85	40m³/h 以内混凝土搅拌站	台班	1325	0.36	0.36	0.36	0.36
86	钢绞线拉伸设备	台班	1349	1.83	1.83	1.83	1.83
87	波纹管卷制机	台班	1352	0.40	0.40	0.40	0.40
88	8t 以内载货汽车	台班	1375	1.09	1.51	1.39	1.75
89	15t 以内载货汽车	台班	1378	—	—	—	—
90	5t 以内自卸汽车	台班	1383	0.03	0.03	0.03	0.03

续上表　　单位:100m² 桥面

顺序号	项　目	单位	代号	标准跨径(m)			
				30 以上			
				基　础			
				水　深(m)			
				10 以内			
				墩　高(m)			
				40 以内	60 以内	80 以内	100 以内
				17	18	19	20
91	10t 以内自卸汽车	台班	1386	0.17	0.17	0.17	0.17
92	20t 以内平板拖车组	台班	1393	0.05	0.51	0.64	0.71
93	4000L 以内洒水汽车	台班	1404	0.12	0.12	0.12	0.12
94	6000L 以内洒水汽车	台班	1405	0.10	0.10	0.10	0.10
95	1t 以内机动翻斗车	台班	1408	0.41	0.41	0.41	0.41
96	15t 以内履带式起重机	台班	1432	0.73	0.54	0.70	0.79
97	5t 以内汽车式起重机	台班	1449	—	—	—	—
98	12t 以内汽车式起重机	台班	1451	12.24	12.51	13.28	16.12
99	20t 以内汽车式起重机	台班	1453	1.54	1.59	1.89	2.06

续上表　　　　单位:100m² 桥面

顺序号	项　目	单位	代号	标准跨径(m) 30以上 基础 水深(m) 10以内 墩高(m) 40以内	60以内	80以内	100以内
				17	18	19	20
100	40t以内汽车式起重机	台班	1456	—	0.46	0.59	0.67
101	75t以内汽车式起重机	台班	1458	0.09	0.09	0.09	0.09
102	12t以内80m高塔式起重机	台班	1471	—	10.06	12.94	14.58
103	30kN以内单筒慢动卷扬机	台班	1499	9.09	8.56	8.56	8.56
104	50kN以内单筒慢动卷扬机	台班	1500	22.79	37.75	41.85	46.35
105	30kN以内单筒快动卷扬机	台班	1509	14.87	22.18	20.14	26.27
106	300kN以内振动打拔桩锤	台班	1581	0.22	0.23	0.30	0.34
107	600kN以内振动打拔桩锤	台班	1583	0.11	0.16	0.15	0.19
108	ϕ1500mm以内回旋钻机	台班	1600	2.68	15.77	20.28	22.84

续上表　　　　单位:100m² 桥面

顺序号	项　目	单位	代号	标准跨径(m) 30以上 基础 水深(m) 10以内 墩高(m) 40以内	60以内	80以内	100以内
				17	18	19	20
109	ϕ2500mm以内回旋钻机	台班	1602	14.05	5.60	6.13	6.91
110	泥浆搅拌机	台班	1624	4.15	1.60	2.06	2.32
111	ϕ150mm电动多级水泵(≤180m)	台班	1665	—	11.17	14.36	16.18
112	32kV·A以内交流电弧焊机	台班	1726	46.17	76.81	89.53	97.73
113	100kV·A以内交流对焊机	台班	1746	0.97	0.97	0.97	0.97
114	44kW以内内燃拖轮	艘班	1851	0.96	1.44	1.30	1.70
115	88kW以内内燃拖轮	艘班	1852	2.55	2.08	2.68	3.02
116	221kW以内内燃拖轮	艘班	1855	0.70	1.04	0.95	1.24

续上表

单位:100m² 桥面

顺序号	项目	单位	代号	标准跨径(m)			
				30 以上			
				基础			
				水深(m)			
				10 以内			
				墩高(m)			
				40 以内	60 以内	80 以内	100 以内
				17	18	19	20
117	294kW 以内内燃拖轮	艘班	1856	0.06	0.09	0.12	0.13
118	100t 以内工程驳船	艘班	1874	6.66	23.76	28.91	33.27
119	200t 以内工程驳船	艘班	1876	24.33	11.86	12.02	14.37
120	100m³/h 以内混凝土搅拌船	艘班	1913	1.94	3.14	4.04	4.55
121	123kW 以内机动艇	艘班	1919	0.19	0.30	0.39	0.44
122	潜水设备	台班	1945	1.46	2.17	1.97	2.57
123	小型机具使用费	元	1998	1718.4	3945.8	4750.3	5285.3
124	基价	元	1999	481620	730982	845167	948551

5-5 预制安装预应力混凝土小箱梁

工程内容 挖基、围堰、基础、下部、上部、桥面系、桥头搭板等工程的全部工作。

单位:100m² 桥面

顺序号	项目	单位	代号	标准跨径(m)		
				30 以内		
				基础		
				干处		
				墩高(m)		
				20 以内	40 以内	60 以内
				1	2	3
1	人工	工日	1	708.7	768.0	1209.1
2	原木	m³	101	0.178	0.209	0.341
3	锯材	m³	102	1.026	1.155	1.453
4	枕木	m³	103	0.349	0.349	0.349
5	光圆钢筋	t	111	4.362	4.451	4.244
6	带肋钢筋	t	112	14.877	16.607	36.988
7	钢绞线	t	125	1.332	1.332	1.332

续上表 单位:100m² 桥面

顺序号	项目	单位	代号	标准跨径(m)		
				30 以内		
				基础		
				干处		
				墩高(m)		
				20 以内	40 以内	60 以内
				1	2	3
8	波纹管钢带	t	151	0.138	0.138	0.138
9	型钢	t	182	0.257	0.273	0.514
10	钢板	t	183	0.115	0.115	0.209
11	圆钢	t	184	—	—	—
12	钢管	t	191	0.549	0.662	0.296
13	钢钎	kg	211	—	—	0.4
14	钢丝绳	t	221	0.018	0.019	0.015
15	电焊条	kg	231	109.2	118.5	212.6
16	钢管桩	t	262	—	—	—
17	钢护筒	t	263	0.044	0.054	0.058

续上表 单位:100m² 桥面

顺序号	项目	单位	代号	标准跨径(m)		
				30 以内		
				基础		
				干处		
				墩高(m)		
				20 以内	40 以内	60 以内
				1	2	3
18	钢套箱	t	264	—	—	—
19	钢模板	t	271	0.027	0.027	0.027
20	组合钢模板	t	272	0.244	0.261	0.567
21	门式钢支架	t	273	0.034	0.035	0.028
22	四氟板式橡胶组合支座	dm³	401	1.9	1.9	1.9
23	板式橡胶支座	dm³	402	12.7	12.7	12.7
24	模数式伸缩缝	t	541	0.147	0.147	0.147
25	铸铁	kg	561	63.3	63.3	63.3
26	钢绞线群锚(3孔)	套	572	32.95	32.95	32.95
27	铁件	kg	651	145.0	158.8	294.4

续上表　　单位:100m² 桥面

顺序号	项　目	单位	代号	标准跨径(m)		
				30 以内		
				基　础		
				干　处		
				墩　高(m)		
				20 以内	40 以内	60 以内
				1	2	3
28	铁钉	kg	653	0.9	1.1	0.4
29	8~12 号铁丝	kg	655	2.2	2.4	1.9
30	20~22 号铁丝	kg	656	67.0	72.0	139.0
31	铁皮	m^2	666	—	—	—
32	铸铁管	kg	682	38.5	38.5	38.5
33	油漆	kg	732	0.8	0.8	0.8
34	桥面防水涂料	kg	735	229.2	229.2	229.2
35	玻璃纤维布	m^2	771	258.5	258.5	258.5
36	32.5 级水泥	t	832	60.417	70.687	99.894
37	42.5 级水泥	t	833	22.518	22.518	22.518

续上表　　单位:100m² 桥面

顺序号	项　目	单位	代号	标准跨径(m)		
				30 以内		
				基　础		
				干　处		
				墩　高(m)		
				20 以内	40 以内	60 以内
				1	2	3
38	硝铵炸药	kg	841	0.3	0.4	2.1
39	导火线	m	842	—	—	5
40	普通雷管	个	845	—	—	4
41	石油沥青	t	851	0.005	0.005	0.005
42	改性沥青	t	852	1.323	1.323	1.323
43	乳化沥青	t	853	0.130	0.130	0.130
44	纤维稳定剂	t	856	0.067	0.067	0.067
45	煤	t	864	0.001	0.001	0.004
46	水	m^3	866	416	477	538
47	青(红)砖	千块	877	2.06	2.06	2.06

续上表　　单位:100m² 桥面

顺序号	项　目	单位	代号	标准跨径(m) 30以内 基础 干处 墩高(m)		
				20以内	40以内	60以内
				1	2	3
48	砂	m^3	897	1.09	1.09	1.09
49	中(粗)砂	m^3	899	101.69	114.80	155.82
50	砂砾	m^3	902	62.60	62.60	62.60
51	黏土	m^3	911	36.00	44.07	22.76
52	片石	m^3	931	13.11	14.41	7.32
53	矿粉	t	949	2.262	2.262	2.262
54	碎石(2cm)	m^3	951	26.85	26.85	26.85
55	碎石(4cm)	m^3	952	100.91	118.16	177.85
56	碎石(6cm)	m^3	953	0.64	0.64	0.64
57	碎石(8cm)	m^3	954	2.19	2.26	1.85

续上表　　单位:100m² 桥面

顺序号	项　目	单位	代号	标准跨径(m) 30以内 基础 干处 墩高(m)		
				20以内	40以内	60以内
				1	2	3
58	石屑	m^3	961	1.81	1.81	1.81
59	路面用碎石(1.5cm)	m^3	965	10.19	10.19	10.19
60	块石	m^3	981	3.51	3.51	3.51
61	其他材料费	元	996	587.9	656.3	1000.4
62	设备摊销费	元	997	6034.2	6226.9	6353.2
63	75kW以内履带式推土机	台班	1003	0.73	0.82	1.16
64	105kW以内履带式推土机	台班	1005	0.05	0.05	0.05
65	0.6m³以内履带式单斗挖掘机	台班	1027	0.07	0.07	0.07
66	1.0m³以内履带式单斗挖掘机	台班	1035	0.05	0.06	0.04
67	1.0m³以内轮胎式装载机	台班	1048	0.67	0.77	1.11

续上表　　　　单位:100m² 桥面

顺序号	项目	单位	代号	标准跨径(m) 30以内 基础 干处 墩高(m) 20以内	40以内	60以内
				1	2	3
68	2.0m³ 以内轮胎式装载机	台班	1050	0.07	0.07	0.07
69	120kW 以内自行式平地机	台班	1057	0.05	0.05	0.05
70	6～8t 光轮压路机	台班	1075	0.14	0.14	0.14
71	8～10t 光轮压路机	台班	1076	0.24	0.24	0.24
72	12～15t 光轮压路机	台班	1078	0.24	0.24	0.24
73	235kW 以内稳定土拌和机	台班	1155	0.01	0.01	0.01
74	4000L 以内沥青洒布车	台班	1193	0.02	0.02	0.02
75	160t/h 以内沥青混合料拌和设备	台班	1205	0.03	0.03	0.03
76	9.0m 以内沥青混合料摊铺机	台班	1213	0.03	0.03	0.03
77	15t 以内振动压路机	台班	1220	0.05	0.05	0.05

续上表　　　　单位:100m² 桥面

顺序号	项目	单位	代号	标准跨径(m) 30以内 基础 干处 墩高(m) 20以内	40以内	60以内
				1	2	3
78	滑模式水泥混凝土摊铺机	台班	1234	0.02	0.02	0.02
79	混凝土真空吸水机组	台班	1239	0.24	0.24	0.24
80	混凝土电动刻纹机	台班	1243	0.61	0.61	0.61
81	混凝土电动切缝机	台班	1245	0.23	0.23	0.23
82	250L 以内混凝土搅拌机	台班	1272	0.64	0.64	0.64
83	60m³/h 以内混凝土输送泵	台班	1316	0.80	0.88	2.47
84	40m³/h 以内混凝土搅拌站	台班	1325	0.78	0.89	1.29
85	钢绞线拉伸设备	台班	1349	5.70	5.70	5.70
86	波纹管卷制机	台班	1352	0.74	0.74	0.74
87	8t 以内载货汽车	台班	1375	0.19	0.19	0.19

续上表

单位:100m² 桥面

顺序号	项目	单位	代号	标准跨径(m)		
				30 以内		
				基础		
				干处		
				墩高(m)		
				20 以内	40 以内	60 以内
				1	2	3
88	15t 以内载货汽车	台班	1378	0.12	0.14	0.10
89	5t 以内自卸汽车	台班	1383	0.03	0.03	0.03
90	10t 以内自卸汽车	台班	1386	0.14	0.14	0.14
91	20t 以内平板拖车组	台班	1393	0.04	0.04	0.34
92	4000L 以内洒水汽车	台班	1404	0.10	0.10	0.10
93	6000L 以内洒水汽车	台班	1405	0.08	0.08	0.08
94	1t 以内机动翻斗车	台班	1408	0.35	0.35	0.35
95	15t 以内履带式起重机	台班	1432	0.10	0.12	0.10
96	5t 以内汽车式起重机	台班	1449	0.07	0.09	0.09
97	12t 以内汽车式起重机	台班	1451	3.79	4.61	3.38

续上表

单位:100m² 桥面

顺序号	项目	单位	代号	标准跨径(m)		
				30 以内		
				基础		
				干处		
				墩高(m)		
				20 以内	40 以内	60 以内
				1	2	3
98	20t 以内汽车式起重机	台班	1453	0.84	0.95	1.01
99	40t 以内汽车式起重机	台班	1456	—	—	0.30
100	75t 以内汽车式起重机	台班	1458	0.08	0.08	0.08
101	12t 以内 80m 高塔式起重机	台班	1471	—	—	6.56
102	30kN 以内单筒慢动卷扬机	台班	1499	8.29	8.35	8.02
103	50kN 以内单筒慢动卷扬机	台班	1500	13.86	14.24	22.65
104	30kN 以内单筒快动卷扬机	台班	1509	—	—	—
105	300kN 以内振动打拔桩锤	台班	1581	—	—	—
106	600kN 以内振动打拔桩锤	台班	1583	—	—	—

续上表 单位:100m² 桥面

顺序号	项目	单位	代号	标准跨径(m)		
				30 以内		
				基础		
				干处		
				墩高(m)		
				20 以内	40 以内	60 以内
				1	2	3
107	φ1500mm 以内回旋钻机	台班	1600	1.34	1.64	10.19
108	φ2500mm 以内回旋钻机	台班	1602	7.14	8.74	3.09
109	泥浆搅拌机	台班	1624	2.13	2.61	1.04
110	φ150mm 电动多级水泵(≤180m)	台班	1665	—	—	7.28
111	32kV·A 以内交流电弧焊机	台班	1726	18.08	19.89	39.60
112	100kV·A 以内交流对焊机	台班	1746	0.76	0.76	0.76
113	44kW 以内内燃拖轮	艘班	1851	—	—	—
114	88kW 以内内燃拖轮	艘班	1852	—	—	—
115	221kW 以内内燃拖轮	艘班	1855	—	—	—

续上表 单位:100m² 桥面

顺序号	项目	单位	代号	标准跨径(m)		
				30 以内		
				基础		
				干处		
				墩高(m)		
				20 以内	40 以内	60 以内
				1	2	3
116	294kW 以内内燃拖轮	艘班	1856	—	—	—
117	100t 以内工程驳船	艘班	1874	—	—	—
118	200t 以内工程驳船	艘班	1876	—	—	—
119	100m³/h 以内混凝土搅拌船	艘班	1913	—	—	—
120	123kW 以内机动艇	艘班	1919	—	—	—
121	潜水设备	台班	1945	—	—	—
122	小型机具使用费	元	1998	951.7	1036.4	2455.6
123	基价	元	1999	231233	252251	383691

续上表　单位:100m² 桥面

顺序号	项目	单位	代号	标准跨径(m)		
				30 以内		
				基础		
				水深(m)		
				5 以内		
				墩高(m)		
				20 以内	40 以内	60 以内
				4	5	6
1	人工	工日	1	972.4	1038.2	1599.0
2	原木	m^3	101	0.282	0.316	0.507
3	锯材	m^3	102	1.469	1.587	2.124
4	枕木	m^3	103	0.349	0.349	0.349
5	光圆钢筋	t	111	4.362	4.451	4.244
6	带肋钢筋	t	112	14.935	16.668	37.067
7	钢绞线	t	125	1.332	1.332	1.332
8	波纹管钢带	t	151	0.138	0.138	0.138
9	型钢	t	182	0.361	0.374	0.675

续上表　单位:100m² 桥面

顺序号	项目	单位	代号	标准跨径(m)		
				30 以内		
				基础		
				水深(m)		
				5 以内		
				墩高(m)		
				20 以内	40 以内	60 以内
				4	5	6
10	钢板	t	183	0.260	0.262	0.438
11	圆钢	t	184	0.006	0.006	0.009
12	钢管	t	191	0.576	0.689	0.339
13	钢钎	kg	211	—	—	—
14	钢丝绳	t	221	0.022	0.023	0.019
15	电焊条	kg	231	119.9	129.4	229.6
16	钢管桩	t	262	0.297	0.305	0.472
17	钢护筒	t	263	0.432	0.536	0.582
18	钢套箱	t	264	3.365	3.410	5.347

续上表 单位:100m² 桥面

顺序号	项目	单位	代号	标准跨径(m)		
				30 以内		
				基础		
				水深(m)		
				5 以内		
				墩高(m)		
				20 以内	40 以内	60 以内
				4	5	6
19	钢模板	t	271	0.027	0.027	0.027
20	组合钢模板	t	272	0.244	0.261	0.567
21	门式钢支架	t	273	0.034	0.035	0.028
22	四氟板式橡胶组合支座	dm^3	401	1.9	1.9	1.9
23	板式橡胶支座	dm^3	402	12.7	12.7	12.7
24	模数式伸缩缝	t	541	0.147	0.147	0.147
25	铸铁	kg	561	63.3	63.3	63.3
26	钢绞线群锚(3 孔)	套	572	32.95	32.95	32.95
27	铁件	kg	651	153.3	167.1	307.5

续上表 单位:100m² 桥面

顺序号	项目	单位	代号	标准跨径(m)		
				30 以内		
				基础		
				水深(m)		
				5 以内		
				墩高(m)		
				20 以内	40 以内	60 以内
				4	5	6
28	铁钉	kg	653	1.6	1.7	1.4
29	8~12 号铁丝	kg	655	2.2	2.4	1.9
30	20~22 号铁丝	kg	656	67.0	72.0	139.0
31	铁皮	m^2	666	0.7	0.8	0.4
32	铸铁管	kg	682	38.5	38.5	38.5
33	油漆	kg	732	0.8	0.8	0.8
34	桥面防水涂料	kg	735	229.2	229.2	229.2
35	玻璃纤维布	m^2	771	258.5	258.5	258.5
36	32.5 级水泥	t	832	60.474	70.757	99.931

续上表 单位:100m² 桥面

顺序号	项　目	单位	代号	标准跨径(m) 30以内 基础 水深(m) 5以内 墩高(m)		
				20以内	40以内	60以内
				4	5	6
37	42.5级水泥	t	833	22.518	22.518	22.518
38	硝铵炸药	kg	841	—	—	—
39	导火线	m	842	—	—	—
40	普通雷管	个	845	—	—	—
41	石油沥青	t	851	0.005	0.005	0.005
42	改性沥青	t	852	1.323	1.323	1.323
43	乳化沥青	t	853	0.130	0.130	0.130
44	纤维稳定剂	t	856	0.067	0.067	0.067
45	煤	t	864	—	—	—

续上表 单位:100m² 桥面

顺序号	项　目	单位	代号	标准跨径(m) 30以内 基础 水深(m) 5以内 墩高(m)		
				20以内	40以内	60以内
				4	5	6
46	水	m³	866	416	477	538
47	青(红)砖	千块	877	2.10	2.11	2.09
48	砂	m³	897	1.09	1.09	1.09
49	中(粗)砂	m³	899	101.81	114.94	155.89
50	砂砾	m³	902	62.60	62.60	62.60
51	黏土	m³	911	33.24	40.63	19.03
52	片石	m³	931	13.11	14.41	7.32
53	矿粉	t	949	2.262	2.262	2.262
54	碎石(2cm)	m³	951	26.85	26.85	26.85

续上表　　　　　　　　　　　　　　　　　　　　　　　　　　　　　　单位:100m² 桥面

顺序号	项　目	单位	代号	标准跨径(m)		
				30 以 内		
				基　础		
				水　深(m)		
				5 以 内		
				墩　高(m)		
				20 以内	40 以内	60 以内
				4	5	6
55	碎石(4cm)	m^3	952	101.05	118.33	177.94
56	碎石(6cm)	m^3	953	0.64	0.64	0.64
57	碎石(8cm)	m^3	954	2.19	2.26	1.85
58	石屑	m^3	961	1.81	1.81	1.81
59	路面用碎石(1.5cm)	m^3	965	10.19	10.19	10.19
60	块石	m^3	981	3.51	3.51	3.51
61	其他材料费	元	996	962.4	1038.1	1594.5
62	设备摊销费	元	997	11413.3	11691.9	14901.8
63	75kW 以内履带式推土机	台班	1003	0.32	0.32	0.32

续上表　　　　　　　　　　　　　　　　　　　　　　　　　　　　　　单位:100m² 桥面

顺序号	项　目	单位	代号	标准跨径(m)		
				30 以 内		
				基　础		
				水　深(m)		
				5 以 内		
				墩　高(m)		
				20 以内	40 以内	60 以内
				4	5	6
64	105kW 以内履带式推土机	台班	1005	0.05	0.05	0.05
65	0.6m³ 以内履带式单斗挖掘机	台班	1027	0.07	0.07	0.07
66	1.0m³ 以内履带式单斗挖掘机	台班	1035	0.05	0.06	0.04
67	1.0m³ 以内轮胎式装载机	台班	1048	0.26	0.26	0.26
68	2.0m³ 以内轮胎式装载机	台班	1050	0.07	0.07	0.07
69	120kW 以内自行式平地机	台班	1057	0.05	0.05	0.05
70	6～8t 光轮压路机	台班	1075	0.14	0.14	0.14
71	8～10t 光轮压路机	台班	1076	0.24	0.24	0.24
72	12～15t 光轮压路机	台班	1078	0.24	0.24	0.24

续上表

单位:$100m^2$ 桥面

顺序号	项目	单位	代号	标准跨径(m)		
				30 以内		
				基础		
				水深(m)		
				5 以内		
				墩高(m)		
				20 以内	40 以内	60 以内
				4	5	6
73	235kW 以内稳定土拌和机	台班	1155	0.01	0.01	0.01
74	4000L 以内沥青洒布车	台班	1193	0.02	0.02	0.02
75	160t/h 以内沥青混合料拌和设备	台班	1205	0.03	0.03	0.03
76	9.0m 以内沥青混合料摊铺机	台班	1213	0.03	0.03	0.03
77	15t 以内振动压路机	台班	1220	0.05	0.05	0.05
78	滑模式水泥混凝土摊铺机	台班	1234	0.02	0.02	0.02
79	混凝土真空吸水机组	台班	1239	0.24	0.24	0.24
80	混凝土电动刻纹机	台班	1243	0.61	0.61	0.61
81	混凝土电动切缝机	台班	1245	0.23	0.23	0.23

续上表

单位:$100m^2$ 桥面

顺序号	项目	单位	代号	标准跨径(m)		
				30 以内		
				基础		
				水深(m)		
				5 以内		
				墩高(m)		
				20 以内	40 以内	60 以内
				4	5	6
82	250L 以内混凝土搅拌机	台班	1272	0.64	0.64	0.64
83	$60m^3/h$ 以内混凝土输送泵	台班	1316	0.80	0.88	2.47
84	$40m^3/h$ 以内混凝土搅拌站	台班	1325	0.31	0.31	0.31
85	钢绞线拉伸设备	台班	1349	5.70	5.70	5.70
86	波纹管卷制机	台班	1352	0.74	0.74	0.74
87	8t 以内载货汽车	台班	1375	0.74	0.76	1.07
88	15t 以内载货汽车	台班	1378	—	—	—
89	5t 以内自卸汽车	台班	1383	0.03	0.03	0.03
90	10t 以内自卸汽车	台班	1386	0.14	0.14	0.14

续上表 单位:100m² 桥面

顺序号	项目	单位	代号	标准跨径(m) 30以内 基础 水深(m) 5以内 墩高(m)		
				20以内	40以内	60以内
				4	5	6
91	20t以内平板拖车组	台班	1393	0.04	0.04	0.34
92	4000L以内洒水汽车	台班	1404	0.10	0.10	0.10
93	6000L以内洒水汽车	台班	1405	0.08	0.08	0.08
94	1t以内机动翻斗车	台班	1408	0.35	0.35	0.35
95	15t以内履带式起重机	台班	1432	0.37	0.46	0.35
96	5t以内汽车式起重机	台班	1449	—	—	—
97	12t以内汽车式起重机	台班	1451	6.93	7.81	8.36
98	20t以内汽车式起重机	台班	1453	0.84	0.95	1.01
99	40t以内汽车式起重机	台班	1456	—	—	0.30

续上表 单位:100m² 桥面

顺序号	项目	单位	代号	标准跨径(m) 30以内 基础 水深(m) 5以内 墩高(m)		
				20以内	40以内	60以内
				4	5	6
100	75t以内汽车式起重机	台班	1458	0.08	0.08	0.08
101	12t以内80m高塔式起重机	台班	1471	—	—	6.56
102	30kN以内单筒慢动卷扬机	台班	1499	8.29	8.35	8.02
103	50kN以内单筒慢动卷扬机	台班	1500	16.81	17.27	27.30
104	30kN以内单筒快动卷扬机	台班	1509	9.37	9.50	14.89
105	300kN以内振动打拔桩锤	台班	1581	0.11	0.14	0.15
106	600kN以内振动打拔桩锤	台班	1583	0.07	0.07	0.11
107	ϕ1500mm以内回旋钻机	台班	1600	1.37	1.68	10.27
108	ϕ2500mm以内回旋钻机	台班	1602	7.21	8.82	3.11

续上表

单位:100m² 桥面

顺序号	项目	单位	代号	标准跨径(m) 30以内 基础 水深(m) 5以内 墩高(m)		
				20以内	40以内	60以内
				4	5	6
109	泥浆搅拌机	台班	1624	2.13	2.61	1.04
110	ϕ150mm 电动多级水泵(≤180m)	台班	1665	—	—	7.28
111	32kV·A以内交流电弧焊机	台班	1726	19.33	21.17	41.58
112	100kV·A以内交流对焊机	台班	1746	0.76	0.76	0.76
113	44kW以内内燃拖轮	艘班	1851	0.61	0.62	0.96
114	88kW以内内燃拖轮	艘班	1852	1.31	1.60	1.36
115	221kW以内内燃拖轮	艘班	1855	0.45	0.46	0.71
116	294kW以内内燃拖轮	艘班	1856	0.03	0.04	0.06

续上表

单位:100m² 桥面

顺序号	项目	单位	代号	标准跨径(m) 30以内 基础 水深(m) 5以内 墩高(m)		
				20以内	40以内	60以内
				4	5	6
117	100t以内工程驳船	艘班	1874	3.76	4.22	15.56
118	200t以内工程驳船	艘班	1876	12.91	15.37	7.22
119	100m³/h以内混凝土搅拌船	艘班	1913	0.99	1.22	2.05
120	123kW以内机动艇	艘班	1919	0.10	0.12	0.20
121	潜水设备	台班	1945	0.92	0.93	1.46
122	小型机具使用费	元	1998	1052.7	1139.0	2614.4
123	基价	元	1999	304622	332186	502042

续上表

单位:100m² 桥面

顺序号	项目	单位	代号	标准跨径(m) 30以内 基础 水深(m) 10以内 墩高(m) 40以内	标准跨径(m) 30以内 基础 水深(m) 10以内 墩高(m) 60以内
				7	8
1	人工	工日	1	1246.1	1922.9
2	原木	m^3	101	0.414	0.639
3	锯材	m^3	102	1.985	2.593
4	枕木	m^3	103	0.349	0.349
5	光圆钢筋	t	111	4.621	4.322
6	带肋钢筋	t	112	19.998	45.454
7	钢绞线	t	125	1.332	1.332
8	波纹管钢带	t	151	0.138	0.138
9	型钢	t	182	0.439	0.811

续上表

单位:100m² 桥面

顺序号	项目	单位	代号	标准跨径(m) 30以内 基础 水深(m) 10以内 墩高(m) 40以内	标准跨径(m) 30以内 基础 水深(m) 10以内 墩高(m) 60以内
				7	8
10	钢板	t	183	0.313	0.529
11	圆钢	t	184	0.008	0.012
12	钢管	t	191	0.914	0.420
13	钢钎	kg	211	—	—
14	钢丝绳	t	221	0.027	0.020
15	电焊条	kg	231	151.1	275.0
16	钢管桩	t	262	0.412	0.605
17	钢护筒	t	263	0.724	0.745
18	钢套箱	t	264	4.604	6.847

续上表 单位:100m² 桥面

顺序号	项目	单位	代号	标准跨径(m) 30以内 基础 水深(m) 10以内 墩高(m) 40以内	60以内
				7	8
19	钢模板	t	271	0.027	0.027
20	组合钢模板	t	272	0.295	0.679
21	门式钢支架	t	273	0.037	0.028
22	四氟板式橡胶组合支座	dm^3	401	1.9	1.9
23	板式橡胶支座	dm^3	402	12.7	12.7
24	模数式伸缩缝	t	541	0.147	0.147
25	铸铁	kg	561	63.3	63.3
26	钢绞线群锚(3孔)	套	572	32.95	32.95
27	铁件	kg	651	196.5	370.5

续上表 单位:100m² 桥面

顺序号	项目	单位	代号	标准跨径(m) 30以内 基础 水深(m) 10以内 墩高(m) 40以内	60以内
				7	8
28	铁钉	kg	653	2.2	1.7
29	8~12号铁丝	kg	655	2.7	2.0
30	20~22号铁丝	kg	656	81.5	165.4
31	铁皮	m^2	666	1.1	0.6
32	铸铁管	kg	682	38.5	38.5
33	油漆	kg	732	0.8	0.8
34	桥面防水涂料	kg	735	229.2	229.2
35	玻璃纤维布	m^2	771	258.5	258.5
36	32.5级水泥	t	832	90.424	123.867

续上表 单位:100m² 桥面

顺序号	项目	单位	代号	标准跨径(m)	
				30 以内	
				基础	
				水深(m)	
				10 以内	
				墩高(m)	
				40 以内	60 以内
				7	8
37	42.5 级水泥	t	833	22.518	22.518
38	硝铵炸药	kg	841	—	—
39	导火线	m	842	—	—
40	普通雷管	个	845	—	—
41	石油沥青	t	851	0.005	0.005
42	改性沥青	t	852	1.323	1.323
43	乳化沥青	t	853	0.130	0.130
44	纤维稳定剂	t	856	0.067	0.067
45	煤	t	864	—	—

续上表 单位:100m² 桥面

顺序号	项目	单位	代号	标准跨径(m)	
				30 以内	
				基础	
				水深(m)	
				10 以内	
				墩高(m)	
				40 以内	60 以内
				7	8
46	水	m³	866	593	649
47	青(红)砖	千块	877	2.13	2.09
48	砂	m³	897	1.09	1.09
49	中(粗)砂	m³	899	140.06	187.50
50	砂砾	m³	902	62.60	62.60
51	黏土	m³	911	54.86	24.36
52	片石	m³	931	16.89	7.32
53	矿粉	t	949	2.262	2.262
54	碎石(2cm)	m³	951	26.85	26.85

续上表 单位:100m² 桥面

顺序号	项目	单位	代号	标准跨径(m)	
				30以内	
				基础	
				水深(m)	
				10以内	
				墩高(m)	
				40以内	60以内
				7	8
55	碎石(4cm)	m^3	952	151.38	221.13
56	碎石(6cm)	m^3	953	0.64	0.64
57	碎石(8cm)	m^3	954	2.41	1.85
58	石屑	m^3	961	1.81	1.81
59	路面用碎石(1.5cm)	m^3	965	10.19	10.19
60	块石	m^3	981	3.51	3.51
61	其他材料费	元	996	1302.4	1962.3
62	设备摊销费	元	997	13973.3	17629.5
63	75kW以内履带式推土机	台班	1003	0.32	0.32

续上表 单位:100m² 桥面

顺序号	项目	单位	代号	标准跨径(m)	
				30以内	
				基础	
				水深(m)	
				10以内	
				墩高(m)	
				40以内	60以内
				7	8
64	105kW以内履带式推土机	台班	1005	0.05	0.05
65	0.6m³以内履带式单斗挖掘机	台班	1027	0.07	0.07
66	1.0m³以内履带式单斗挖掘机	台班	1035	0.08	0.05
67	1.0m³以内轮胎式装载机	台班	1048	0.26	0.26
68	2.0m³以内轮胎式装载机	台班	1050	0.07	0.07
69	120kW以内自行式平地机	台班	1057	0.05	0.05
70	6~8t光轮压路机	台班	1075	0.14	0.14
71	8~10t光轮压路机	台班	1076	0.24	0.24
72	12~15t光轮压路机	台班	1078	0.24	0.24

续上表　　　　单位:100m² 桥面

顺序号	项　　目	单位	代号	标准跨径(m)	
				30 以内	
				基　础	
				水　深(m)	
				10 以内	
				墩　高(m)	
				40 以内	60 以内
				7	8
73	235kW 以内稳定土拌和机	台班	1155	0.01	0.01
74	4000L 以内沥青洒布车	台班	1193	0.02	0.02
75	160t/h 以内沥青混合料拌和设备	台班	1205	0.03	0.03
76	9.0m 以内沥青混合料摊铺机	台班	1213	0.03	0.03
77	15t 以内振动压路机	台班	1220	0.05	0.05
78	滑模式水泥混凝土摊铺机	台班	1234	0.02	0.02
79	混凝土真空吸水机组	台班	1239	0.24	0.24
80	混凝土电动刻纹机	台班	1243	0.61	0.61
81	混凝土电动切缝机	台班	1245	0.23	0.23

续上表　　　　单位:100m² 桥面

顺序号	项　　目	单位	代号	标准跨径(m)	
				30 以内	
				基　础	
				水　深(m)	
				10 以内	
				墩　高(m)	
				40 以内	60 以内
				7	8
82	250L 以内混凝土搅拌机	台班	1272	0.64	0.64
83	60m³/h 以内混凝土输送泵	台班	1316	1.04	3.05
84	40m³/h 以内混凝土搅拌站	台班	1325	0.31	0.31
85	钢绞线拉伸设备	台班	1349	5.70	5.70
86	波纹管卷制机	台班	1352	0.74	0.74
87	8t 以内载货汽车	台班	1375	0.95	1.31
88	15t 以内载货汽车	台班	1378	—	—
89	5t 以内自卸汽车	台班	1383	0.03	0.03
90	10t 以内自卸汽车	台班	1386	0.14	0.14

续上表　　单位:100m² 桥面

顺序号	项目	单位	代号	标准跨径(m) 30以内 基础 水深(m) 10以内 墩高(m) 40以内	标准跨径(m) 30以内 基础 水深(m) 10以内 墩高(m) 60以内
				7	8
91	20t以内平板拖车组	台班	1393	0.04	0.42
92	4000L以内洒水汽车	台班	1404	0.10	0.10
93	6000L以内洒水汽车	台班	1405	0.08	0.08
94	1t以内机动翻斗车	台班	1408	0.35	0.35
95	15t以内履带式起重机	台班	1432	0.62	0.45
96	5t以内汽车式起重机	台班	1449	—	—
97	12t以内汽车式起重机	台班	1451	10.49	10.66
98	20t以内汽车式起重机	台班	1453	1.17	1.20
99	40t以内汽车式起重机	台班	1456	—	0.38

续上表　　单位:100m² 桥面

顺序号	项目	单位	代号	标准跨径(m) 30以内 基础 水深(m) 10以内 墩高(m) 40以内	标准跨径(m) 30以内 基础 水深(m) 10以内 墩高(m) 60以内
				7	8
100	75t以内汽车式起重机	台班	1458	0.08	0.08
101	12t以内80m高塔式起重机	台班	1471	—	8.40
102	30kN以内单筒慢动卷扬机	台班	1499	8.47	8.02
103	50kN以内单筒慢动卷扬机	台班	1500	19.07	31.55
104	30kN以内单筒快动卷扬机	台班	1509	12.82	19.06
105	300kN以内振动打拔桩锤	台班	1581	0.19	0.19
106	600kN以内振动打拔桩锤	台班	1583	0.10	0.14
107	ϕ1500mm以内回旋钻机	台班	1600	2.27	13.16
108	ϕ2500mm以内回旋钻机	台班	1602	11.91	3.98

续上表

单位:100m² 桥面

顺序号	项目	单位	代号	标准跨径(m)	
				30以内	
				基础	
				水深(m)	
				10以内	
				墩高(m)	
				40以内	60以内
				7	8
109	泥浆搅拌机	台班	1624	3.52	1.34
110	φ150mm 电动多级水泵(≤180m)	台班	1665	—	9.32
111	32kV·A 以内交流电弧焊机	台班	1726	25.08	50.44
112	100kV·A 以内交流对焊机	台班	1746	0.76	0.76
113	44kW 以内内燃拖轮	艘班	1851	0.83	1.23
114	88kW 以内内燃拖轮	艘班	1852	2.16	1.74
115	221kW 以内内燃拖轮	艘班	1855	0.62	0.91
116	294kW 以内内燃拖轮	艘班	1856	0.05	0.08

续上表

单位:100m² 桥面

顺序号	项目	单位	代号	标准跨径(m)	
				30以内	
				基础	
				水深(m)	
				10以内	
				墩高(m)	
				40以内	60以内
				7	8
117	100t 以内工程驳船	艘班	1874	5.69	19.93
118	200t 以内工程驳船	艘班	1876	20.75	9.25
119	100m³/h 以内混凝土搅拌船	艘班	1913	1.64	2.62
120	123kW 以内机动艇	艘班	1919	0.16	0.25
121	潜水设备	台班	1945	1.26	1.87
122	小型机具使用费	元	1998	1337.0	3186.7
123	基价	元	1999	400243	604206

续上表 单位:100m² 桥面

顺序号	项目	单位	代号	标准跨径(m) 30以上 基础 干处 墩高(m) 40以内	60以内	80以内	100以内
				9	10	11	12
1	人工	工日	1	906.2	1442.1	1671.6	1878.1
2	原木	m^3	101	0.247	0.408	0.500	0.582
3	锯材	m^3	102	1.363	1.734	2.035	2.305
4	枕木	m^3	103	0.411	0.411	0.411	0.411
5	光圆钢筋	t	111	5.252	5.013	5.097	5.173
6	带肋钢筋	t	112	19.596	44.242	53.192	61.247
7	钢绞线	t	125	1.572	1.572	1.572	1.572
8	波纹管钢带	t	151	0.163	0.163	0.163	0.163
9	型钢	t	182	0.322	0.613	0.711	0.799
10	钢板	t	183	0.136	0.248	0.276	0.301

续上表 单位:100m² 桥面

顺序号	项目	单位	代号	标准跨径(m) 30以上 基础 干处 墩高(m) 40以内	60以内	80以内	100以内
				9	10	11	12
11	圆钢	t	184	—	—	—	—
12	钢管	t	191	0.781	0.355	0.429	0.497
13	钢钎	kg	211	—	0.4	0.5	0.6
14	钢丝绳	t	221	0.023	0.018	0.018	0.019
15	钢纤维	t	225	—	—	—	—
16	电焊条	kg	231	139.8	253.8	297.2	336.4
17	钢管桩	t	262	—	—	—	—
18	钢护筒	t	263	0.063	0.070	0.087	0.103
19	钢套箱	t	264	—	—	—	—
20	钢模板	t	271	0.032	0.032	0.032	0.032
21	组合钢模板	t	272	0.309	0.677	0.797	0.906

续上表 单位:100m² 桥面

顺序号	项目	单位	代号	标准跨径(m)			
				30 以上			
				基础			
				干处			
				墩高(m)			
				40 以内	60 以内	80 以内	100 以内
				9	10	11	12
22	门式钢支架	t	273	0.041	0.033	0.033	0.033
23	四氟板式橡胶组合支座	dm^3	401	2.2	2.2	2.2	2.2
24	板式橡胶支座	dm^3	402	15.0	15.0	15.0	15.0
25	模数式伸缩缝	t	541	0.173	0.173	0.173	0.173
26	铸铁	kg	561	74.8	74.8	74.8	74.8
27	钢绞线群锚(3 孔)	套	572	38.88	38.88	38.88	38.88
28	铁件	kg	651	187.4	351.6	415.0	472.0
29	铁钉	kg	653	1.3	0.5	0.5	0.6
30	8~12 号铁丝	kg	655	2.8	2.2	2.3	2.4
31	20~22 号铁丝	kg	656	84.9	165.9	194.1	219.6
32	铁皮	m^2	666	—	—	—	—

续上表 单位:100m² 桥面

顺序号	项目	单位	代号	标准跨径(m)			
				30 以上			
				基础			
				干处			
				墩高(m)			
				40 以内	60 以内	80 以内	100 以内
				9	10	11	12
33	铸铁管	kg	682	45.5	45.5	45.5	45.5
34	油漆	kg	732	0.9	0.9	0.9	0.9
35	桥面防水涂料	kg	735	270.4	270.4	270.4	270.4
36	玻璃纤维布	m^2	771	305.0	305.0	305.0	305.0
37	32.5 级水泥	t	832	83.411	119.581	145.180	168.219
38	42.5 级水泥	t	833	26.571	26.571	26.571	26.571
39	硝铵炸药	kg	841	0.5	2.6	3.2	3.8
40	导火线	m	842	1	6	8	9
41	普通雷管	个	845	—	5	6	7
42	石油沥青	t	851	0.006	0.006	0.006	0.006
43	改性沥青	t	852	1.561	1.561	1.561	1.561

续上表　　　　　　　　　　　　　　　　　　　　　　　　　　单位:100m² 桥面

顺序号	项　目	单位	代号	标 准 跨 径(m)			
				30 以 上			
				基　础			
				干　处			
				墩　高(m)			
				40 以内	60 以内	80 以内	100 以内
				9	10	11	12
44	乳化沥青	t	853	0.153	0.153	0.153	0.153
45	纤维稳定剂	t	856	0.079	0.079	0.079	0.079
46	煤	t	864	0.002	0.004	0.005	0.006
47	水	m^3	866	562	643	761	867
48	青(红)砖	千块	877	2.43	2.43	2.43	2.43
49	砂	m^3	897	1.29	1.29	1.29	1.29
50	中(粗)砂	m^3	899	135.47	186.12	219.91	250.33
51	砂砾	m^3	902	73.87	73.87	73.87	73.87
52	黏土	m^3	911	52.00	27.31	34.14	40.28
53	片石	m^3	931	17.00	8.64	8.64	8.64
54	矿粉	t	949	2.669	2.669	2.669	2.669

续上表　　　　　　　　　　　　　　　　　　　　　　　　　　单位:100m² 桥面

顺序号	项　目	单位	代号	标 准 跨 径(m)			
				30 以 上			
				基　础			
				干　处			
				墩　高(m)			
				40 以内	60 以内	80 以内	100 以内
				9	10	11	12
55	碎石(2cm)	m^3	951	31.69	31.69	31.69	31.69
56	碎石(4cm)	m^3	952	139.43	212.94	259.13	300.70
57	碎石(6cm)	m^3	953	0.75	0.75	0.75	0.75
58	碎石(8cm)	m^3	954	2.67	2.18	2.18	2.18
59	石屑	m^3	961	2.14	2.14	2.14	2.14
60	路面用碎石(1.5cm)	m^3	965	12.02	12.02	12.02	12.02
61	块石	m^3	981	4.14	4.14	4.14	4.14
62	其他材料费	元	996	773.5	1194.9	1410.2	1604.0
63	设备摊销费	元	997	7347.8	7520.4	7874.3	8192.8
64	75kW 以内履带式推土机	台班	1003	0.97	1.39	1.64	1.87

续上表 单位:100m² 桥面

顺序号	项目	单位	代号	标准跨径(m) 30以上 基础 干处 墩高(m) 40以内	60以内	80以内	100以内
				9	10	11	12
65	105kW以内履带式推土机	台班	1005	0.06	0.06	0.06	0.06
66	0.6m³以内履带式单斗挖掘机	台班	1027	0.08	0.08	0.08	0.08
67	1.0m³以内履带式单斗挖掘机	台班	1035	0.07	0.05	0.06	0.07
68	1.0m³以内轮胎式装载机	台班	1048	0.90	1.32	1.58	1.81
69	2.0m³以内轮胎式装载机	台班	1050	0.08	0.08	0.08	0.08
70	120kW以内自行式平地机	台班	1057	0.06	0.06	0.06	0.06
71	6~8t光轮压路机	台班	1075	0.17	0.17	0.17	0.17
72	8~10t光轮压路机	台班	1076	0.29	0.29	0.29	0.29
73	12~15t光轮压路机	台班	1078	0.28	0.28	0.28	0.28
74	235kW以内稳定土拌和机	台班	1155	0.01	0.01	0.01	0.01

续上表 单位:100m² 桥面

顺序号	项目	单位	代号	标准跨径(m) 30以上 基础 干处 墩高(m) 40以内	60以内	80以内	100以内
				9	10	11	12
75	4000L以内沥青洒布车	台班	1193	0.03	0.03	0.03	0.03
76	160t/h以内沥青混合料拌和设备	台班	1205	0.03	0.03	0.03	0.03
77	9.0m以内沥青混合料摊铺机	台班	1213	0.04	0.04	0.04	0.04
78	15t以内振动压路机	台班	1220	0.05	0.05	0.05	0.05
79	滑模式水泥混凝土摊铺机	台班	1234	0.02	0.02	0.02	0.02
80	混凝土真空吸水机组	台班	1239	0.28	0.28	0.28	0.28
81	混凝土电动刻纹机	台班	1243	0.72	0.72	0.72	0.72
82	混凝土电动切缝机	台班	1245	0.27	0.27	0.27	0.27
83	250L以内混凝土搅拌机	台班	1272	0.75	0.75	0.75	0.75
84	60m³/h以内混凝土输送泵	台班	1316	1.04	2.96	3.58	4.14

续上表　　单位:100m² 桥面

顺序号	项　目	单位	代号	标准跨径(m)			
				30 以 上			
				基　础			
				干　处			
				墩　高(m)			
				40 以内	60 以内	80 以内	100 以内
				9	10	11	12
85	$40m^3/h$ 以内混凝土搅拌站	台班	1325	1.05	1.54	1.84	2.10
86	钢绞线拉伸设备	台班	1349	6.72	6.72	6.72	6.72
87	波纹管卷制机	台班	1352	0.88	0.88	0.88	0.88
88	8t 以内载货汽车	台班	1375	0.23	0.23	0.23	0.23
89	15t 以内载货汽车	台班	1378	0.17	0.12	0.16	0.18
90	5t 以内自卸汽车	台班	1383	0.03	0.03	0.03	0.03
91	10t 以内自卸汽车	台班	1386	0.17	0.17	0.17	0.17
92	20t 以内平板拖车组	台班	1393	0.05	0.41	0.50	0.58
93	4000L 以内洒水汽车	台班	1404	0.12	0.12	0.12	0.12
94	6000L 以内洒水汽车	台班	1405	0.10	0.10	0.10	0.10

续上表　　单位:100m² 桥面

顺序号	项　目	单位	代号	标准跨径(m)			
				30 以 上			
				基　础			
				干　处			
				墩　高(m)			
				40 以内	60 以内	80 以内	100 以内
				9	10	11	12
95	1t 以内机动翻斗车	台班	1408	0.41	0.41	0.41	0.41
96	15t 以内履带式起重机	台班	1432	0.14	0.12	0.16	0.18
97	5t 以内汽车式起重机	台班	1449	0.10	0.11	0.14	0.16
98	12t 以内汽车式起重机	台班	1451	5.44	4.06	5.03	5.90
99	20t 以内汽车式起重机	台班	1453	1.12	1.20	1.41	1.59
100	40t 以内汽车式起重机	台班	1456	—	0.36	0.45	0.53
101	75t 以内汽车式起重机	台班	1458	0.09	0.09	0.09	0.09
102	12t 以内 80m 高塔式起重机	台班	1471	—	7.87	9.84	11.61
103	30kN 以内单筒慢动卷扬机	台班	1499	9.86	9.46	9.46	9.46
104	50kN 以内单筒慢动卷扬机	台班	1500	16.81	26.93	30.09	32.93

续上表 单位:100m² 桥面

顺序号	项目	单位	代号	标准跨径(m)			
				30以上			
				基础			
				干处			
				墩高(m)			
				40以内	60以内	80以内	100以内
				9	10	11	12
105	30kN以内单筒快动卷扬机	台班	1509	—	—	—	—
106	300kN以内振动打拔桩锤	台班	1581	—	—	—	—
107	600kN以内振动打拔桩锤	台班	1583	—	—	—	—
108	φ1500mm以内回旋钻机	台班	1600	1.93	12.23	15.29	18.04
109	φ2500mm以内回旋钻机	台班	1602	10.31	3.71	4.63	5.47
110	泥浆搅拌机	台班	1624	3.08	1.25	1.57	1.85
111	φ150mm电动多级水泵(≤180m)	台班	1665	—	8.73	10.92	12.88
112	32kV·A以内交流电弧焊机	台班	1726	23.47	47.32	56.20	64.19
113	100kV·A以内交流对焊机	台班	1746	0.89	0.89	0.89	0.89
114	44kW以内内燃拖轮	艘班	1851	—	—	—	—

续上表 单位:100m² 桥面

顺序号	项目	单位	代号	标准跨径(m)			
				30以上			
				基础			
				干处			
				墩高(m)			
				40以内	60以内	80以内	100以内
				9	10	11	12
115	88kW以内内燃拖轮	艘班	1852	—	—	—	—
116	221kW以内内燃拖轮	艘班	1855	—	—	—	—
117	294kW以内内燃拖轮	艘班	1856	—	—	—	—
118	100t以内工程驳船	艘班	1874	—	—	—	—
119	200t以内工程驳船	艘班	1876	—	—	—	—
120	100m³/h以内混凝土搅拌船	艘班	1913	—	—	—	—
121	123kW以内机动艇	艘班	1919	—	—	—	—
122	潜水设备	台班	1945	—	—	—	—
123	小型机具使用费	元	1998	1223.0	2935.2	3499.8	4008.0
124	基价	元	1999	297498	457543	531449	597948

续上表　　单位:100m² 桥面

顺序号	项目	单位	代号	标准跨径(m)			
				30 以 上			
				基础			
				水深(m)			
				5 以 内			
				墩高(m)			
				40 以内	60 以内	80 以内	100 以内
				13	14	15	16
1	人工	工日	1	1219.8	1898.4	2177.6	2423.4
2	原木	m^3	101	0.369	0.601	0.715	0.814
3	锯材	m^3	102	1.936	2.612	3.019	3.369
4	枕木	m^3	103	0.411	0.411	0.411	0.411
5	光圆钢筋	t	111	5.252	5.013	5.097	5.173
6	带肋钢筋	t	112	19.668	44.335	53.297	61.362
7	钢绞线	t	125	1.572	1.572	1.572	1.572
8	波纹管钢带	t	151	0.163	0.163	0.163	0.163
9	型钢	t	182	0.454	0.818	0.941	1.048

续上表　　单位:100m² 桥面

顺序号	项目	单位	代号	标准跨径(m)			
				30 以 上			
				基础			
				水深(m)			
				5 以 内			
				墩高(m)			
				40 以内	60 以内	80 以内	100 以内
				13	14	15	16
10	钢板	t	183	0.306	0.516	0.575	0.625
11	圆钢	t	184	0.007	0.011	0.012	0.013
12	钢管	t	191	0.812	0.404	0.484	0.556
13	钢钎	kg	211	—	—	—	—
14	钢丝绳	t	221	0.028	0.022	0.024	0.025
15	钢纤维	t	225	—	—	—	—
16	电焊条	kg	231	152.4	273.4	319.2	360.1
17	钢管桩	t	262	0.345	0.542	0.607	0.655
18	钢护筒	t	263	0.632	0.698	0.873	1.030

续上表　　单位:100m² 桥面

顺序号	项　目	单位	代号	标准跨径(m) 30以上 基础 水深(m) 5以内 墩高(m) 40以内	60以内	80以内	100以内
				13	14	15	16
19	钢套箱	t	264	3.956	6.229	6.957	7.513
20	钢模板	t	271	0.032	0.032	0.032	0.032
21	组合钢模板	t	272	0.309	0.677	0.797	0.906
22	门式钢支架	t	273	0.041	0.033	0.033	0.033
23	四氟板式橡胶组合支座	dm^3	401	2.2	2.2	2.2	2.2
24	板式橡胶支座	dm^3	402	15.0	15.0	15.0	15.0
25	模数式伸缩缝	t	541	0.173	0.173	0.173	0.173
26	铸铁	kg	561	74.8	74.8	74.8	74.8
27	钢绞线群锚(3孔)	套	572	38.88	38.88	38.88	38.88

续上表　　单位:100m² 桥面

顺序号	项　目	单位	代号	标准跨径(m) 30以上 基础 水深(m) 5以内 墩高(m) 40以内	60以内	80以内	100以内
				13	14	15	16
28	铁件	kg	651	197.5	367.6	432.8	491.3
29	铁钉	kg	653	2.1	1.8	2.0	2.2
30	8~12号铁丝	kg	655	2.8	2.2	2.3	2.4
31	20~22号铁丝	kg	656	84.9	165.9	194.1	219.6
32	铁皮	m^2	666	1.0	0.5	0.7	0.8
33	铸铁管	kg	682	45.5	45.5	45.5	45.5
34	油漆	kg	732	0.9	0.9	0.9	0.9
35	桥面防水涂料	kg	735	270.4	270.4	270.4	270.4
36	玻璃纤维布	m^2	771	305.0	305.0	305.0	305.0

续上表 单位:100m² 桥面

顺序号	项目	单位	代号	标准跨径(m) 30以上 基础 水深(m) 5以内 墩高(m) 40以内	60以内	80以内	100以内
				13	14	15	16
37	32.5级水泥	t	832	83.493	119.626	145.235	168.284
38	42.5级水泥	t	833	26.571	26.571	26.571	26.571
39	硝铵炸药	kg	841	—	—	—	—
40	导火线	m	842	—	—	—	—
41	普通雷管	个	845	—	—	—	—
42	石油沥青	t	851	0.006	0.006	0.006	0.006
43	改性沥青	t	852	1.561	1.561	1.561	1.561
44	乳化沥青	t	853	0.153	0.153	0.153	0.153
45	纤维稳定剂	t	856	0.079	0.079	0.079	0.079

续上表 单位:100m² 桥面

顺序号	项目	单位	代号	标准跨径(m) 30以上 基础 水深(m) 5以内 墩高(m) 40以内	60以内	80以内	100以内
				13	14	15	16
46	煤	t	864	0.001	0.001	0.001	0.001
47	水	m³	866	562	643	761	867
48	青(红)砖	千块	877	2.49	2.46	2.47	2.48
49	砂	m³	897	1.29	1.29	1.29	1.29
50	中(粗)砂	m³	899	135.63	186.21	220.02	250.46
51	砂砾	m³	902	73.87	73.87	73.87	73.87
52	黏土	m³	911	47.95	22.83	28.54	33.68
53	片石	m³	931	17.00	8.64	8.64	8.64
54	矿粉	t	949	2.669	2.669	2.669	2.669

续上表 单位:100m² 桥面

顺序号	项　目	单位	代号	标准跨径(m)			
				30 以 上			
				基　础			
				水　深(m)			
				5 以 内			
				墩　高(m)			
				40 以内	60 以内	80 以内	100 以内
				13	14	15	16
55	碎石(2cm)	m^3	951	31.69	31.69	31.69	31.69
56	碎石(4cm)	m^3	952	139.62	213.05	259.26	300.85
57	碎石(6cm)	m^3	953	0.75	0.75	0.75	0.75
58	碎石(8cm)	m^3	954	2.67	2.18	2.18	2.18
59	石屑	m^3	961	2.14	2.14	2.14	2.14
60	路面用碎石(1.5cm)	m^3	965	12.02	12.02	12.02	12.02
61	块石	m^3	981	4.14	4.14	4.14	4.14
62	其他材料费	元	996	1213.2	1883.2	2180.0	2435.6
63	设备摊销费	元	997	13658.9	17453.3	18972.5	20177.6

续上表 单位:100m² 桥面

顺序号	项　目	单位	代号	标准跨径(m)			
				30 以 上			
				基　础			
				水　深(m)			
				5 以 内			
				墩　高(m)			
				40 以内	60 以内	80 以内	100 以内
				13	14	15	16
64	75kW 以内履带式推土机	台班	1003	0.37	0.37	0.37	0.37
65	105kW 以内履带式推土机	台班	1005	0.06	0.06	0.06	0.06
66	0.6m³ 以内履带式单斗挖掘机	台班	1027	0.08	0.08	0.08	0.08
67	1.0m³ 以内履带式单斗挖掘机	台班	1035	0.07	0.05	0.06	0.07
68	1.0m³ 以内轮胎式装载机	台班	1048	0.31	0.31	0.31	0.31
69	2.0m³ 以内轮胎式装载机	台班	1050	0.08	0.08	0.08	0.08
70	120kW 以内自行式平地机	台班	1057	0.06	0.06	0.06	0.06
71	6～8t 光轮压路机	台班	1075	0.17	0.17	0.17	0.17
72	8～10t 光轮压路机	台班	1076	0.29	0.29	0.29	0.29

续上表 单位:100m² 桥面

顺序号	项目	单位	代号	标准跨径(m)			
				30 以 上			
				基 础			
				水 深(m)			
				5 以 内			
				墩 高(m)			
				40 以内	60 以内	80 以内	100 以内
				13	14	15	16
73	12~15t 光轮压路机	台班	1078	0.28	0.28	0.28	0.28
74	235kW 以内稳定土拌和机	台班	1155	0.01	0.01	0.01	0.01
75	4000L 以内沥青洒布车	台班	1193	0.03	0.03	0.03	0.03
76	160t/h 以内沥青混合料拌和设备	台班	1205	0.03	0.03	0.03	0.03
77	9.0m 以内沥青混合料摊铺机	台班	1213	0.04	0.04	0.04	0.04
78	15t 以内振动压路机	台班	1220	0.05	0.05	0.05	0.05
79	滑模式水泥混凝土摊铺机	台班	1234	0.02	0.02	0.02	0.02
80	混凝土真空吸水机组	台班	1239	0.28	0.28	0.28	0.28
81	混凝土电动刻纹机	台班	1243	0.72	0.72	0.72	0.72

续上表 单位:100m² 桥面

顺序号	项目	单位	代号	标准跨径(m)			
				30 以 上			
				基 础			
				水 深(m)			
				5 以 内			
				墩 高(m)			
				40 以内	60 以内	80 以内	100 以内
				13	14	15	16
82	混凝土电动切缝机	台班	1245	0.27	0.27	0.27	0.27
83	250L 以内混凝土搅拌机	台班	1272	0.75	0.75	0.75	0.75
84	60m³/h 以内混凝土输送泵	台班	1316	1.04	2.96	3.58	4.14
85	40m³/h 以内混凝土搅拌站	台班	1325	0.36	0.36	0.36	0.36
86	钢绞线拉伸设备	台班	1349	6.72	6.72	6.72	6.72
87	波纹管卷制机	台班	1352	0.88	0.88	0.88	0.88
88	8t 以内载货汽车	台班	1375	0.87	1.23	1.35	1.44
89	15t 以内载货汽车	台班	1378	—	—	—	—
90	5t 以内自卸汽车	台班	1383	0.03	0.03	0.03	0.03

续上表　　　　　　　　　　　　　　　　　　　　　　　　　　　　单位:100m² 桥面

顺序号	项　目	单位	代号	标 准 跨 径(m)			
				30 以 上			
				基　础			
				水　深(m)			
				5 以 内			
				墩　高(m)			
				40 以内	60 以内	80 以内	100 以内
				13	14	15	16
91	10t 以内自卸汽车	台班	1386	0.17	0.17	0.17	0.17
92	20t 以内平板拖车组	台班	1393	0.05	0.41	0.50	0.58
93	4000L 以内洒水汽车	台班	1404	0.12	0.12	0.12	0.12
94	6000L 以内洒水汽车	台班	1405	0.10	0.10	0.10	0.10
95	1t 以内机动翻斗车	台班	1408	0.41	0.41	0.41	0.41
96	15t 以内履带式起重机	台班	1432	0.54	0.43	0.53	0.63
97	5t 以内汽车式起重机	台班	1449	—	—	—	—
98	12t 以内汽车式起重机	台班	1451	9.11	9.82	11.48	12.87
99	20t 以内汽车式起重机	台班	1453	1.12	1.20	1.41	1.59

续上表　　　　　　　　　　　　　　　　　　　　　　　　　　　　单位:100m² 桥面

顺序号	项　目	单位	代号	标 准 跨 径(m)			
				30 以 上			
				基　础			
				水　深(m)			
				5 以 内			
				墩　高(m)			
				40 以内	60 以内	80 以内	100 以内
				13	14	15	16
100	40t 以内汽车式起重机	台班	1456	—	0.36	0.45	0.53
101	75t 以内汽车式起重机	台班	1458	0.09	0.09	0.09	0.09
102	12t 以内 80m 高塔式起重机	台班	1471	—	7.87	9.84	11.61
103	30kN 以内单筒慢动卷扬机	台班	1499	9.86	9.46	9.46	9.46
104	50kN 以内单筒慢动卷扬机	台班	1500	20.31	32.35	36.17	39.52
105	30kN 以内单筒快动卷扬机	台班	1509	11.01	17.34	19.37	20.92
106	300kN 以内振动打拔桩锤	台班	1581	0.16	0.18	0.23	0.27
107	600kN 以内振动打拔桩锤	台班	1583	0.08	0.13	0.14	0.16
108	ϕ1500mm 以内回旋钻机	台班	1600	1.98	12.33	15.41	18.19

续上表　　　　单位:100m² 桥面

顺序号	项　目	单位	代号	标准跨径(m) 30以上 基础 水深(m) 5以内 墩高(m)			
				40以内	60以内	80以内	100以内
				13	14	15	16
109	φ2500mm以内回旋钻机	台班	1602	10.41	4.38	4.66	5.50
110	泥浆搅拌机	台班	1624	3.08	1.25	1.57	1.85
111	φ150mm电动多级水泵(≤180m)	台班	1665	—	8.73	10.92	12.88
112	32kV·A以内交流电弧焊机	台班	1726	24.93	49.61	58.76	66.96
113	100kV·A以内交流对焊机	台班	1746	0.89	0.89	0.89	0.89
114	44kW以内内燃拖轮	艘班	1851	0.71	1.12	1.25	1.35
115	88kW以内内燃拖轮	艘班	1852	1.89	1.63	2.03	2.40
116	221kW以内内燃拖轮	艘班	1855	0.52	0.82	0.91	0.99

续上表　　　　单位:100m² 桥面

顺序号	项　目	单位	代号	标准跨径(m) 30以上 基础 水深(m) 5以内 墩高(m)			
				40以内	60以内	80以内	100以内
				13	14	15	16
117	294kW以内内燃拖轮	艘班	1856	0.04	0.07	0.09	0.10
118	100t以内工程驳船	艘班	1874	4.94	18.58	22.77	26.49
119	200t以内工程驳船	艘班	1876	18.02	9.27	10.08	11.44
120	100m³/h以内混凝土搅拌船	艘班	1913	1.43	2.45	3.07	3.62
121	123kW以内机动艇	艘班	1919	0.14	0.24	0.29	0.35
122	潜水设备	台班	1945	1.08	1.70	1.90	2.05
123	小型机具使用费	元	1998	1341.0	3119.4	3705.8	4230.5
124	基价	元	1999	390640	598367	693813	779604

续上表 单位:100m² 桥面

顺序号	项目	单位	代号	标准跨径(m) 30以上 基础 水深(m) 10以内 墩高(m)			
				40以内	60以内	80以内	100以内
				17	18	19	20
1	人工	工日	1	1436.3	2281.9	2556.7	2909.7
2	原木	m^3	101	0.436	0.756	0.867	1.011
3	锯材	m^3	102	2.054	3.192	3.536	4.095
4	枕木	m^3	103	0.411	0.411	0.411	0.411
5	光圆钢筋	t	111	5.460	5.107	5.230	5.300
6	带肋钢筋	t	112	23.636	54.349	67.428	74.909
7	钢绞线	t	125	1.572	1.572	1.572	1.572
8	波纹管钢带	t	151	0.163	0.163	0.163	0.163
9	型钢	t	182	0.480	0.985	1.106	1.259

续上表 单位:100m² 桥面

顺序号	项目	单位	代号	标准跨径(m) 30以上 基础 水深(m) 10以内 墩高(m)			
				40以内	60以内	80以内	100以内
				17	18	19	20
10	钢板	t	183	0.364	0.622	0.632	0.750
11	圆钢	t	184	0.009	0.014	0.013	0.017
12	钢管	t	191	1.077	0.501	0.605	0.684
13	钢钎	kg	211	—	—	—	—
14	钢丝绳	t	221	0.033	0.024	0.025	0.027
15	钢纤维	t	225	0.002	—	—	—
16	电焊条	kg	231	173.8	327.4	388.8	431.9
17	钢管桩	t	262	0.233	0.693	0.631	0.823
18	钢护筒	t	263	0.854	0.893	1.149	1.294

续上表

单位:100m² 桥面

顺序号	项目	单位	代号	标准跨径(m)			
				30 以上			
				基础			
				水深(m)			
				10 以内			
				墩高(m)			
				40 以内	60 以内	80 以内	100 以内
				17	18	19	20
19	钢套箱	t	264	5.340	7.967	7.235	9.437
20	钢模板	t	271	0.032	0.032	0.032	0.032
21	组合钢模板	t	272	0.349	0.811	0.988	1.088
22	门式钢支架	t	273	0.044	0.033	0.033	0.033
23	四氟板式橡胶组合支座	dm^3	401	2.2	2.2	2.2	2.2
24	板式橡胶支座	dm^3	402	15.0	15.0	15.0	15.0
25	模数式伸缩缝	t	541	0.316	0.173	0.173	0.173
26	铸铁	kg	561	74.8	74.8	74.8	74.8
27	钢绞线群锚(3 孔)	套	572	38.88	38.88	38.88	38.88

续上表

单位:100m² 桥面

顺序号	项目	单位	代号	标准跨径(m)			
				30 以上			
				基础			
				水深(m)			
				10 以内			
				墩高(m)			
				40 以内	60 以内	80 以内	100 以内
				17	18	19	20
28	铁件	kg	651	230.1	442.7	533.6	592.0
29	铁钉	kg	653	2.2	2.3	2.2	2.7
30	8~12 号铁丝	kg	655	3.1	2.3	2.5	2.5
31	20~22 号铁丝	kg	656	96.4	197.4	238.8	262.3
32	铁皮	m^2	666	1.3	0.7	0.9	1.0
33	铸铁管	kg	682	45.5	45.5	45.5	45.5
34	油漆	kg	732	0.9	0.9	0.9	0.9
35	桥面防水涂料	kg	735	270.4	270.4	270.4	270.4
36	玻璃纤维布	m^2	771	305.0	305.0	305.0	305.0

续上表 单位:100m² 桥面

顺序号	项目	单位	代号	标准跨径(m) 30以上 基础 水深(m) 10以内 墩高(m)			
				40以内	60以内	80以内	100以内
				17	18	19	20
37	32.5级水泥	t	832	106.700	148.206	185.647	206.965
38	42.5级水泥	t	833	26.646	26.571	26.571	26.571
39	硝铵炸药	kg	841	—	—	—	—
40	导火线	m	842	—	—	—	—
41	普通雷管	个	845	—	—	—	—
42	石油沥青	t	851	0.006	0.006	0.006	0.006
43	改性沥青	t	852	1.561	1.561	1.561	1.561
44	乳化沥青	t	853	0.153	0.153	0.153	0.153
45	纤维稳定剂	t	856	0.079	0.079	0.079	0.079

续上表 单位:100m² 桥面

顺序号	项目	单位	代号	标准跨径(m) 30以上 基础 水深(m) 10以内 墩高(m)			
				40以内	60以内	80以内	100以内
				17	18	19	20
46	煤	t	864	0.001	0.001	0.001	0.001
47	水	m³	866	699	775	947	1045
48	青(红)砖	千块	877	2.52	2.47	2.48	2.49
49	砂	m³	897	1.29	1.29	1.29	1.29
50	中(粗)砂	m³	899	165.33	223.95	273.38	301.53
51	砂砾	m³	902	73.87	73.87	73.87	73.87
52	黏土	m³	911	64.73	29.20	37.55	42.30
53	片石	m³	931	19.93	8.64	8.64	8.64
54	矿粉	t	949	2.669	2.669	2.669	2.669

续上表　　单位:100m² 桥面

顺序号	项　　目	单位	代号	标准跨径(m)			
				30 以 上			
				基　　础			
				水　　深(m)			
				10 以 内			
				墩　　高(m)			
				40 以内	60 以内	80 以内	100 以内
				17	18	19	20
55	碎石(2cm)	m^3	951	31.80	31.69	31.69	31.69
56	碎石(4cm)	m^3	952	178.62	264.62	332.19	370.65
57	碎石(6cm)	m^3	953	0.75	0.75	0.75	0.75
58	碎石(8cm)	m^3	954	2.84	2.18	2.18	2.18
59	石屑	m^3	961	2.14	2.14	2.14	2.14
60	路面用碎石(1.5cm)	m^3	965	12.02	12.02	12.02	12.02
61	块石	m^3	981	4.14	4.14	4.14	4.14
62	其他材料费	元	996	1418.6	2315.5	2551.7	2973.8
63	设备摊销费	元	997	15542.8	20619.5	19974.9	23780.3

续上表　　单位:100m² 桥面

顺序号	项　　目	单位	代号	标准跨径(m)			
				30 以 上			
				基　　础			
				水　　深(m)			
				10 以 内			
				墩　　高(m)			
				40 以内	60 以内	80 以内	100 以内
				17	18	19	20
64	75kW 以内履带式推土机	台班	1003	0.37	0.37	0.37	0.37
65	105kW 以内履带式推土机	台班	1005	0.06	0.06	0.06	0.06
66	0.6m³ 以内履带式单斗挖掘机	台班	1027	0.08	0.08	0.08	0.08
67	1.0m³ 以内履带式单斗挖掘机	台班	1035	0.09	0.06	0.08	0.09
68	1.0m³ 以内轮胎式装载机	台班	1048	0.31	0.31	0.31	0.31
69	2.0m³ 以内轮胎式装载机	台班	1050	0.08	0.08	0.08	0.08
70	120kW 以内自行式平地机	台班	1057	0.06	0.06	0.06	0.06
71	6～8t 光轮压路机	台班	1075	0.17	0.17	0.17	0.17
72	8～10t 光轮压路机	台班	1076	0.29	0.29	0.29	0.29

续上表　　单位:100m² 桥面

顺序号	项目	单位	代号	标准跨径(m) 30以上 基础 水深(m) 10以内 墩高(m)			
				40以内	60以内	80以内	100以内
				17	18	19	20
73	12~15t光轮压路机	台班	1078	0.28	0.28	0.28	0.28
74	235kW以内稳定土拌和机	台班	1155	0.01	0.01	0.01	0.01
75	4000L以内沥青洒布车	台班	1193	0.03	0.03	0.03	0.03
76	160t/h以内沥青混合料拌和设备	台班	1205	0.03	0.03	0.03	0.03
77	9.0m以内沥青混合料摊铺机	台班	1213	0.04	0.04	0.04	0.04
78	15t以内振动压路机	台班	1220	0.05	0.05	0.05	0.05
79	滑模式水泥混凝土摊铺机	台班	1234	0.02	0.02	0.02	0.02
80	混凝土真空吸水机组	台班	1239	0.28	0.28	0.28	0.28
81	混凝土电动刻纹机	台班	1243	0.72	0.72	0.72	0.72

续上表　　单位:100m² 桥面

顺序号	项目	单位	代号	标准跨径(m) 30以上 基础 水深(m) 10以内 墩高(m)			
				40以内	60以内	80以内	100以内
				17	18	19	20
82	混凝土电动切缝机	台班	1245	0.27	0.27	0.27	0.27
83	250L以内混凝土搅拌机	台班	1272	0.75	0.75	0.75	0.75
84	60m³/h以内混凝土输送泵	台班	1316	1.23	3.65	4.55	5.07
85	40m³/h以内混凝土搅拌站	台班	1325	0.36	0.36	0.36	0.36
86	钢绞线拉伸设备	台班	1349	6.72	6.72	6.72	6.72
87	波纹管卷制机	台班	1352	0.88	0.88	0.88	0.88
88	8t以内载货汽车	台班	1375	0.66	1.51	1.39	1.75
89	15t以内载货汽车	台班	1378	—	—	—	—
90	5t以内自卸汽车	台班	1383	0.03	0.03	0.03	0.03

续上表　　单位:100m² 桥面

顺序号	项　目	单位	代号	标准跨径(m)			
				30 以上			
				基础			
				水深(m)			
				10 以内			
				墩高(m)			
				40 以内	60 以内	80 以内	100 以内
				17	18	19	20
91	10t 以内自卸汽车	台班	1386	0.17	0.17	0.17	0.17
92	20t 以内平板拖车组	台班	1393	0.05	0.51	0.64	0.71
93	4000L 以内洒水汽车	台班	1404	0.12	0.12	0.12	0.12
94	6000L 以内洒水汽车	台班	1405	0.10	0.10	0.10	0.10
95	1t 以内机动翻斗车	台班	1408	0.41	0.41	0.41	0.41
96	15t 以内履带式起重机	台班	1432	0.73	0.54	0.70	0.79
97	5t 以内汽车式起重机	台班	1449	—	—	—	—
98	12t 以内汽车式起重机	台班	1451	11.25	12.51	13.28	16.12
99	20t 以内汽车式起重机	台班	1453	1.38	1.43	1.73	1.90

续上表　　单位:100m² 桥面

顺序号	项　目	单位	代号	标准跨径(m)			
				30 以上			
				基础			
				水深(m)			
				10 以内			
				墩高(m)			
				40 以内	60 以内	80 以内	100 以内
				17	18	19	20
100	40t 以内汽车式起重机	台班	1456	—	0.46	0.59	0.67
101	75t 以内汽车式起重机	台班	1458	0.09	0.09	0.09	0.09
102	12t 以内 80m 高塔式起重机	台班	1471	—	10.06	12.94	14.58
103	30kN 以内单筒慢动卷扬机	台班	1499	9.99	9.46	9.46	9.46
104	50kN 以内单筒慢动卷扬机	台班	1500	22.05	37.37	41.47	45.97
105	30kN 以内单筒快动卷扬机	台班	1509	14.87	22.18	20.14	26.27
106	300kN 以内振动打拔桩锤	台班	1581	0.22	0.23	0.30	0.34
107	600kN 以内振动打拔桩锤	台班	1583	0.06	0.16	0.15	0.19
108	ϕ1500mm 以内回旋钻机	台班	1600	2.68	15.77	20.28	22.84

续上表 单位:100m² 桥面

顺序号	项目	单位	代号	标准跨径(m) 30 以上 基础 水深(m) 10 以内 墩高(m)			
				40 以内	60 以内	80 以内	100 以内
				17	18	19	20
109	φ2500mm 以内回旋钻机	台班	1602	14.05	5.60	6.13	6.91
110	泥浆搅拌机	台班	1624	4.15	1.60	2.06	2.32
111	φ150mm 电动多级水泵(≤180m)	台班	1665	—	11.17	14.36	16.18
112	32kV·A 以内交流电弧焊机	台班	1726	29.09	60.16	72.88	81.08
113	100kV·A 以内交流对焊机	台班	1746	0.89	0.89	0.89	0.89
114	44kW 以内内燃拖轮	艘班	1851	0.96	1.44	1.30	1.70
115	88kW 以内内燃拖轮	艘班	1852	2.55	2.08	2.68	3.02
116	221kW 以内内燃拖轮	艘班	1855	0.35	1.04	0.95	1.24

续上表 单位:100m² 桥面

顺序号	项目	单位	代号	标准跨径(m) 30 以上 基础 水深(m) 10 以内 墩高(m)			
				40 以内	60 以内	80 以内	100 以内
				17	18	19	20
117	294kW 以内内燃拖轮	艘班	1856	0.06	0.09	0.12	0.13
118	100t 以内工程驳船	艘班	1874	6.66	23.76	28.91	33.27
119	200t 以内工程驳船	艘班	1876	22.60	11.86	12.02	14.37
120	100m³/h 以内混凝土搅拌船	艘班	1913	1.94	3.14	4.04	4.55
121	123kW 以内机动艇	艘班	1919	0.19	0.30	0.39	0.44
122	潜水设备	台班	1945	1.46	2.17	1.97	2.57
123	小型机具使用费	元	1998	1547.4	3800.9	4605.3	5140.3
124	基价	元	1999	470444	720201	834386	937782

5-6 现浇预应力混凝土连续梁

工程内容 挖基、围堰、基础、下部、上部、桥面系、桥头搭板等工程的全部工作。

单位:100m² 桥面

顺序号	项目	单位	代号	标准跨径(m)	
				30 以内	
				基础	
				干处	水中
				1	2
1	人工	工日	1	827.5	860.2
2	原木	m^3	101	0.057	0.067
3	锯材	m^3	102	1.440	1.576
4	光圆钢筋	t	111	2.211	2.405
5	带肋钢筋	t	112	17.334	19.508
6	钢绞线	t	125	1.784	1.839
7	波纹管钢带	t	151	0.096	0.099
8	型钢	t	182	0.424	0.465
9	钢板	t	183	0.066	0.070

续上表

单位:100m² 桥面

顺序号	项目	单位	代号	标准跨径(m)	
				30 以内	
				基础	
				干处	水中
				1	2
10	钢管	t	191	0.839	1.051
11	钢钎	kg	211	0.1	—
12	钢丝绳	t	221	0.001	0.005
13	电焊条	kg	231	62.5	74.1
14	钢护筒	t	263	0.116	1.507
15	钢模板	t	271	0.453	0.472
16	组合钢模板	t	272	0.025	0.029
17	门式钢支架	t	273	0.452	0.467
18	四氟板式橡胶组合支座	dm^3	401	6.0	6.2
19	板式橡胶支座	dm^3	402	16.2	16.7
20	模数式伸缩缝	t	541	0.117	0.121
21	铸铁	kg	561	131.7	135.8

续上表

单位:100m² 桥面

顺序号	项目	单位	代号	标准跨径(m)	
				30 以内	
				基础	
				干处	水中
				1	2
22	钢绞线群锚(3 孔)	套	572	2.46	2.54
23	钢绞线群锚(7 孔)	套	576	6.21	6.40
24	钢绞线群锚(12 孔)	套	580	2.43	2.50
25	钢绞线群锚(19 孔)	套	585	1.66	1.71
26	钢绞线群锚(22 孔)	套	586	0.19	0.20
27	钢绞线群锚(31 孔)	套	588	0.60	0.62
28	铁件	kg	651	143.5	154.9
29	铁钉	kg	653	—	0.1
30	8~12 号铁丝	kg	655	1.1	1.4
31	20~22 号铁丝	kg	656	74.4	81.1
32	铁皮	m^2	666	—	1.0
33	铸铁管	kg	682	25.0	25.8

续上表

单位:100m² 桥面

顺序号	项目	单位	代号	标准跨径(m)	
				30 以内	
				基础	
				干处	水中
				1	2
34	油漆	kg	732	1.6	1.7
35	桥面防水涂料	kg	735	245.9	253.6
36	环氧树脂	kg	746	2.7	2.8
37	玻璃纤维布	m^2	771	277.4	286.0
38	32.5 级水泥	t	832	51.199	62.931
39	42.5 级水泥	t	833	37.059	38.212
40	52.5 级水泥	t	834	0.013	0.013
41	硝铵炸药	kg	841	0.6	—
42	导火线	m	842	2	—
43	普通雷管	个	845	1	—
44	石油沥青	t	851	0.009	0.009
45	改性沥青	t	852	1.420	1.464

续上表 单位:100m^2 桥面

顺序号	项目	单位	代号	标准跨径(m)	
				30 以内	
				基础	
				干处	水中
				1	2
46	乳化沥青	t	853	0.134	0.138
47	纤维稳定剂	t	856	0.072	0.074
48	煤	t	864	0.002	0.002
49	水	m^3	866	381	449
50	青(红)砖	千块	877	0.88	0.06
51	砂	m^3	897	1.17	1.21
52	中(粗)砂	m^3	899	100.16	115.52
53	砂砾	m^3	902	56.53	42.25
54	黏土	m^3	911	37.57	39.26
55	片石	m^3	931	5.00	5.79
56	矿粉	t	949	2.427	2.502
57	碎石(2cm)	m^3	951	44.14	45.51

续上表 单位:100m^2 桥面

顺序号	项目	单位	代号	标准跨径(m)	
				30 以内	
				基础	
				干处	水中
				1	2
58	碎石(4cm)	m^3	952	91.88	112.53
59	碎石(8cm)	m^3	954	0.20	0.26
60	碎石	m^3	958	6.48	6.68
61	石屑	m^3	961	1.95	2.01
62	路面用碎石(1.5cm)	m^3	965	10.93	11.27
63	块石	m^3	981	3.62	3.73
64	草皮	m^2	995	0.04	0.05
65	其他材料费	元	996	6549.3	6781.8
66	设备摊销费	元	997	503.4	613.2
67	75kW 以内履带式推土机	台班	1003	0.06	0.06
68	105kW 以内履带式推土机	台班	1005	0.06	0.06
69	0.6m^3 以内履带式单斗挖掘机	台班	1027	0.17	0.08

续上表　　单位:100m² 桥面

顺序号	项　目	单位	代号	标准跨径(m)	
				30 以 内	
				基　础	
				干处	水中
				1	2
70	1.0m^3 以内履带式单斗挖掘机	台班	1035	0.06	0.07
71	2.0m^3 以内轮胎式装载机	台班	1050	0.07	0.08
72	6~8t 光轮压路机	台班	1075	0.12	0.12
73	8~10t 光轮压路机	台班	1076	0.22	0.16
74	12~15t 光轮压路机	台班	1078	0.20	0.20
75	4000L 以内沥青洒布车	台班	1193	0.02	0.02
76	160t/h 以内沥青混合料拌和设备	台班	1205	0.03	0.03
77	9.0m 以内沥青混合料摊铺机	台班	1213	0.03	0.03
78	15t 以内振动压路机	台班	1220	0.05	0.05
79	混凝土真空吸水机组	台班	1239	0.40	0.41
80	混凝土电动切缝机	台班	1245	0.38	0.40
81	250L 以内混凝土搅拌机	台班	1272	0.89	0.89

续上表　　单位:100m² 桥面

顺序号	项　目	单位	代号	标准跨径(m)	
				30 以 内	
				基　础	
				干处	水中
				1	2
82	350L 以内混凝土搅拌机	台班	1273	5.28	—
83	60m^3/h 以内混凝土输送泵车	台班	1308	0.58	0.60
84	钢绞线拉伸设备	台班	1349	1.99	2.06
85	波纹管卷制机	台班	1352	0.35	0.36
86	8t 以内载货汽车	台班	1375	0.08	—
87	15t 以内载货汽车	台班	1378	0.15	—
88	3t 以内自卸汽车	台班	1382	0.56	0.58
89	5t 以内自卸汽车	台班	1383	0.03	0.03
90	12t 以内自卸汽车	台班	1387	0.10	0.10
91	20t 以内平板拖车组	台班	1393	0.04	0.04
92	4000L 以内洒水汽车	台班	1404	0.16	0.17
93	6000L 以内洒水汽车	台班	1405	0.02	0.02

续上表　　单位:100m² 桥面

顺序号	项　目	单位	代号	标准跨径(m) 30以内 基础 干处	
				干处	水中
				1	2
94	1t 以内机动翻斗车	台班	1408	1.37	0.76
95	15t 以内履带式起重机	台班	1432	0.14	0.63
96	5t 以内汽车式起重机	台班	1449	0.44	0.26
97	12t 以内汽车式起重机	台班	1451	5.72	6.76
98	20t 以内汽车式起重机	台班	1453	4.18	4.49
99	30t 以内汽车式起重机	台班	1455	0.04	0.04
100	75t 以内汽车式起重机	台班	1458	0.08	0.08
101	50kN 以内单筒慢动卷扬机	台班	1500	1.00	1.83
102	300kN 以内振动打拔桩锤	台班	1581	—	0.39
103	φ1500mm 以内回旋钻机	台班	1600	3.68	4.88
104	φ2500mm 以内回旋钻机	台班	1602	8.12	10.71
105	泥浆搅拌机	台班	1624	2.13	2.77

续上表　　单位:100m² 桥面

顺序号	项　目	单位	代号	标准跨径(m) 30以内 基础	
				干处	水中
				1	2
106	φ100mm 电动多级水泵(≤120m)	台班	1663	1.99	2.05
107	32kV·A 以内交流电弧焊机	台班	1726	12.80	14.92
108	100kV·A 以内交流对焊机	台班	1746	0.35	0.37
109	9m³/min 以内机动空压机	台班	1842	0.01	—
110	88kW 以内内燃拖轮	艘班	1852	—	2.28
111	294kW 以内内燃拖轮	艘班	1856	—	0.05
112	100t 以内工程驳船	艘班	1874	—	6.14
113	200t 以内工程驳船	艘班	1876	—	14.60
114	100m³/h 以内混凝土搅拌船	艘班	1913	—	1.70
115	123kW 以内机动艇	艘班	1919	—	0.16
116	小型机具使用费	元	1998	761.8	828.0
117	基价	元	1999	257581	329604

续上表 单位:100m² 桥面

顺序号	项目	单位	代号	标准跨径(m)	
				60以内	
				基础	
				干处	水中
				3	4
1	人工	工日	1	1100.4	1085.8
2	原木	m^3	101	0.075	0.085
3	锯材	m^3	102	1.915	1.989
4	光圆钢筋	t	111	2.940	3.035
5	带肋钢筋	t	112	23.052	24.625
6	钢绞线	t	125	2.372	2.322
7	波纹管钢带	t	151	0.127	0.124
8	型钢	t	182	0.564	0.587
9	钢板	t	183	0.088	0.088
10	钢管	t	191	1.116	1.327
11	钢钎	kg	211	0.1	—
12	钢丝绳	t	221	0.002	0.006

续上表 单位:100m² 桥面

顺序号	项目	单位	代号	标准跨径(m)	
				60以内	
				基础	
				干处	水中
				3	4
13	电焊条	kg	231	83.1	93.6
14	钢护筒	t	263	0.154	1.903
15	钢模板	t	271	0.603	0.596
16	组合钢模板	t	272	0.033	0.036
17	门式钢支架	t	273	0.602	0.590
18	四氟板式橡胶组合支座	dm^3	401	8.0	7.8
19	板式橡胶支座	dm^3	402	21.6	21.1
20	模数式伸缩缝	t	541	0.156	0.153
21	铸铁	kg	561	175.1	171.4
22	钢绞线群锚(3孔)	套	572	3.27	3.21
23	钢绞线群锚(7孔)	套	576	8.25	8.08
24	钢绞线群锚(12孔)	套	580	3.23	3.16

续上表　　单位:100m² 桥面

顺序号	项　　目	单位	代号	标准跨径(m)	
				60 以 内	
				基　　础	
				干处	水中
				3	4
25	钢绞线群锚(19 孔)	套	585	2.20	2.16
26	钢绞线群锚(22 孔)	套	586	0.26	0.25
27	钢绞线群锚(31 孔)	套	588	0.80	0.78
28	铁件	kg	651	190.8	195.5
29	铁钉	kg	653	0.1	0.2
30	8~12 号铁丝	kg	655	1.5	1.8
31	20~22 号铁丝	kg	656	98.9	102.3
32	铁皮	m^2	666	—	1.2
33	铸铁管	kg	682	33.3	32.6
34	油漆	kg	732	2.2	2.1
35	桥面防水涂料	kg	735	327.0	320.1
36	环氧树脂	kg	746	3.6	3.5

续上表　　单位:100m² 桥面

顺序号	项　　目	单位	代号	标准跨径(m)	
				60 以 内	
				基　　础	
				干处	水中
				3	4
37	玻璃纤维布	m^2	771	368.9	361.1
38	32.5 级水泥	t	832	68.088	79.439
39	42.5 级水泥	t	833	49.283	48.235
40	52.5 级水泥	t	834	0.017	0.017
41	硝铵炸药	kg	841	0.8	—
42	导火线	m	842	2	—
43	普通雷管	个	845	2	—
44	石油沥青	t	851	0.012	0.012
45	改性沥青	t	852	1.888	1.848
46	乳化沥青	t	853	0.179	0.175
47	纤维稳定剂	t	856	0.096	0.094
48	煤	t	864	0.003	0.002

续上表 单位:100m² 桥面

顺序号	项　　目	单位	代号	标准跨径(m)	
				60 以 内	
				基　　础	
				干处	水中
				3	4
49	水	m^3	866	507	567
50	青(红)砖	千块	877	1.17	0.08
51	砂	m^3	897	1.56	1.53
52	中(粗)砂	m^3	899	133.20	145.82
53	砂砾	m^3	902	75.18	53.33
54	黏土	m^3	911	49.96	49.56
55	片石	m^3	931	6.65	7.31
56	矿粉	t	949	3.228	3.159
57	碎石(2cm)	m^3	951	58.69	57.45
58	碎石(4cm)	m^3	952	122.18	142.05
59	碎石(8cm)	m^3	954	0.27	0.33
60	碎石	m^3	958	8.61	8.43

续上表 单位:100m² 桥面

顺序号	项　　目	单位	代号	标准跨径(m)	
				60 以 内	
				基　　础	
				干处	水中
				3	4
61	石屑	m^3	961	2.59	2.53
62	路面用碎石(1.5cm)	m^3	965	14.54	14.23
63	块石	m^3	981	4.81	4.71
64	草皮	m^2	995	0.05	0.06
65	其他材料费	元	996	8708.7	8560.7
66	设备摊销费	元	997	669.5	774.1
67	75kW 以内履带式推土机	台班	1003	0.07	0.07
68	105kW 以内履带式推土机	台班	1005	0.08	0.07
69	0.6m³ 以内履带式单斗挖掘机	台班	1027	0.22	0.10
70	1.0m³ 以内履带式单斗挖掘机	台班	1035	0.08	0.09
71	2.0m³ 以内轮胎式装载机	台班	1050	0.10	0.09
72	120kW 以内自行式平地机	台班	1057	0.01	0.01

续上表 单位:100m² 桥面

顺序号	项目	单位	代号	标准跨径(m)	
				60以内	
				基础	
				干处	水中
				3	4
73	6~8t光轮压路机	台班	1075	0.15	0.15
74	8~10t光轮压路机	台班	1076	0.30	0.20
75	12~15t光轮压路机	台班	1078	0.26	0.25
76	4000L以内沥青洒布车	台班	1193	0.03	0.03
77	160t/h以内沥青混合料拌和设备	台班	1205	0.04	0.04
78	9.0m以内沥青混合料摊铺机	台班	1213	0.04	0.04
79	15t以内振动压路机	台班	1220	0.07	0.06
80	混凝土真空吸水机组	台班	1239	0.53	0.52
81	混凝土电动切缝机	台班	1245	0.51	0.50
82	250L以内混凝土搅拌机	台班	1272	1.18	1.12
83	350L以内混凝土搅拌机	台班	1273	7.02	—
84	60m³/h以内混凝土输送泵车	台班	1308	0.77	0.75

续上表 单位:100m² 桥面

顺序号	项目	单位	代号	标准跨径(m)	
				60以内	
				基础	
				干处	水中
				3	4
85	钢绞线拉伸设备	台班	1349	2.65	2.60
86	波纹管卷制机	台班	1352	0.46	0.45
87	8t以内载货汽车	台班	1375	0.11	—
88	15t以内载货汽车	台班	1378	0.20	—
89	3t以内自卸汽车	台班	1382	0.75	0.73
90	5t以内自卸汽车	台班	1383	0.04	0.04
91	12t以内自卸汽车	台班	1387	0.13	0.12
92	20t以内平板拖车组	台班	1393	0.05	0.05
93	4000L以内洒水汽车	台班	1404	0.22	0.21
94	6000L以内洒水汽车	台班	1405	0.03	0.03
95	1t以内机动翻斗车	台班	1408	1.82	0.95
96	15t以内履带式起重机	台班	1432	0.19	0.80

续上表　　　　单位:100m² 桥面

顺序号	项　目	单位	代号	标准跨径(m)	
				60 以 内	
				基　础	
				干处	水中
				3	4
97	5t 以内汽车式起重机	台班	1449	0.59	0.33
98	12t 以内汽车式起重机	台班	1451	7.61	8.54
99	20t 以内汽车式起重机	台班	1453	5.56	5.66
100	30t 以内汽车式起重机	台班	1455	0.05	0.05
101	75t 以内汽车式起重机	台班	1458	0.11	0.10
102	50kN 以内单筒慢动卷扬机	台班	1500	1.33	2.31
103	300kN 以内振动打拔桩锤	台班	1581	—	0.49
104	ϕ1500mm 以内回旋钻机	台班	1600	4.89	6.17
105	ϕ2500mm 以内回旋钻机	台班	1602	10.80	13.52
106	泥浆搅拌机	台班	1624	2.83	3.50
107	ϕ100mm 电动多级水泵(≤120m)	台班	1663	2.65	2.59

续上表　　　　单位:100m² 桥面

顺序号	项　目	单位	代号	标准跨径(m)	
				60 以 内	
				基　础	
				干处	水中
				3	4
108	32kV·A 以内交流电弧焊机	台班	1726	17.03	18.83
109	100kV·A 以内交流对焊机	台班	1746	0.47	0.46
110	9m³/min 以内机动空压机	台班	1842	0.02	—
111	88kW 以内内燃拖轮	艘班	1852	—	2.88
112	294kW 以内内燃拖轮	艘班	1856	—	0.06
113	100t 以内工程驳船	艘班	1874	—	7.75
114	200t 以内工程驳船	艘班	1876	—	18.43
115	100m³/h 以内混凝土搅拌船	艘班	1913	—	2.15
116	123kW 以内机动艇	艘班	1919	—	0.21
117	小型机具使用费	元	1998	1002.9	1035.1
118	基价	元	1999	342597	416170

5-7 拱 桥

工程内容 挖基、围堰、基础、下部、上部、桥面系、桥头搭板等工程的全部工作。

单位:100m^2 桥面

顺序号	项目	单位	代号	石拱桥			
				标准跨径(m)			
				40 以内		40 以上	
				基础			
				干处	水中	干处	水中
				1	2	3	4
1	人工	工日	1	2017.5	2927.8	2214.1	3269.8
2	原木	m^3	101	15.057	15.094	4.846	4.865
3	锯材	m^3	102	9.865	9.966	7.084	7.132
4	光圆钢筋	t	111	2.458	2.458	2.924	2.924
5	带肋钢筋	t	112	0.094	0.094	2.018	2.018
6	型钢	t	182	0.193	0.222	0.121	0.149
7	钢管	t	191	0.180	0.230	0.191	0.212
8	钢钎	kg	211	3.8	9.1	4.2	10.6
9	钢丝绳	t	221	—	—	0.406	0.406

续上表

单位:100m^2 桥面

顺序号	项目	单位	代号	石拱桥			
				标准跨径(m)			
				40 以内		40 以上	
				基础			
				干处	水中	干处	水中
				1	2	3	4
10	电焊条	kg	231	20.1	20.1	24.6	24.6
11	组合钢模板	t	272	0.055	0.114	0.069	0.124
12	门式钢支架	t	273	0.487	0.487	0.282	0.282
13	铁件	kg	651	571.3	592.8	720.1	740.2
14	铁钉	kg	653	14.7	15.3	12.6	12.9
15	8~12 号铁丝	kg	655	31.8	34.9	52.3	53.9
16	20~22 号铁丝	kg	656	9.7	9.7	17.0	17.0
17	铸铁管	kg	682	135.7	108.9	273.4	273.4
18	草袋	个	819	—	3654	—	5481
19	油毛毡	m^2	825	149.9	90.0	—	—
20	32.5 级水泥	t	832	53.277	76.672	76.322	95.267

续上表 单位:100m² 桥面

顺序号	项目	单位	代号	石拱桥			
				标准跨径(m)			
				40以内		40以上	
				基础			
				干处	水中	干处	水中
				1	2	3	4
21	硝铵炸药	kg	841	23.0	54.4	25.3	63.3
22	导火线	m	842	56	132	61	154
23	普通雷管	个	845	44	104	48	121
24	石油沥青	t	851	0.769	0.527	0.359	0.359
25	煤	t	864	0.029	0.069	0.032	0.080
26	水	m^3	866	461	650	592	754
27	中(粗)砂	m^3	899	161.93	228.86	208.98	261.64
28	砂砾	m^3	902	5.59	5.59	9.98	9.98
29	黏土	m^3	911	6.36	6.36	7.86	7.86
30	片石	m^3	931	270.50	378.94	302.58	389.37
31	碎石(2cm)	m^3	951	4.72	4.72	5.83	5.83

续上表 单位:100m² 桥面

顺序号	项目	单位	代号	石拱桥			
				标准跨径(m)			
				40以内		40以上	
				基础			
				干处	水中	干处	水中
				1	2	3	4
32	碎石(4cm)	m^3	952	19.34	19.34	53.42	53.42
33	碎石(8cm)	m^3	954	95.55	134.86	8.36	58.61
34	块石	m^3	981	166.47	164.50	240.88	219.11
35	粗料石	m^3	984	13.84	12.06	20.42	20.42
36	细料石	m^3	985	3.42	3.42	4.08	4.08
37	草皮	m^2	995	10.67	10.67	13.18	13.18
38	其他材料费	元	996	676.1	681.4	848.5	933.5
39	设备摊销费	元	997	—	—	29222.9	29222.9
40	8~10t光轮压路机	台班	1076	0.13	0.13	—	—
41	混凝土电动切缝机	台班	1245	1.60	1.60	1.81	1.81
42	500L以内混凝土搅拌机	台班	1274	0.89	2.59	0.87	2.46

续上表 单位:100m² 桥面

顺序号	项目	单位	代号	石拱桥			
				标准跨径(m)			
				40 以内		40 以上	
				基础			
				干处	水中	干处	水中
				1	2	3	4
43	1t 以内机动翻斗车	台班	1408	2.79	4.70	3.39	5.18
44	5t 以内汽车式起重机	台班	1449	0.45	0.45	0.80	0.80
45	12t 以内汽车式起重机	台班	1451	3.18	4.52	1.68	2.93
46	20t 以内汽车式起重机	台班	1453	0.03	0.03	0.73	0.73
47	30kN 以内单筒慢动卷扬机	台班	1499	—	2.60	6.66	7.96
48	50kN 以内单筒慢动卷扬机	台班	1500	0.04	0.04	12.42	12.42
49	ϕ150mm 电动单级离心水泵	台班	1653	0.59	12.97	0.73	14.56
50	ϕ500mm 以内木工圆锯机	台班	1710	11.88	11.88	0.95	0.95
51	32kV·A 以内交流电弧焊机	台班	1726	3.93	3.93	4.55	4.55
52	小型机具使用费	元	1998	816.5	924.3	861.8	944.3
53	基价	元	1999	240831	322529	293348	383121

续上表 单位:100m² 桥面

顺序号	项目	单位	代号	钢筋混凝土斜腿刚构、桁架拱桥	
				基础	
				干处	水中
				5	6
1	人工	工日	1	1951.1	1717.0
2	原木	m³	101	0.773	0.800
3	锯材	m³	102	1.823	1.959
4	光圆钢筋	t	111	4.387	5.176
5	带肋钢筋	t	112	16.398	22.854
6	型钢	t	182	0.295	0.298
7	钢板	t	183	0.086	0.090
8	钢管	t	191	0.098	0.794
9	钢钎	kg	211	7.3	0.2
10	钢丝绳	t	221	0.441	0.446
11	电焊条	kg	231	87.2	130.5
12	钢管桩	t	262	—	0.130
13	钢护筒	t	263	0.019	3.085

续上表 单位:100m² 桥面

顺序号	项　目	单位	代号	钢筋混凝土斜腿刚构、桁架拱桥	
				基　础	
				干处	水中
				5	6
14	钢模板	t	271	0.053	0.053
15	组合钢模板	t	272	0.474	0.444
16	铁件	kg	651	306.1	296.2
17	铁钉	kg	653	3.3	3.2
18	8~12 号铁丝	kg	655	4.6	5.5
19	20~22 号铁丝	kg	656	76.4	91.9
20	铁皮	m²	666	3.7	5.1
21	铸铁管	kg	682	58.1	58.1
22	桥面防水涂料	kg	735	265.0	265.0
23	玻璃纤维布	m²	771	298.9	298.9
24	草袋	个	819	—	1579
25	油毛毡	m²	825	2.8	2.8
26	32.5 级水泥	t	832	84.859	119.023

续上表 单位:100m² 桥面

顺序号	项　目	单位	代号	钢筋混凝土斜腿刚构、桁架拱桥	
				基　础	
				干处	水中
				5	6
27	硝铵炸药	kg	841	43.8	1.4
28	导火线	m	842	106	3
29	普通雷管	个	845	84	3
30	石油沥青	t	851	0.085	0.085
31	改性沥青	t	852	1.530	1.530
32	乳化沥青	t	853	0.150	0.150
33	纤维稳定剂	t	856	0.078	0.078
34	煤	t	864	0.075	0.022
35	水	m³	866	418	729
36	青(红)砖	千块	877	6.02	6.98
37	砂	m³	897	1.27	1.27
38	中(粗)砂	m³	899	146.24	178.76
39	砂砾	m³	902	112.03	112.83

续上表

单位:100m² 桥面

顺序号	项目	单位	代号	钢筋混凝土斜腿刚构、桁架拱桥	
				基础	
				干处	水中
				5	6
40	黏土	m^3	911	4.60	66.22
41	片石	m^3	931	65.72	56.90
42	矿粉	t	949	2.615	2.615
43	碎石(2cm)	m^3	951	8.48	8.48
44	碎石(4cm)	m^3	952	141.56	211.18
45	碎石(8cm)	m^3	954	37.79	8.62
46	石屑	m^3	961	2.10	2.10
47	路面用碎石(1.5cm)	m^3	965	11.78	11.78
48	块石	m^3	981	17.01	17.01
49	草皮	m^2	995	1.95	1.95
50	其他材料费	元	996	1057.2	1132.4
51	设备摊销费	元	997	5386.8	6306.8
52	75kW 以内履带式推土机	台班	1003	0.62	0.44

续上表

单位:100m² 桥面

顺序号	项目	单位	代号	钢筋混凝土斜腿刚构、桁架拱桥	
				基础	
				干处	水中
				5	6
53	105kW 以内履带式推土机	台班	1005	0.05	0.05
54	0.6m³ 以内履带式单斗挖掘机	台班	1027	0.07	0.07
55	1.0m³ 以内履带式单斗挖掘机	台班	1035	—	0.15
56	1.0m³ 以内轮胎式装载机	台班	1048	0.57	0.39
57	2.0m³ 以内轮胎式装载机	台班	1050	0.08	0.08
58	120kW 以内自行式平地机	台班	1057	0.05	0.05
59	6~8t 光轮压路机	台班	1075	0.24	0.24
60	8~10t 光轮压路机	台班	1076	0.55	0.59
61	12~15t 光轮压路机	台班	1078	0.31	0.31
62	4000L 以内沥青洒布车	台班	1193	0.03	0.03
63	160t/h 以内沥青混合料拌和设备	台班	1205	0.03	0.03
64	9.0m 以内沥青混合料摊铺机	台班	1213	0.04	0.04
65	15t 以内振动压路机	台班	1220	0.05	0.05

续上表 单位:100m² 桥面

顺序号	项目	单位	代号	钢筋混凝土斜腿刚构、桁架拱桥 基础 干处	钢筋混凝土斜腿刚构、桁架拱桥 基础 水中
				5	6
66	滑模式水泥混凝土摊铺机	台班	1234	0.02	0.02
67	混凝土真空吸水机组	台班	1239	0.31	0.31
68	混凝土电动刻纹机	台班	1243	0.71	0.71
69	混凝土电动切缝机	台班	1245	0.30	0.30
70	250L 以内混凝土搅拌机	台班	1272	1.20	1.23
71	6m³ 以内混凝土搅拌运输车	台班	1307	2.72	1.85
72	60m³/h 以内混凝土输送泵	台班	1316	0.12	0.12
73	60m³/h 以内混凝土搅拌站	台班	1327	0.67	0.46
74	8t 以内载货汽车	台班	1375	—	0.24
75	15t 以内载货汽车	台班	1378	0.01	—
76	5t 以内自卸汽车	台班	1383	0.03	0.03
77	10t 以内自卸汽车	台班	1386	0.16	0.16
78	20t 以内平板拖车组	台班	1393	0.04	0.04

续上表 单位:100m² 桥面

顺序号	项目	单位	代号	钢筋混凝土斜腿刚构、桁架拱桥 基础 干处	钢筋混凝土斜腿刚构、桁架拱桥 基础 水中
				5	6
79	40t 以内平板拖车组	台班	1395	0.21	0.24
80	4000L 以内洒水汽车	台班	1404	0.13	0.13
81	6000L 以内洒水汽车	台班	1405	0.08	0.08
82	15t 以内履带式起重机	台班	1432	0.01	1.16
83	5t 以内汽车式起重机	台班	1449	0.03	—
84	12t 以内汽车式起重机	台班	1451	3.54	7.71
85	20t 以内汽车式起重机	台班	1453	0.95	0.95
86	30t 以内汽车式起重机	台班	1455	0.39	0.44
87	75t 以内汽车式起重机	台班	1458	0.07	0.07
88	30kN 以内单筒慢动卷扬机	台班	1499	13.41	13.41
89	50kN 以内单筒慢动卷扬机	台班	1500	17.47	18.75
90	300kN 以内振动打拔桩锤	台班	1581	—	0.80
91	600kN 以内振动打拔桩锤	台班	1583	—	0.03

续上表 单位:100m² 桥面

顺序号	项目	单位	代号	钢筋混凝土斜腿刚构、桁架拱桥	
				基础	
				干处	水中
				5	6
92	φ1500mm 以内回旋钻机	台班	1600	0.61	17.80
93	泥浆搅拌机	台班	1624	0.10	2.96
94	φ150mm 电动单级离心水泵	台班	1653	—	2.51
95	32kV·A 以内交流电弧焊机	台班	1726	18.61	26.02
96	100kV·A 以内交流对焊机	台班	1746	0.91	0.91
97	88kW 以内内燃拖轮	艘班	1852	—	4.89
98	221kW 以内内燃拖轮	艘班	1855	—	0.20
99	294kW 以内内燃拖轮	艘班	1856	—	0.05
100	100t 以内工程驳船	艘班	1874	—	22.62
101	200t 以内工程驳船	艘班	1876	—	0.97
102	150m³/h 以内混凝土搅拌船	艘班	1915	—	0.80
103	123kW 以内机动艇	艘班	1919	—	0.15
104	小型机具使用费	元	1998	1032.8	1149.6
105	基价	元	1999	300112	399513

续上表 单位:100m² 桥面

顺序号	项目	单位	代号	标准跨径≤100m		
				箱形拱		钢管拱
				基础		
				干处	水中	
				7	8	9
1	人工	工日	1	1961.8	1924.0	1390.0
2	原木	m³	101	1.158	1.031	0.926
3	锯材	m³	102	4.918	7.225	2.441
4	光圆钢筋	t	111	8.914	8.361	3.298
5	带肋钢筋	t	112	20.576	20.442	18.696
6	钢绞线	t	125	—	—	3.287
7	吊索	t	148	—	—	0.615
8	波纹管钢带	t	151	—	—	0.194
9	型钢	t	182	0.238	0.683	0.312
10	钢板	t	183	0.075	0.172	0.608
11	钢管	t	191	0.149	0.241	0.350
12	钢钎	kg	211	3.1	0.4	—

续上表　　单位:100m² 桥面

顺序号	项　目	单位	代号	标准跨径≤100m		
				箱　形　拱		钢管拱
				基　础		
				干处	水中	
				7	8	9
13	φ50mm 以内合金钻头	个	213	—	0.2	—
14	钢丝绳	t	221	0.556	0.566	0.640
15	钢纤维	t	225	—	—	0.002
16	电焊条	kg	231	136.2	156.1	170.8
17	螺栓	kg	240	—	—	5.7
18	钢管桩	t	262	—	0.377	4.690
19	钢护筒	t	263	0.050	1.118	0.051
20	钢套箱	t	264	—	0.171	—
21	钢壳沉井	t	265	—	1.564	—
22	钢模板	t	271	0.026	0.034	0.436
23	组合钢模板	t	272	0.292	0.299	0.095
24	门式钢支架	t	273	0.021	0.020	0.008

续上表　　单位:100m² 桥面

顺序号	项　目	单位	代号	标准跨径≤100m		
				箱　形　拱		钢管拱
				基　础		
				干处	水中	
				7	8	9
25	钢管拱肋	t	310	—	—	11.025
26	板式橡胶支座	dm^3	402	—	—	2.7
27	模数式伸缩缝	t	541	—	—	0.335
28	铸铁	kg	561	68.4	62.9	88.2
29	钢绞线群锚(7 孔)	套	576	—	—	17.45
30	钢绞线群锚(12 孔)	套	580	—	—	1.01
31	钢绞线群锚(22 孔)	套	586	—	—	1.15
32	铁件	kg	651	244.2	298.6	164.6
33	铁钉	kg	653	28.0	26.1	1.3
34	8~12 号铁丝	kg	655	44.3	16.9	2.2
35	20~22 号铁丝	kg	656	130.4	124.0	71.6
36	铁皮	m^2	666	43.3	40.0	—

续上表　　单位:100m² 桥面

顺序号	项　　目	单位	代号	标准跨径≤100m		
				箱　形　拱		钢管拱
				基　　础		
				干处	水中	
				7	8	9
37	铸铁管	kg	682	29.9	27.5	41.2
38	油漆	kg	732	0.8	0.8	1.1
39	环氧树脂	kg	746	—	—	2.0
40	麻袋	个	818	—	—	152
41	油毛毡	m^2	825	117.1	107.7	15.4
42	32.5 级水泥	t	832	78.882	164.799	99.041
43	42.5 级水泥	t	833	—	—	0.175
44	52.5 级水泥	t	834	—	—	6.772
45	硝铵炸药	kg	841	25.5	7.3	—
46	导火线	m	842	59	5	—
47	普通雷管	个	845	35	3	—
48	石油沥青	t	851	1.605	1.476	0.919

续上表　　单位:100m² 桥面

顺序号	项　　目	单位	代号	标准跨径≤100m		
				箱　形　拱		钢管拱
				基　　础		
				干处	水中	
				7	8	9
49	煤	t	864	0.028	0.007	—
50	水	m^3	866	529	612	476
51	青(红)砖	千块	877	2.65	3.18	3.03
52	砂	m^3	897	4.71	4.34	3.49
53	中(粗)砂	m^3	899	201.24	282.90	132.95
54	砂砾	m^3	902	65.85	61.01	41.03
55	黏土	m^3	911	5.25	6.73	38.36
56	片石	m^3	931	213.74	88.95	1.17
57	矿粉	t	949	1.284	1.181	0.952
58	碎石(2cm)	m^3	951	37.13	34.16	15.88
59	碎石(4cm)	m^3	952	67.08	299.73	181.54
60	碎石(6cm)	m^3	953	—	0.70	—

续上表

单位:100m² 桥面

顺序号	项目	单位	代号	标准跨径≤100m		
				箱形拱		钢管拱
				基础		
				干处	水中	
				7	8	9
61	碎石(8cm)	m^3	954	31.19	15.95	—
62	石屑	m^3	961	2.61	2.40	1.94
63	路面用碎石(1.5cm)	m^3	965	7.23	6.65	5.36
64	块石	m^3	981	167.31	125.31	—
65	粗料石	m^3	984	18.45	16.97	—
66	其他材料费	元	996	733.6	949.7	8368.8
67	设备摊销费	元	997	16003.0	16018.3	8347.1
68	75kW 以内履带式推土机	台班	1003	—	—	0.71
69	0.6m^3 以内履带式单斗挖掘机	台班	1027	—	—	0.10
70	1.0m^3 以内履带式单斗挖掘机	台班	1035	—	0.01	0.06
71	1.0m^3 以内轮胎式装载机	台班	1048	—	—	0.83
72	3.0m^3 以内轮胎式装载机	台班	1051	0.03	0.02	—

续上表

单位:100m² 桥面

顺序号	项目	单位	代号	标准跨径≤100m		
				箱形拱		钢管拱
				基础		
				干处	水中	
				7	8	9
73	6~8t 光轮压路机	台班	1075	0.03	0.03	0.17
74	8~10t 光轮压路机	台班	1076	0.34	0.35	0.31
75	10~12t 光轮压路机	台班	1077	—	—	0.12
76	12~15t 光轮压路机	台班	1078	0.15	0.14	0.10
77	30t/h 以内沥青混合料拌和设备	台班	1201	—	—	0.12
78	320t/h 以内沥青混合料拌和设备	台班	1207	0.01	0.01	—
79	12.5m 以内沥青混合料摊铺机	台班	1214	0.02	0.01	—
80	20~25t 轮胎式压路机	台班	1225	0.02	0.02	—
81	滑模式水泥混凝土摊铺机	台班	1234	—	—	0.02
82	混凝土电动刻纹机	台班	1243	—	—	0.60
83	混凝土电动切缝机	台班	1245	0.87	0.80	—
84	250L 以内混凝土搅拌机	台班	1272	0.30	0.36	0.24

续上表

单位:100m² 桥面

顺序号	项目	单位	代号	标准跨径≤100m		
				箱形拱		钢管拱
				基础		
				干处	水中	
				7	8	9
85	500L 以内混凝土搅拌机	台班	1274	5.48	7.63	—
86	6m³ 以内混凝土搅拌运输车	台班	1307	—	—	3.40
87	60m³/h 以内混凝土输送泵	台班	1316	—	—	0.71
88	60m³/h 以内混凝土搅拌站	台班	1327	—	—	0.84
89	300t 以内预应力拉伸机	台班	1346	—	—	16.49
90	钢绞线拉伸设备	台班	1349	—	—	2.98
91	波纹管卷制机	台班	1352	—	—	0.67
92	4t 以内载货汽车	台班	1372	—	0.18	—
93	8t 以内载货汽车	台班	1375	0.25	0.64	—
94	15t 以内载货汽车	台班	1378	—	—	0.14
95	3t 以内自卸汽车	台班	1382	—	—	0.66
96	5t 以内自卸汽车	台班	1383	0.01	0.01	—

续上表

单位:100m² 桥面

顺序号	项目	单位	代号	标准跨径≤100m		
				箱形拱		钢管拱
				基础		
				干处	水中	
				7	8	9
97	15t 以内自卸汽车	台班	1388	0.08	0.07	—
98	40t 以内平板拖车组	台班	1395	—	0.11	0.10
99	1t 以内机动翻斗车	台班	1408	15.89	9.84	0.89
100	15t 以内履带式起重机	台班	1432	—	0.18	0.76
101	25t 以内轮胎式起重机	台班	1443	—	0.23	0.46
102	5t 以内汽车式起重机	台班	1449	0.08	0.08	0.08
103	8t 以内汽车式起重机	台班	1450	—	—	0.89
104	12t 以内汽车式起重机	台班	1451	0.71	15.49	2.53
105	20t 以内汽车式起重机	台班	1453	0.93	0.67	1.36
106	30t 以内汽车式起重机	台班	1455	—	0.20	0.25
107	30kN 以内单筒慢动卷扬机	台班	1499	55.74	45.51	56.02
108	50kN 以内单筒慢动卷扬机	台班	1500	36.44	37.03	42.12

续上表 单位：100m² 桥面

顺序号	项目	单位	代号	标准跨径≤100m		
				箱形拱		钢管拱
				基础		
				干处	水中	
				7	8	9
109	100kN 以内单筒慢动卷扬机	台班	1502	—	—	4.15
110	30kN 以内单筒快动卷扬机	台班	1509	—	1.28	—
111	50kN 以内双筒快动卷扬机	台班	1523	—	4.45	—
112	300kN 以内振动打拔桩锤	台班	1581	—	0.49	0.42
113	600kN 以内振动打拔桩锤	台班	1583	—	0.09	—
114	ϕ1500mm 以内回旋钻机	台班	1600	—	3.48	—
115	ϕ2500mm 以内回旋钻机	台班	1602	—	0.37	7.50
116	泥浆搅拌机	台班	1624	—	0.38	3.04
117	ϕ150mm 电动单级离心水泵	台班	1653	—	3.67	—
118	ϕ100mm 电动多级水泵(≤120m)	台班	1663	—	0.59	1.94
119	ϕ150mm 电动多级水泵(≤180m)	台班	1665	—	4.00	—
120	32kV·A 以内交流电弧焊机	台班	1726	27.67	29.97	21.10

续上表 单位：100m² 桥面

顺序号	项目	单位	代号	标准跨径≤100m		
				箱形拱		钢管拱
				基础		
				干处	水中	
				7	8	9
121	100kV·A 以内交流对焊机	台班	1746	1.09	1.01	0.53
122	9m³/min 以内机动空压机	台班	1842	—	2.41	—
123	44kW 以内内燃拖轮	艘班	1851	—	0.05	—
124	88kW 以内内燃拖轮	艘班	1852	—	0.54	—
125	221kW 以内内燃拖轮	艘班	1855	—	0.95	—
126	100t 以内工程驳船	艘班	1874	—	5.19	—
127	200t 以内工程驳船	艘班	1876	—	3.62	—
128	400t 以内工程驳船	艘班	1878	—	1.64	—
129	潜水设备	台班	1945	—	3.98	—
130	小型机具使用费	元	1998	1312.1	1659.3	1271.7
131	基价	元	1999	355675	434645	462362

5-8 钢索吊桥

工程内容 挖基、基础、下部、上部、桥面系、桥头搭板等工程的全部工作。

单位：100m² 桥面

顺序号	项目	单位	代号	钢索吊桥
				1
1	人工	工日	1	2674.5
2	原木	m^3	101	2.054
3	锯材	m^3	102	37.969
4	光圆钢筋	t	111	1.863
5	带肋钢筋	t	112	7.784
6	型钢	t	182	0.097
7	钢板	t	183	0.816
8	钢管	t	191	2.018
9	钢钎	kg	211	5.2
10	钢丝绳	t	221	11.267
11	电焊条	kg	231	66.7
12	锌	kg	236	262.7
13	螺栓	kg	240	2098.4

续上表

单位：100m² 桥面

顺序号	项目	单位	代号	钢索吊桥
				1
14	钢护筒	t	263	0.037
15	钢模板	t	271	0.035
16	组合钢模板	t	272	0.117
17	悬吊系统构件	t	292	3.271
18	套管及拉杆构件	t	293	3.515
19	钢桁	t	302	34.800
20	钢支座	t	400	0.318
21	铁件	kg	651	909.7
22	铁钉	kg	653	27.4
23	8~12号铁丝	kg	655	36.5
24	20~22号铁丝	kg	656	20.3
25	铸铁管	kg	682	84.0
26	32.5级水泥	t	832	51.750
27	42.5级水泥	t	833	5.042
28	硝铵炸药	kg	841	31.3

续上表

单位:100m² 桥面

顺序号	项目	单位	代号	钢索吊桥
				1
29	导火线	m	842	76
30	普通雷管	个	845	60
31	石油沥青	t	851	0.366
32	煤	t	864	0.064
33	水	m^3	866	420
34	青(红)砖	千块	877	1.33
35	砂	m^3	897	1.56
36	中(粗)砂	m^3	899	113.81
37	砂砾	m^3	902	157.58
38	黏土	m^3	911	46.39
39	片石	m^3	931	31.60
40	矿粉	t	949	0.420
41	碎石(2cm)	m^3	951	9.21
42	碎石(4cm)	m^3	952	92.41
43	碎石(8cm)	m^3	954	7.38

续上表

单位:100m² 桥面

顺序号	项目	单位	代号	钢索吊桥
				1
44	石屑	m^3	961	0.69
45	路面用碎石(1.5cm)	m^3	965	1.74
46	其他材料费	元	996	3766.5
47	设备摊销费	元	997	1400.4
48	75kW 以内履带式推土机	台班	1003	0.32
49	1.0m³ 以内履带式单斗挖掘机	台班	1035	0.10
50	1.0m³ 以内轮胎式装载机	台班	1048	0.35
51	6~8t 光轮压路机	台班	1075	0.24
52	8~10t 光轮压路机	台班	1076	0.69
53	10~12t 光轮压路机	台班	1077	0.03
54	12~15t 光轮压路机	台班	1078	0.38
55	30t/h 以内沥青混合料拌和设备	台班	1201	0.03
56	250L 以内混凝土搅拌机	台班	1272	0.04
57	60m³/h 以内混凝土输送泵	台班	1316	0.18
58	60m³/h 以内混凝土搅拌站	台班	1327	0.37

续上表　　单位:100m² 桥面

顺序号	项　　目	单位	代号	钢索吊桥
				1
59	8t 以内载货汽车	台班	1375	0.13
60	15t 以内载货汽车	台班	1378	0.23
61	3t 以内自卸汽车	台班	1382	0.21
62	20t 以内平板拖车组	台班	1393	0.02
63	15t 以内履带式起重机	台班	1432	0.23
64	5t 以内汽车式起重机	台班	1449	97.88
65	12t 以内汽车式起重机	台班	1451	3.53
66	20t 以内汽车式起重机	台班	1453	0.10
67	40t 以内汽车式起重机	台班	1456	0.02
68	8t 以内 80m 高塔式起重机	台班	1468	0.23
69	30kN 以内单筒慢动卷扬机	台班	1499	1.95
70	50kN 以内单筒慢动卷扬机	台班	1500	27.32
71	75m 以内单笼施工电梯	台班	1551	0.23
72	ϕ1500mm 以内回旋钻机	台班	1600	11.81
73	泥浆搅拌机	台班	1624	2.00

续上表　　单位:100m² 桥面

顺序号	项　　目	单位	代号	钢索吊桥
				1
74	ϕ150mm 电动多级水泵(>180m)	台班	1666	0.80
75	32kV·A 以内交流电弧焊机	台班	1726	11.47
76	9m³/min 以内机动空压机	台班	1842	2.47
77	小型机具使用费	元	1998	576.4
78	基价	元	1999	874010

注:本指标适用于索塔在干处、跨径在 150m 以内的加劲钢桁架吊桥。

5-9 技术复杂大桥基础工程

工程内容 扩大基础:围堰、筑岛,挖基,基础混凝土及钢筋等工程的全部工作。

沉井基础:围堰、筑岛,沉井制作、组拼、浮运、接高、定位落床、下沉、填塞等工程的全部工作。

灌注桩基础:护筒,工作平台,钻孔,桩基混凝土、检测管及钢筋等工程的全部工作。

打桩船打钢管桩:钢管桩运输、打桩船打入、填芯、防腐等全部工作。

承台:围堰、筑岛,挖基,钢套箱及双壁钢围堰组拼、浮运、接高、定位落床、下沉到位、封底,承台混凝土及钢筋等全部工作。

地下连续墙:导墙开挖与浇筑、地下连续墙成槽、内衬、墙体浇筑及钢筋等全部工作。

锚体:锚碇混凝土、冷却管、钢筋、定位支架、锚固系统安装等全部工作。

单位:10m³ 实体

顺序号	项目	单位	代号	扩大基础		沉井基础	
				干处	水中	钢筋混凝土沉井	钢壳沉井
				1	2	3	4
1	人工	工日	1	40.9	60.7	42.7	40.6
2	原木	m^3	101	0.002	0.016	0.036	0.035
3	锯材	m^3	102	0.001	0.005	0.050	0.176
4	毛竹	根	104	—	13	—	—
5	光圆钢筋	t	111	0.007	0.008	0.023	0.011
6	带肋钢筋	t	112	0.123	0.137	0.427	0.241

续上表

单位:10m³ 实体

顺序号	项目	单位	代号	扩大基础		沉井基础	
				干处	水中	钢筋混凝土沉井	钢壳沉井
				1	2	3	4
7	型钢	t	182	0.004	0.004	0.024	0.039
8	钢板	t	183	—	—	—	0.040
9	钢管	t	191	—	—	0.003	—
10	钢钎	kg	211	0.8	0.3	—	—
11	钢丝绳	t	221	—	—	—	0.024
12	电焊条	kg	231	0.2	0.2	1.7	8.5
13	钢管桩	t	262	—	—	—	—
14	钢护筒	t	263	—	—	—	—
15	钢壳沉井	t	265	—	—	—	0.773
16	组合钢模板	t	272	0.008	0.008	0.011	—
17	锚链	t	650	—	—	—	0.023
18	铁件	kg	651	2.9	2.9	5.3	8.1
19	8~12 号铁丝	kg	655	—	3.7	—	—
20	20~22 号铁丝	kg	656	0.3	0.4	1.1	0.7
21	麻袋	个	818	—	—	95	—

续上表 单位:10m³ 实体

顺序号	项目	单位	代号	扩大基础		沉井基础	
				干处	水中	钢筋混凝土沉井	钢壳沉井
				1	2	3	4
22	草袋	个	819	—	587	—	—
23	32.5 级水泥	t	832	3.040	3.040	3.095	3.747
24	硝铵炸药	kg	841	4.4	2.0	1.0	—
25	导火线	m	842	11	5	—	—
26	普通雷管	个	845	8	4	—	—
27	煤	t	864	0.005	0.002	—	—
28	水	m^3	866	12	12	11	6
29	青(红)砖	千块	877	—	—	—	—
30	中(粗)砂	m^3	899	4.99	4.99	5.03	5.35
31	砂砾	m^3	902	—	—	—	—
32	黏土	m^3	911	—	—	—	—
33	片石	m^3	931	—	—	0.07	0.03
34	大卵石	m^3	935	—	3.85	—	—
35	碎石(4cm)	m^3	952	8.57	8.57	8.21	8.13
36	碎石(8cm)	m^3	954	—	—	0.26	0.24

续上表 单位:10m³ 实体

顺序号	项目	单位	代号	扩大基础		沉井基础	
				干处	水中	钢筋混凝土沉井	钢壳沉井
				1	2	3	4
37	其他材料费	元	996	10.9	10.3	16.6	50.0
38	设备摊销费	元	997	—	—	0.7	207.9
39	75kW 以内履带式推土机	台班	1003	0.03	0.03	0.04	—
40	1.0m³ 以内轮胎式装载机	台班	1048	0.03	0.03	0.04	—
41	6m³ 以内混凝土搅拌运输车	台班	1307	0.14	—	0.14	0.14
42	60m³/h 以内混凝土输送泵	台班	1316	—	—	—	—
43	40m³/h 以内混凝土搅拌站	台班	1325	—	—	0.05	—
44	60m³/h 以内混凝土搅拌站	台班	1327	0.03	0.03	—	—
45	8t 以内载货汽车	台班	1375	—	—	—	—
46	15t 以内载货汽车	台班	1378	—	—	—	—
47	1t 以内机动翻斗车	台班	1408	2.50	1.44	—	—
48	15t 以内履带式起重机	台班	1432	—	—	—	0.03
49	25t 以内履带式起重机	台班	1434	—	—	—	0.05
50	25t 以内轮胎式起重机	台班	1443	—	—	—	0.11
51	12t 以内汽车式起重机	台班	1451	0.18	0.18	0.41	0.46

续上表　　　　单位:10m³ 实体

顺序号	项目	单位	代号	扩大基础		沉井基础	
				干处	水中	钢筋混凝土沉井	钢壳沉井
				1	2	3	4
52	20t 以内汽车式起重机	台班	1453	—	—	—	—
53	50t 以内汽车式起重机	台班	1457	—	—	—	0.03
54	30kN 以内单筒慢动卷扬机	台班	1499	0.61	0.41	—	—
55	50kN 以内单筒慢动卷扬机	台班	1500	—	—	0.14	0.37
56	50kN 以内双筒快动卷扬机	台班	1523	—	—	1.08	0.65
57	300kN 以内振动打拔桩锤	台班	1581	—	—	—	—
58	600kN 以内振动打拔桩锤	台班	1583	—	—	—	—
59	ϕ1500mm 以内回旋钻机	台班	1600	—	—	—	—
60	ϕ2500mm 以内回旋钻机	台班	1602	—	—	—	—
61	ϕ3000mm 以内回旋钻机	台班	1603	—	—	—	—
62	泥浆搅拌机	台班	1624	—	—	—	—
63	ϕ150mm 电动单级离心水泵	台班	1653	0.40	1.98	1.15	0.21
64	ϕ100mm 电动多级水泵(≤120m)	台班	1663	—	—	—	—
65	ϕ150mm 电动多级水泵(≤180m)	台班	1665	—	—	1.03	0.42
66	32kV·A 以内交流电弧焊机	台班	1726	0.05	0.05	0.29	1.24

续上表　　　　单位:10m³ 实体

顺序号	项目	单位	代号	扩大基础		沉井基础	
				干处	水中	钢筋混凝土沉井	钢壳沉井
				1	2	3	4
67	9m³/min 以内机动空压机	台班	1842	0.26	0.12	0.75	0.23
68	88kW 以内内燃拖轮	艘班	1852	—	—	—	—
69	221kW 以内内燃拖轮	艘班	1855	—	—	—	0.21
70	100t 以内工程驳船	艘班	1874	—	—	—	0.13
71	200t 以内工程驳船	艘班	1876	—	—	—	0.25
72	300t 以内工程驳船	艘班	1877	—	—	—	0.12
73	400t 以内工程驳船	艘班	1878	—	—	—	0.73
74	600t 以内工程驳船	艘班	1880	—	—	—	0.22
75	100m³/h 以内混凝土搅拌船	艘班	1913	—	—	—	0.11
76	150m³/h 以内混凝土搅拌船	艘班	1915	—	—	—	—
77	123kW 以内机动艇	艘班	1919	—	—	—	0.01
78	潜水设备	台班	1945	—	—	0.92	0.44
79	小型机具使用费	元	1998	21.1	15.4	76.7	53.4
80	基价	元	1999	5872	7986	8727	14889

续上表 单位:10m³ 实体

顺序号	项目	单位	代号	灌注桩基础				
				干处	水深(m)			
					3 以内	5 以内	10 以内	20 以内
				5	6	7	8	9
1	人工	工日	1	28.5	22.5	25.6	30.9	41.4
2	原木	m³	101	—	0.003	0.004	0.003	0.004
3	锯材	m³	102	0.005	0.033	0.039	0.029	0.029
4	毛竹	根	104	—	—	—	—	—
5	光圆钢筋	t	111	0.084	0.083	0.083	0.088	0.094
6	带肋钢筋	t	112	0.685	0.676	0.677	0.718	0.764
7	型钢	t	182	—	0.009	0.011	0.012	0.018
8	钢板	t	183	—	—	—	0.002	0.002
9	钢管	t	191	0.035	0.035	0.035	0.035	0.035
10	钢钎	kg	211	—	—	—	—	—
11	钢丝绳	t	221	—	—	—	—	—
12	电焊条	kg	231	4.1	4.4	4.5	4.7	5.2
13	钢管桩	t	262	—	0.016	0.019	0.023	0.043

续上表 单位:10m³ 实体

顺序号	项目	单位	代号	灌注桩基础				
				干处	水深(m)			
					3 以内	5 以内	10 以内	20 以内
				5	6	7	8	9
14	钢护筒	t	263	—	0.722	0.866	1.041	1.607
15	钢壳沉井	t	265	—	—	—	—	—
16	组合钢模板	t	272	—	—	—	—	—
17	锚链	t	650	—	—	—	—	—
18	铁件	kg	651	0.1	0.3	0.3	0.2	0.2
19	8~12 号铁丝	kg	655	—	—	—	—	—
20	20~22 号铁丝	kg	656	1.7	1.6	1.6	1.7	1.8
21	麻袋	个	818	—	—	—	—	—
22	草袋	个	819	—	—	—	—	—
23	32.5 级水泥	t	832	5.141	5.147	5.148	5.117	5.117
24	硝铵炸药	kg	841	—	—	—	—	—
25	导火线	m	842	—	—	—	—	—
26	普通雷管	个	845	—	—	—	—	—

续上表

单位:10m³ 实体

顺序号	项目	单位	代号	灌注桩基础				
				干处	水深(m)			
					3 以内	5 以内	10 以内	20 以内
				5	6	7	8	9
27	煤	t	864	—	—	—	—	—
28	水	m^3	866	35	36	43	34	32
29	青(红)砖	千块	877	0.07	0.07	0.07	—	—
30	中(粗)砂	m^3	899	6.16	6.17	6.18	6.11	6.11
31	砂砾	m^3	902	0.07	0.07	0.07	—	—
32	黏土	m^3	911	11.44	5.12	6.14	4.65	4.34
33	片石	m^3	931	—	—	—	—	—
34	大卵石	m^3	935	—	—	—	—	—
35	碎石(4cm)	m^3	952	8.31	8.32	8.33	8.27	8.27
36	碎石(8cm)	m^3	954	—	—	—	—	—
37	其他材料费	元	996	4.8	20.2	23.4	16.2	17.5
38	设备摊销费	元	997	40.1	91.7	103.4	88.7	84.4
39	75kW 以内履带式推土机	台班	1003	0.03	0.03	0.03	—	—

续上表

单位:10m³ 实体

顺序号	项目	单位	代号	灌注桩基础				
				干处	水深(m)			
					3 以内	5 以内	10 以内	20 以内
				5	6	7	8	9
40	1.0m³ 以内轮胎式装载机	台班	1048	0.03	0.03	0.03	—	—
41	6m³ 以内混凝土搅拌运输车	台班	1307	0.14	0.14	0.14	—	—
42	60m³/h 以内混凝土输送泵	台班	1316	0.09	0.09	0.09	0.09	0.09
43	40m³/h 以内混凝土搅拌站	台班	1325	—	—	—	—	—
44	60m³/h 以内混凝土搅拌站	台班	1327	0.03	0.03	0.03	—	—
45	8t 以内载货汽车	台班	1375	—	0.03	0.04	0.04	0.08
46	15t 以内载货汽车	台班	1378	0.02	—	—	—	—
47	1t 以内机动翻斗车	台班	1408	0.04	—	—	—	—
48	15t 以内履带式起重机	台班	1432	0.02	0.05	0.06	0.03	0.03
49	25t 以内履带式起重机	台班	1434	—	—	—	—	—
50	25t 以内轮胎式起重机	台班	1443	—	—	—	—	—
51	12t 以内汽车式起重机	台班	1451	0.09	0.20	0.22	0.23	0.22
52	20t 以内汽车式起重机	台班	1453	—	—	—	—	0.09

续上表 单位:10m³ 实体

顺序号	项　　目	单位	代号	灌注桩基础				
				干处	水　　深(m)			
					3 以内	5 以内	10 以内	20 以内
				5	6	7	8	9
53	50t 以内汽车式起重机	台班	1457	—	—	—	—	—
54	30kN 以内单筒慢动卷扬机	台班	1499	—	—	—	—	—
55	50kN 以内单筒慢动卷扬机	台班	1500	0.78	0.28	0.33	0.82	1.40
56	50kN 以内双筒快动卷扬机	台班	1523	—	—	—	—	—
57	300kN 以内振动打拔桩锤	台班	1581	—	0.19	0.23	0.45	0.74
58	600kN 以内振动打拔桩锤	台班	1583	—	—	—	—	0.02
59	ϕ1500mm 以内回旋钻机	台班	1600	0.43	0.23	0.28	—	—
60	ϕ2500mm 以内回旋钻机	台班	1602	1.17	1.21	1.45	1.13	1.01
61	ϕ3000mm 以内回旋钻机	台班	1603	0.29	0.29	0.35	0.59	0.44
62	泥浆搅拌机	台班	1624	0.29	0.29	0.35	0.25	0.25
63	ϕ150mm 电动单级离心水泵	台班	1653	—	—	—	—	—
64	ϕ100mm 电动多级水泵(≤120m)	台班	1663	—	—	—	0.46	—
65	ϕ150mm 电动多级水泵(≤180m)	台班	1665	—	—	—	—	0.76
66	32kV · A 以内交流电弧焊机	台班	1726	0.71	0.75	0.76	0.88	1.10

续上表 单位:10m³ 实体

顺序号	项　　目	单位	代号	灌注桩基础				
				干处	水　　深(m)			
					3 以内	5 以内	10 以内	20 以内
				5	6	7	8	9
67	9m³/min 以内机动空压机	台班	1842	—	—	—	—	—
68	88kW 以内内燃拖轮	艘班	1852	—	0.20	0.24	0.17	0.22
69	221kW 以内内燃拖轮	艘班	1855	—	0.02	0.03	0.03	0.07
70	100t 以内工程驳船	艘班	1874	—	0.59	0.71	0.43	0.67
71	200t 以内工程驳船	艘班	1876	—	2.97	3.57	3.86	2.93
72	300t 以内工程驳船	艘班	1877	—	—	—	—	0.30
73	400t 以内工程驳船	艘班	1878	—	—	—	—	—
74	600t 以内工程驳船	艘班	1880	—	—	—	—	—
75	100m³/h 以内混凝土搅拌船	艘班	1913	—	—	—	—	—
76	150m³/h 以内混凝土搅拌船	艘班	1915	—	—	—	0.08	0.08
77	123kW 以内机动艇	艘班	1919	—	—	—	0.01	0.01
78	潜水设备	台班	1945	—	—	—	—	—
79	小型机具使用费	元	1998	29.4	30.9	32.8	33.0	31.1
80	基价	元	1999	11540	16324	18355	21326	24637

续上表 单位:10 根

顺序号	项目	单位	代号	打桩船打钢管桩
				10
1	人工	工日	1	143.0
2	原木	m^3	101	0.284
3	锯材	m^3	102	0.556
4	型钢	t	182	0.267
5	钢板	t	183	2.784
6	钢丝绳	t	221	0.050
7	电焊条	kg	231	55.7
8	铁件	kg	651	112.4
9	8~12 号铁丝	kg	655	21.4
10	42.5 级水泥	t	833	88.168
11	水	m^3	866	366
12	中(粗)砂	m^3	899	105.46
13	碎石(2cm)	m^3	951	155.24
14	其他材料费	元	996	156382.4

续上表 单位:10 根

顺序号	项目	单位	代号	打桩船打钢管桩
				10
15	设备摊销费	元	997	975.4
16	25t 以内履带式起重机	台班	1434	7.09
17	ϕ150mm 以内潜水泵	台班	1677	10.16
18	32kV·A 以内交流电弧焊机	台班	1726	7.16
19	1228kW 以内内燃拖轮	艘班	1862	14.10
20	1441kW 以内内燃拖轮	艘班	1863	1.83
21	2000t 以内工程驳船	艘班	1884	14.10
22	桩架高 80m 以内打桩船	艘班	1893	8.25
23	417kN·m 以内船用打桩锤	艘班	1897	8.25
24	120m^3/h 以内混凝土搅拌船	艘班	1914	3.66
25	373kW 以内抛锚船	艘班	1917	13.29
26	198kW 以内机动艇	艘班	1920	3.27
27	小型机具使用费	元	1998	239.6
28	基价	元	1999	743886

续上表 单位:10m³ 实体

顺序号	项目	单位	代号	承台				
				干处	水深(m)			
					3以内	5以内	10以内	20以内
				11	12	13	14	15
1	人工	工日	1	16.7	49.7	50.8	57.5	68.3
2	原木	m³	101	0.010	0.009	0.016	0.038	0.055
3	锯材	m³	102	0.007	0.006	0.006	0.091	0.157
4	带肋钢筋	t	112	0.897	0.685	0.701	0.720	1.063
5	型钢	t	182	0.002	0.002	0.008	0.027	0.101
6	钢板	t	183	—	—	0.013	0.053	0.072
7	钢管	t	191	0.109	0.109	0.112	0.153	0.151
8	钢丝绳	t	221	—	—	—	0.044	0.076
9	电焊条	kg	231	4.1	3.1	3.7	10.6	16.7
10	钢套箱	t	264	—	—	0.367	0.227	—
11	钢壳沉井	t	265	—	—	—	0.670	1.120
12	组合钢模板	t	272	0.006	0.005	0.005	0.003	0.003
13	锚链	t	650	—	—	—	0.021	0.057

续上表 单位:10m³ 实体

顺序号	项目	单位	代号	承台				
				干处	水深(m)			
					3以内	5以内	10以内	20以内
				11	12	13	14	15
14	铁件	kg	651	2.3	2.0	2.5	5.8	17.7
15	20~22号铁丝	kg	656	3.0	2.3	2.3	2.4	3.7
16	麻袋	个	818	—	295	—	—	—
17	32.5级水泥	t	832	4.005	4.000	4.000	5.006	6.556
18	硝铵炸药	kg	841	0.2	—	—	—	—
19	水	m³	866	18	16	16	13	13
20	青(红)砖	千块	877	0.13	0.13	0.13	—	—
21	中(粗)砂	m³	899	6.14	6.07	6.07	7.99	10.58
22	砂砾	m³	902	0.13	0.13	0.13	—	—
23	片石	m³	931	—	—	—	2.00	2.89
24	碎石(4cm)	m³	952	7.68	7.66	7.66	9.77	12.63
25	碎石(6cm)	m³	953	—	—	0.29	—	—
26	碎石(8cm)	m³	954	—	—	—	—	0.60

续上表 单位:10m³ 实体

顺序号	项　目	单位	代号	承台				
				干处	水深(m)			
					3 以内	5 以内	10 以内	20 以内
				11	12	13	14	15
27	其他材料费	元	996	8.6	7.4	37.3	83.9	91.3
28	设备摊销费	元	997	0.2	1.4	520.2	560.9	732.5
29	75kW 以内履带式推土机	台班	1003	0.03	0.03	0.02	—	—
30	0.6m³ 以内履带式单斗挖掘机	台班	1027	0.06	0.12	—	—	—
31	1.0m³ 以内轮胎式装载机	台班	1048	0.03	0.03	0.02	—	—
32	6m³ 以内混凝土搅拌运输车	台班	1307	0.14	0.14	0.07	—	—
33	60m³/h 以内混凝土输送泵	台班	1316	0.08	0.08	0.08	0.09	0.11
34	60m³/h 以内混凝土搅拌站	台班	1327	0.04	0.04	0.02	—	—
35	30t 以内平板拖车组	台班	1394	—	—	—	—	0.04
36	1t 以内机动翻斗车	台班	1408	0.44	0.74	0.52	—	—
37	15t 以内履带式起重机	台班	1432	—	—	—	0.04	0.06
38	25t 以内履带式起重机	台班	1434	—	—	—	—	0.11
39	25t 以内轮胎式起重机	台班	1443	—	—	—	0.10	0.17

续上表 单位:10m³ 实体

顺序号	项　目	单位	代号	承台				
				干处	水深(m)			
					3 以内	5 以内	10 以内	20 以内
				11	12	13	14	15
40	12t 以内汽车式起重机	台班	1451	0.05	0.05	0.23	0.28	0.22
41	50t 以内汽车式起重机	台班	1457	—	—	—	0.01	0.10
42	30kN 以内单筒慢动卷扬机	台班	1499	—	—	0.22	—	—
43	50kN 以内单筒慢动卷扬机	台班	1500	—	—	0.34	0.51	0.70
44	30kN 以内单筒快动卷扬机	台班	1509	—	—	1.36	0.63	—
45	50kN 以内双筒快动卷扬机	台班	1523	—	—	—	0.55	0.98
46	φ150mm 电动单级离心水泵	台班	1653	0.88	0.82	1.98	1.34	2.02
47	φ100mm 电动多级水泵(≤120m)	台班	1663	—	—	0.03	—	—
48	φ150mm 电动多级水泵(≤180m)	台班	1665	—	—	—	0.34	0.66
49	32kV·A 以内交流电弧焊机	台班	1726	0.50	0.40	0.46	1.45	2.50
50	9m³/min 以内机动空压机	台班	1842	—	—	—	0.19	0.67

续上表　　　　单位:10m³ 实体

顺序号	项　　目	单位	代号	承　　台				
				干处	水　　深(m)			
					3 以内	5 以内	10 以内	20 以内
				11	12	13	14	15
51	44kW 以内内燃拖轮	艘班	1851	—	—	0.07	0.04	—
52	147kW 以内内燃拖轮	艘班	1853	—	—	—	0.04	—
53	221kW 以内内燃拖轮	艘班	1855	—	—	—	0.22	0.40
54	100t 以内工程驳船	艘班	1874	—	—	0.22	0.32	0.32
55	200t 以内工程驳船	艘班	1876	—	—	—	0.38	—
56	300t 以内工程驳船	艘班	1877	—	—	—	0.08	0.66
57	400t 以内工程驳船	艘班	1878	—	—	—	0.74	1.23
58	600t 以内工程驳船	艘班	1880	—	—	—	0.11	0.81
59	100m³/h 以内混凝土搅拌船	艘班	1913	—	—	0.05	0.12	0.15
60	123kW 以内机动艇	艘班	1919	—	—	—	0.01	0.01
61	潜水设备	台班	1945	—	—	0.20	0.42	0.57
62	小型机具使用费	元	1998	51.7	40.7	56.6	59.3	104.2
63	基价	元	1999	7671	9789	12927	20313	28043

续上表　　　　单位:10m³ 实体

顺序号	项　　目	单位	代号	地下连续墙	锚　　体
				16	17
1	人工	工日	1	40.7	9.5
2	原木	m³	101	—	0.005
3	锯材	m³	102	0.013	0.021
4	光圆钢筋	t	111	—	0.019
5	带肋钢筋	t	112	1.857	0.308
6	环氧钢绞线	t	126	—	0.022
7	型钢	t	182	0.005	0.028
8	钢板	t	183	0.003	0.012
9	钢管	t	191	—	0.056
10	钢丝绳	t	221	—	0.001
11	电焊条	kg	231	14.9	0.7
12	钢模板	t	271	0.002	—
13	组合钢模板	t	272	—	0.009
14	套管及拉杆构件	t	293	—	0.036

续上表　　　　单位:10m³ 实体

顺序号	项　　目	单位	代号	地下连续墙	锚　体
				16	17
15	铁件	kg	651	88.9	2.6
16	20～22 号铁丝	kg	656	5.2	0.8
17	PVC 塑料管(ϕ50mm)	m	779	—	0.11
18	32.5 级水泥	t	832	4.986	3.571
19	水	m^3	866	15	21
20	青(红)砖	千块	877	—	0.04
21	中(粗)砂	m^3	899	6.29	5.86
22	砂砾	m^3	902	—	0.04
23	黏土	m^3	911	0.08	—
24	膨润土	kg	912	620.8	—
25	粉煤灰	m^3	945	—	0.90
26	碎石(4cm)	m^3	952	8.38	7.62
27	其他材料费	元	996	380.2	82.1
28	设备摊销费	元	997	11.7	7.0

续上表　　　　单位:10m³ 实体

顺序号	项　　目	单位	代号	地下连续墙	锚　体
				16	17
29	75kW 以内履带式推土机	台班	1003	0.03	0.29
30	1.0m³ 以内轮胎式装载机	台班	1048	0.03	0.29
31	6m³ 以内混凝土搅拌运输车	台班	1307	0.14	1.38
32	60m³/h 以内混凝土输送泵	台班	1316	0.09	0.11
33	60m³/h 以内混凝土搅拌站	台班	1327	0.03	0.34
34	半径 20m 以内混凝土布料机	台班	1332	—	0.10
35	3t 以内自卸汽车	台班	1382	0.29	—
36	20t 以内平板拖车组	台班	1393	0.01	—
37	15t 以内履带式起重机	台班	1432	0.28	—
38	40t 以内履带式起重机	台班	1436	0.10	—
39	12t 以内汽车式起重机	台班	1451	—	0.02
40	20t 以内汽车式起重机	台班	1453	—	0.01
41	40t 以内汽车式起重机	台班	1456	0.01	—
42	6t 以内 80m 高塔式起重机	台班	1465	0.03	—

续上表 单位:10m³ 实体

顺序号	项　　目	单位	代号	地下连续墙	锚　　体
				16	17
43	8t 以内 80m 高塔式起重机	台班	1468	—	0.05
44	泥浆制作循环设备	台班	1621	0.37	—
45	铣槽机	台班	1635	0.06	—
46	履带式液压抓斗成槽机	台班	1636	0.29	—
47	液压冲击重凿机	台班	1638	0.04	—
48	φ150mm 电动单级离心水泵	台班	1653	—	0.18
49	φ100mm 电动多级水泵(≤120m)	台班	1663	—	0.18
50	φ150mm 电动多级水泵(≤180m)	台班	1665	—	0.06
51	φ100mm 以内泥浆泵	台班	1681	0.14	—
52	32kV·A 以内交流电弧焊机	台班	1726	2.52	0.34
53	75kV·A 以内交流对焊机	台班	1745	0.51	—
54	小型机具使用费	元	1998	58.5	47.9
55	基价	元	1999	15888	7836

5-10　技术复杂大桥下部构造

工程内容　桥台:桥台砌石、混凝土、钢筋、桥台锥坡、台背排水、台背填料、桥头搭板、桥台护栏、桥台路面的全部工作。

桥墩:桥墩混凝土、钢筋的全部工作。

索塔:索塔混凝土、钢筋、钢绞线、斜拉桥索塔钢锚箱、索塔附属构件的全部工作。

单位:10m³ 实体

顺序号	项　　目	单位	代号	混凝土桥台			砌石桥台
				肋板式	柱式	重力式	
				1	2	3	4
1	人工	工日	1	143.7	96.7	35.5	19.7
2	原木	m³	101	0.074	0.050	0.022	0.004
3	锯材	m³	102	0.173	0.324	0.053	0.017
4	光圆钢筋	t	111	0.419	0.277	0.134	0.134
5	带肋钢筋	t	112	1.074	1.171	0.063	0.063
6	型钢	t	182	0.022	0.045	0.052	—
7	钢管	t	191	0.017	0.002	0.010	0.005
8	电焊条	kg	231	8.3	7.6	1.4	1.4
9	钢模板	t	271	0.001	0.006	—	—
10	组合钢模板	t	272	0.042	0.034	0.024	—

续上表 单位:10m³ 实体

顺序号	项目	单位	代号	混凝土桥台			砌石桥台
				肋板式	柱式	重力式	
				1	2	3	4
11	门式钢支架	t	273	—	0.001	—	—
12	铸铁	kg	561	3.6	3.3	1.1	1.1
13	铁件	kg	651	25.9	29.7	46.4	1.6
14	铁钉	kg	653	0.4	0.2	—	—
15	8~12 号铁丝	kg	655	0.3	—	—	0.6
16	20~22 号铁丝	kg	656	5.1	4.8	0.7	0.7
17	32.5 级水泥	t	832	6.230	6.033	2.873	1.886
18	水	m^3	866	32	29	16	11
19	青(红)砖	千块	877	0.12	0.12	0.12	—
20	中(粗)砂	m^3	899	11.19	10.17	5.92	4.56
21	砂砾	m^3	902	0.12	0.12	0.12	—
22	黏土	m^3	911	—	—	0.88	1.18
23	片石	m^3	931	11.21	8.07	3.47	10.27
24	碎石(4cm)	m^3	952	12.01	10.36	1.24	1.23
25	碎石(8cm)	m^3	954	15.62	13.56	11.26	4.50

续上表 单位:10m³ 实体

顺序号	项目	单位	代号	混凝土桥台			砌石桥台
				肋板式	柱式	重力式	
				1	2	3	4
26	块石	m^3	981	—	—	—	2.10
27	草皮	m^2	995	—	—	1.49	2.01
28	其他材料费	元	996	74.7	77.9	66.6	22.4
29	75kW 以内履带式推土机	台班	1003	0.03	0.03	0.03	—
30	1.0m³ 以内轮胎式装载机	台班	1048	0.03	0.03	0.03	—
31	混凝土电动刻纹机	台班	1243	0.13	0.08	0.04	0.04
32	6m³ 以内混凝土搅拌运输车	台班	1307	0.14	0.14	0.14	—
33	60m³/h 以内混凝土输送泵	台班	1316	0.02	0.10	—	—
34	60m³/h 以内混凝土搅拌站	台班	1327	0.03	0.03	0.03	—
35	1t 以内机动翻斗车	台班	1408	0.19	0.16	0.05	0.05
36	12t 以内汽车式起重机	台班	1451	0.39	0.31	0.43	—
37	20t 以内汽车式起重机	台班	1453	0.22	0.34	0.02	0.03
38	50kN 以内单筒慢动卷扬机	台班	1500	0.45	0.49	0.03	0.03
39	32kV·A 以内交流电弧焊机	台班	1726	1.74	1.61	0.27	0.27
40	小型机具使用费	元	1998	90.1	81.0	43.2	25.3
41	基价	元	1999	20701	17503	6375	3804

续上表 单位:10m³ 实体

顺序号	项目	单位	代号	桥墩					
				实体式墩		薄壁墩		Y 形墩	
				干处	水中	干处	水中	干处	水中
				5	6	7	8	9	10
1	人工	工日	1	28.1	29.9	34.6	36.6	33.8	35.8
2	原木	m³	101	0.016	0.016	0.036	0.036	0.017	0.017
3	锯材	m³	102	0.033	0.033	0.033	0.032	0.045	0.045
4	带肋钢筋	t	112	0.879	0.879	1.749	1.749	1.906	1.906
5	钢绞线	t	125	—	—	—	—	—	—
6	型钢	t	182	0.033	0.033	0.014	0.013	0.020	0.020
7	钢板	t	183	—	—	—	—	—	—
8	钢管	t	191	0.005	0.005	0.015	0.015	0.008	0.008
9	电焊条	kg	231	4.0	4.0	8.0	8.0	8.7	8.7
10	钢模板	t	271	—	—	—	—	—	—
11	组合钢模板	t	272	0.016	0.016	0.027	0.027	0.015	0.015

续上表 单位:10m³ 实体

顺序号	项目	单位	代号	桥墩					
				实体式墩		薄壁墩		Y 形墩	
				干处	水中	干处	水中	干处	水中
				5	6	7	8	9	10
12	门式钢支架	t	273	—	—	—	—	—	—
13	钢绞线群锚(19 孔)	套	585	—	—	—	—	—	—
14	钢绞线群锚(22 孔)	套	586	—	—	—	—	—	—
15	铁件	kg	651	31.3	31.2	20.6	20.5	17.6	17.5
16	铁钉	kg	653	—	—	0.1	0.1	—	—
17	8~12 号铁丝	kg	655	—	—	0.1	0.1	—	—
18	20~22 号铁丝	kg	656	2.8	2.8	5.6	5.6	6.1	6.1
19	32.5 级水泥	t	832	3.511	3.460	4.950	4.892	4.949	4.891
20	水	m³	866	12	12	21	20	21	20
21	青(红)砖	千块	877	0.12	—	0.13	—	0.13	—
22	中(粗)砂	m³	899	4.98	4.87	6.64	6.52	6.64	6.52

续上表 单位:10m³ 实体

顺序号	项目	单位	代号	桥墩					
				实体式墩		薄壁墩		Y 形墩	
				干处	水中	干处	水中	干处	水中
				5	6	7	8	9	10
23	砂砾	m^3	902	0.12	—	0.13	—	0.13	—
24	碎石(4cm)	m^3	952	8.56	8.47	8.60	8.50	8.60	8.50
25	其他材料费	元	996	43.8	42.9	26.8	25.8	31.3	30.2
26	设备摊销费	元	997	—	—	—	—	—	—
27	75kW 以内履带式推土机	台班	1003	0.03	—	0.03	—	0.03	—
28	1.0m^3 以内轮胎式装载机	台班	1048	0.03	—	0.03	—	0.03	—
29	6m^3 以内混凝土搅拌运输车	台班	1307	0.14	—	0.15	—	0.15	—
30	60m^3/h 以内混凝土输送泵	台班	1316	—	—	0.11	0.11	0.10	0.10
31	60m^3/h 以内混凝土搅拌站	台班	1327	0.03	—	0.04	—	0.04	—
32	钢绞线拉伸设备	台班	1349	—	—	—	—	—	—
33	12t 以内汽车式起重机	台班	1451	—	—	—	—	0.04	0.03

续上表 单位:10m³ 实体

顺序号	项目	单位	代号	桥墩					
				实体式墩		薄壁墩		Y 形墩	
				干处	水中	干处	水中	干处	水中
				5	6	7	8	9	10
34	20t 以内汽车式起重机	台班	1453	0.54	0.54	0.31	0.31	0.11	0.11
35	8t 以内 150m 高塔式起重机	台班	1469	—	—	—	—	—	—
36	30kN 以内单筒慢动卷扬机	台班	1499	—	—	—	—	—	—
37	50kN 以内单筒慢动卷扬机	台班	1500	0.37	0.37	0.73	0.73	0.80	0.80
38	ϕ150mm 电动多级水泵(≤180m)	台班	1665	—	—	—	—	—	—
39	ϕ150mm 电动多级水泵(>180m)	台班	1666	—	—	—	—	—	—
40	32kV·A 以内交流电弧焊机	台班	1726	0.88	0.88	1.76	1.76	1.91	1.91
41	150m^3/h 以内混凝土搅拌船	艘班	1915	—	0.08	—	0.09	—	0.09
42	123kW 以内机动艇	艘班	1919	—	0.01	—	0.02	—	0.02
43	小型机具使用费	元	1998	53.3	44.6	81.2	71.4	82.9	75.5
44	基价	元	1999	8204	9704	12251	13941	12473	14163

续上表　　单位:10m³ 实体

顺序号	项目	单位	代号	桥墩			
				柱式墩		空心墩	
				干处	水中	干处	水中
				11	12	13	14
1	人工	工日	1	35.8	37.7	40.0	43.4
2	原木	m^3	101	0.030	0.030	0.029	0.028
3	锯材	m^3	102	0.225	0.225	0.155	0.140
4	带肋钢筋	t	112	1.374	1.374	1.462	1.462
5	钢绞线	t	125	0.023	0.023	0.009	0.009
6	型钢	t	182	0.057	0.056	0.039	0.036
7	钢板	t	183	—	—	0.003	0.003
8	钢管	t	191	—	—	—	—
9	电焊条	kg	231	6.3	6.3	7.0	7.0
10	钢模板	t	271	0.013	0.013	—	—
11	组合钢模板	t	272	0.018	0.017	0.033	0.034

续上表　　单位:10m³ 实体

顺序号	项目	单位	代号	桥墩			
				柱式墩		空心墩	
				干处	水中	干处	水中
				11	12	13	14
12	门式钢支架	t	273	0.003	0.003	—	—
13	钢绞线群锚(19 孔)	套	585	—	—	0.03	0.03
14	钢绞线群锚(22 孔)	套	586	0.18	0.18	—	—
15	铁件	kg	651	27.1	27.0	22.2	19.8
16	铁钉	kg	653	—	—	—	0.1
17	8～12 号铁丝	kg	655	—	—	—	—
18	20～22 号铁丝	kg	656	4.4	4.4	4.7	4.7
19	32.5 级水泥	t	832	4.952	4.894	4.949	4.892
20	水	m^3	866	21	20	21	20
21	青(红)砖	千块	877	0.13	—	0.13	—
22	中(粗)砂	m^3	899	6.64	6.51	6.64	6.52

续上表

单位:10m³ 实体

顺序号	项目	单位	代号	桥墩			
				柱式墩		空心墩	
				干处	水中	干处	水中
				11	12	13	14
23	砂砾	m^3	902	0.13	—	0.13	—
24	碎石(4cm)	m^3	952	8.61	8.50	8.60	8.50
25	其他材料费	元	996	85.7	84.7	71.5	70.2
26	设备摊销费	元	997	21.2	21.2	50.4	70.6
27	75kW 以内履带式推土机	台班	1003	0.03	—	0.03	—
28	1.0m³ 以内轮胎式装载机	台班	1048	0.03	—	0.03	—
29	6m³ 以内混凝土搅拌运输车	台班	1307	0.15	—	0.15	—
30	60m³/h 以内混凝土输送泵	台班	1316	0.13	0.13	0.13	0.12
31	60m³/h 以内混凝土搅拌站	台班	1327	0.04	—	0.04	—
32	钢绞线拉伸设备	台班	1349	0.02	0.02	—	—
33	12t 以内汽车式起重机	台班	1451	0.04	0.04	0.08	0.13

续上表

单位:10m³ 实体

顺序号	项目	单位	代号	桥墩			
				柱式墩		空心墩	
				干处	水中	干处	水中
				11	12	13	14
34	20t 以内汽车式起重机	台班	1453	0.49	0.49	0.24	0.12
35	8t 以内 150m 高塔式起重机	台班	1469	—	—	0.25	0.25
36	30kN 以内单筒慢动卷扬机	台班	1499	0.01	0.01	—	—
37	50kN 以内单筒慢动卷扬机	台班	1500	0.58	0.58	0.61	0.61
38	ϕ150mm 电动多级水泵(≤180m)	台班	1665	—	—	0.31	0.65
39	ϕ150mm 电动多级水泵(>180m)	台班	1666	—	—	0.12	—
40	32kV·A 以内交流电弧焊机	台班	1726	1.38	1.38	1.49	1.49
41	150m³/h 以内混凝土搅拌船	艘班	1915	—	0.09	—	0.09
42	123kW 以内机动艇	艘班	1919	—	0.02	—	0.02
43	小型机具使用费	元	1998	74.6	67.2	139.7	147.2
44	基价	元	1999	11981	13662	12513	14268

续上表　　单位：10m³ 实体

顺序号	项　目	单位	代号	索塔			
				斜拉桥		悬索桥	
				干处	水中	干处	水中
				15	16	17	18
1	人工	工日	1	65.7	68.3	61.4	63.6
2	原木	m^3	101	0.061	0.057	0.061	0.057
3	锯材	m^3	102	0.150	0.124	0.150	0.124
4	光圆钢筋	t	111	0.005	0.004	0.005	0.004
5	带肋钢筋	t	112	2.104	2.161	2.104	2.161
6	预应力粗钢筋	t	121	0.001	—	0.001	—
7	钢绞线	t	125	0.121	0.121	0.121	0.121
8	波纹管钢带	t	151	0.005	0.004	0.005	0.004
9	型钢	t	182	0.132	0.192	0.130	0.189
10	钢板	t	183	0.187	0.226	0.187	0.226
11	钢管	t	191	0.018	0.019	—	—
12	钢丝绳	t	221	0.002	0.001	0.002	0.001
13	电焊条	kg	231	14.9	16.1	14.7	15.8

续上表　　单位：10m³ 实体

顺序号	项　目	单位	代号	索塔			
				斜拉桥		悬索桥	
				干处	水中	干处	水中
				15	16	17	18
14	钢管桩	t	262	0.007	0.010	0.007	0.010
15	钢模板	t	271	0.036	0.034	0.036	0.034
16	钢锚箱	t	305	0.179	0.191	—	—
17	钢绞线群锚(22 孔)	套	586	0.72	0.72	0.72	0.72
18	轧丝锚具	kg	596	0.1	—	0.1	—
19	铁件	kg	651	23.7	23.8	23.7	23.8
20	铁钉	kg	653	0.4	0.3	0.4	0.3
21	20~22 号铁丝	kg	656	3.4	3.5	3.4	3.5
22	32.5 级水泥	t	832	0.082	0.027	0.082	0.027
23	42.5 级水泥	t	833	5.515	5.515	5.515	5.515
24	水	m^3	866	19	19	19	19
25	青(红)砖	千块	877	0.13	—	0.13	—
26	中(粗)砂	m^3	899	6.13	6.01	6.13	6.01

续上表　　　　单位:10m³ 实体

顺序号	项　目	单位	代号	索塔			
				斜拉桥		悬索桥	
				干处	水中	干处	水中
				15	16	17	18
27	砂砾	m^3	902	0.13	—	0.13	—
28	碎石(4cm)	m^3	952	7.42	7.32	7.42	7.32
29	其他材料费	元	996	91.1	89.4	91.0	89.4
30	设备摊销费	元	997	310.3	258.7	310.3	258.7
31	75kW 以内履带式推土机	台班	1003	0.03	—	0.03	—
32	1.0m³ 以内轮胎式装载机	台班	1048	0.03	—	0.03	—
33	6m³ 以内混凝土搅拌运输车	台班	1307	0.14	—	0.14	—
34	60m³/h 以内混凝土输送泵	台班	1316	0.25	0.32	0.25	0.32
35	60m³/h 以内混凝土搅拌站	台班	1327	0.04	—	0.04	—
36	钢绞线拉伸设备	台班	1349	0.08	0.08	0.08	0.08
37	波纹管卷制机	台班	1352	0.02	0.01	0.02	0.01
38	20t 以内载货汽车	台班	1379	0.01	0.01	0.01	0.01
39	20t 以内平板拖车组	台班	1393	0.03	0.02	0.03	0.02

续上表　　　　单位:10m³ 实体

顺序号	项　目	单位	代号	索塔			
				斜拉桥		悬索桥	
				干处	水中	干处	水中
				15	16	17	18
40	12t 以内汽车式起重机	台班	1451	0.36	0.30	0.36	0.30
41	30t 以内汽车式起重机	台班	1455	0.02	0.01	0.02	0.01
42	40t 以内汽车式起重机	台班	1456	0.03	0.02	0.03	0.02
43	8t 以内 80m 高塔式起重机	台班	1468	0.10	—	0.10	—
44	8t 以内 150m 高塔式起重机	台班	1469	0.10	0.10	0.10	0.10
45	8t 以内 200m 高塔式起重机	台班	1470	0.04	0.13	0.04	0.13
46	30kN 以内单筒慢动卷扬机	台班	1499	0.90	0.02	0.90	0.02
47	50kN 以内单筒慢动卷扬机	台班	1500	2.31	3.61	2.31	3.61
48	80kN 以内单筒慢动卷扬机	台班	1501	0.41	0.44	—	—
49	100m 以内单笼施工电梯	台班	1552	0.23	—	0.23	—
50	150m 以内单笼施工电梯	台班	1553	0.17	0.16	0.17	0.16
51	200m 以内双笼施工电梯	台班	1555	0.06	0.25	0.06	0.25
52	ϕ150mm 电动多级水泵(>180m)	台班	1666	0.94	1.01	0.94	1.01

续上表 单位:$10m^3$ 实体

顺序号	项　　目	单位	代号	索塔			
				斜拉桥		悬索桥	
				干处	水中	干处	水中
				15	16	17	18
53	32kV·A 以内交流电弧焊机	台班	1726	2.25	2.38	1.94	2.05
54	$150m^3/h$ 以内混凝土搅拌船	艘班	1915	—	0.08	—	0.08
55	123kW 以内机动艇	艘班	1919	—	0.01	—	0.01
56	小型机具使用费	元	1998	166.1	184.6	158.8	176.7
57	基价	元	1999	22251	24552	20058	22202

5-11 技术复杂大桥上部构造

工程内容 预应力混凝土梁:悬浇混凝土或顶推,行车道构件的预制、安装,钢筋和预应力系统、支座、伸缩缝,吊装、顶推设备,桥面系等工程的全部工作。

箱形拱:吊装设备的拼装、拆除,构件、预制块的预制、安装,现浇混凝土,支座、伸缩缝,桥面系等工程的全部工作。

钢管拱:拱肋安装、拱肋混凝土、吊索、系杆、桥面板、桥面系等全部工作。

斜拉索:平行钢丝斜拉索、钢绞线斜拉索、减振器安装等全部工作。

主缆:索鞍安装,主缆架设、紧缆、缠丝,牵引系统、猫道安拆,索夹、吊索安装等上部悬吊系统安装全部工作。

钢箱梁:钢箱梁吊装或顶推,支座伸缩缝、钢护栏安装,临时设施安拆等钢箱梁及附属工程安装全部工作。

单位:$100m^2$ 桥面

顺序号	项　　目	单位	代号	预应力混凝土梁				
				连续梁		连续刚构		
				标准跨径(m)				
				≤100	≤150	≤150	≤200	≤270
				1	2	3	4	5
1	人工	工日	1	766.4	836.8	819.7	976.5	1155.3
2	原木	m^3	101	0.017	0.016	0.016	0.018	0.016
3	锯材	m^3	102	1.371	1.535	1.593	1.857	2.203

续上表

单位:100m² 桥面

顺序号	项目	单位	代号	预应力混凝土梁				
				连续梁		连续刚构		
				标准跨径(m)				
				≤100	≤150	≤150	≤200	≤270
				1	2	3	4	5
4	光圆钢筋	t	111	2.682	2.642	2.688	2.927	3.345
5	带肋钢筋	t	112	16.074	15.046	15.845	18.613	23.168
6	预应力粗钢筋	t	121	0.755	1.217	0.728	1.456	1.144
7	钢绞线	t	125	5.560	6.079	5.739	6.373	13.270
8	高强钢丝	t	133	—	—	—	—	—
9	波纹管钢带	t	151	0.356	0.383	0.361	0.407	0.682
10	型钢	t	182	0.324	0.362	0.335	0.413	0.463
11	钢板	t	183	—	—	0.031	0.045	0.044
12	钢管	t	191	0.060	0.061	0.073	0.075	0.080
13	电焊条	kg	231	59.8	63.4	62.7	77.6	85.8
14	螺栓	kg	240	1.0	1.0	1.0	1.0	1.0
15	钢管立柱	t	247	0.011	0.011	0.011	0.011	0.011

续上表

单位:100m² 桥面

顺序号	项目	单位	代号	预应力混凝土梁				
				连续梁		连续刚构		
				标准跨径(m)				
				≤100	≤150	≤150	≤200	≤270
				1	2	3	4	5
16	波形钢板	t	249	0.018	0.018	0.018	0.018	0.018
17	钢管桩	t	262	—	—	—	0.166	—
18	钢模板	t	271	0.035	0.035	0.035	0.035	0.035
19	组合钢模板	t	272	0.324	0.361	0.239	0.279	0.332
20	门式钢支架	t	273	0.028	0.030	0.077	0.085	0.101
21	模数式伸缩缝	t	541	0.166	0.166	0.166	0.166	0.166
22	铸铁	kg	561	92.0	92.0	92.0	92.0	92.0
23	弗氏锚具	kg	565	—	—	—	—	—
24	钢绞线群锚(3孔)	套	572	14.14	19.29	—	0.00	—
25	钢绞线群锚(4孔)	套	573	2.65	—	—	2.33	—
26	钢绞线群锚(7孔)	套	576	0.00	—	0.23	1.21	—
27	钢绞线群锚(9孔)	套	578	1.64	—	0.86	—	—

续上表 单位:100m² 桥面

顺序号	项目	单位	代号	预应力混凝土梁				
				连续梁		连续刚构		
				标准跨径(m)				
				≤100	≤150	≤150	≤200	≤270
				1	2	3	4	5
28	钢绞线群锚(10 孔)	套	579	—	—	0.40	—	—
29	钢绞线群锚(12 孔)	套	580	6.85	—	7.48	0.93	—
30	钢绞线群锚(15 孔)	套	582	1.35	—	0.38	0.75	—
31	钢绞线群锚(17 孔)	套	584	1.02	—	—	0.08	—
32	钢绞线群锚(19 孔)	套	585	8.14	10.17	6.32	5.91	22.59
33	钢绞线群锚(22 孔)	套	586	0.18	2.00	0.22	0.85	—
34	钢绞线群锚(31 孔)	套	588	—	0.37	—	2.84	—
35	轧丝锚具	kg	596	81.4	131.2	78.5	157.0	123.4
36	聚四氟乙烯滑板	kg	641	6.2	7.0	10.4	12.1	14.5
37	铁件	kg	651	145.2	159.7	147.2	169.1	198.0
38	铁钉	kg	653	1.8	2.0	3.1	3.6	4.3
39	8~12 号铁丝	kg	655	2.7	3.0	3.1	3.6	4.3

续上表 单位:100m² 桥面

顺序号	项目	单位	代号	预应力混凝土梁				
				连续梁		连续刚构		
				标准跨径(m)				
				≤100	≤150	≤150	≤200	≤270
				1	2	3	4	5
40	20~22 号铁丝	kg	656	82.1	76.4	83.0	95.0	118.1
41	铸铁管	kg	682	17.9	20.1	22.8	26.7	31.8
42	油漆	kg	732	1.1	1.1	1.1	1.1	1.1
43	桥面防水涂料	kg	735	250.0	250.0	250.0	250.0	250.0
44	环氧树脂	kg	746	2.3	1.0	2.2	0.4	0.1
45	玻璃纤维布	m²	771	282.0	282.0	282.0	282.0	282.0
46	油毛毡	m²	825	—	—	—	—	—
47	32.5 级水泥	t	832	8.089	7.857	8.029	8.422	10.137
48	42.5 级水泥	t	833	51.771	58.137	50.438	51.498	83.348
49	52.5 级水泥	t	834	0.011	0.005	9.281	18.285	—
50	石油沥青	t	851	—	—	—	—	—
51	改性沥青	t	852	1.225	1.225	1.225	1.225	1.225

续上表

单位:100m² 桥面

顺序号	项目	单位	代号	预应力混凝土梁				
				连续梁		连续刚构		
				标准跨径(m)				
				≤100	≤150	≤150	≤200	≤270
				1	2	3	4	5
52	煤	t	864	—	—	—	—	—
53	水	m^3	866	225	246	254	293	344
54	青(红)砖	千块	877	1.14	—	—	—	—
55	砂	m^3	897	4.71	4.71	4.71	4.71	4.71
56	中(粗)砂	m^3	899	58.92	64.05	66.20	76.19	89.24
57	砂砾	m^3	902	13.15	13.43	16.10	18.57	22.11
58	矿粉	t	949	1.284	1.284	1.284	1.284	1.284
59	碎石(2cm)	m^3	951	61.72	69.30	71.26	83.40	99.25
60	碎石(4cm)	m^3	952	12.92	12.24	12.55	12.59	13.86
61	石屑	m^3	961	2.61	2.61	2.61	2.61	2.61
62	路面用碎石(1.5cm)	m^3	965	7.23	7.23	7.23	7.23	7.23
63	其他材料费	元	996	6884.0	2893.5	7998.9	1232.7	545.7

续上表

单位:100m² 桥面

顺序号	项目	单位	代号	预应力混凝土梁				
				连续梁		连续刚构		
				标准跨径(m)				
				≤100	≤150	≤150	≤200	≤270
				1	2	3	4	5
64	设备摊销费	元	997	8532.3	9574.3	14204.9	16683.3	19765.2
65	75kW 以内履带式推土机	台班	1003	0.26	—	—	—	—
66	1.0m³ 以内轮胎式装载机	台班	1048	0.41	0.15	0.15	0.15	0.15
67	6~8t 光轮压路机	台班	1075	0.18	0.18	0.18	0.18	0.18
68	8~10t 光轮压路机	台班	1076	0.05	—	—	—	—
69	10~12t 光轮压路机	台班	1077	0.16	0.16	0.16	0.16	0.16
70	12~15t 光轮压路机	台班	1078	—	—	—	—	—
71	4000L 以内沥青洒布车	台班	1193	0.01	0.01	0.01	0.01	0.01
72	30t/h 以内沥青混合料拌和设备	台班	1201	0.16	0.16	0.16	0.16	0.16
73	滑模式水泥混凝土摊铺机	台班	1234	0.02	0.02	0.02	0.02	0.02
74	混凝土电动刻纹机	台班	1243	0.61	0.61	0.61	0.61	0.61
75	混凝土电动切缝机	台班	1245	—	—	—	—	—
76	250L 以内混凝土搅拌机	台班	1272	0.18	0.14	0.14	0.14	0.14

续上表

单位:100m² 桥面

顺序号	项　目	单位	代号	预应力混凝土梁				
				连续梁		连续刚构		
				标准跨径(m)				
				≤100	≤150	≤150	≤200	≤270
				1	2	3	4	5
77	$6m^3$ 以内混凝土搅拌运输车	台班	1307	1.26	—	—	—	—
78	$60m^3/h$ 以内混凝土输送泵	台班	1316	0.99	1.10	1.14	1.31	1.55
79	$60m^3/h$ 以内混凝土搅拌站	台班	1327	0.31	—	—	—	—
80	90t 以内预应力拉伸机	台班	1344	1.11	1.79	1.07	2.15	1.69
81	钢绞线拉伸设备	台班	1349	5.57	4.62	3.20	3.47	4.98
82	波纹管卷制机	台班	1352	1.71	1.98	1.65	2.12	2.88
83	4t 以内载货汽车	台班	1372	—	—	—	—	—
84	20t 以内载货汽车	台班	1379	—	—	—	0.28	—
85	3t 以内自卸汽车	台班	1382	0.89	0.89	0.89	0.89	0.89
86	40t 以内平板拖车组	台班	1395	0.04	—	—	—	—
87	1t 以内机动翻斗车	台班	1408	0.13	0.13	0.13	0.13	0.13
88	5t 以内汽车式起重机	台班	1449	—	—	0.02	—	—
89	12t 以内汽车式起重机	台班	1451	0.05	0.01	0.04	0.01	0.01
90	20t 以内汽车式起重机	台班	1453	0.02	0.02	0.02	0.01	—

续上表

单位:100m² 桥面

顺序号	项　目	单位	代号	预应力混凝土梁				
				连续梁		连续刚构		
				标准跨径(m)				
				≤100	≤150	≤150	≤200	≤270
				1	2	3	4	5
91	30t 以内汽车式起重机	台班	1455	0.11	—	0.02	0.29	—
92	30kN 以内单筒慢动卷扬机	台班	1499	44.90	50.43	45.11	52.81	62.86
93	50kN 以内单筒慢动卷扬机	台班	1500	8.96	10.20	5.89	7.70	8.25
94	100m 以内双笼施工电梯	台班	1554	—	—	—	—	—
95	ϕ100mm 电动多级水泵(≤120m)	台班	1663	3.12	3.51	3.73	4.37	5.20
96	32kV·A 以内交流电弧焊机	台班	1726	12.94	13.27	13.47	16.41	18.39
97	100kV·A 以内交流对焊机	台班	1746	0.49	0.45	0.49	0.58	0.72
98	294kW 以内内燃拖轮	艘班	1856	—	0.06	0.06	0.07	0.08
99	$100m^3/h$ 以内混凝土搅拌船	艘班	1913	—	—	—	—	—
100	$150m^3/h$ 以内混凝土搅拌船	艘班	1915	0.10	0.88	0.91	1.05	1.23
101	123kW 以内机动艇	艘班	1919	0.02	0.16	0.17	0.19	0.22
102	小型机具使用费	元	1998	1564.9	1701.9	1707.1	2389.1	2636.0
103	基价	元	1999	253461	275072	279194	318759	412046

续上表 单位:100m² 桥面

顺序号	项　目	单位	代号	预应力混凝土梁	
				斜拉桥	
				标准跨径(m)	
				≤300	≤500
				6	7
1	人工	工日	1	835.2	922.4
2	原木	m^3	101	0.061	0.065
3	锯材	m^3	102	1.230	1.297
4	光圆钢筋	t	111	1.858	2.067
5	带肋钢筋	t	112	19.364	21.858
6	预应力粗钢筋	t	121	0.806	1.014
7	钢绞线	t	125	3.392	4.167
8	高强钢丝	t	133	0.058	—
9	波纹管钢带	t	151	0.255	0.295
10	型钢	t	182	0.446	0.399
11	钢板	t	183	0.831	0.906
12	钢管	t	191	0.341	0.384

续上表 单位:100m² 桥面

顺序号	项　目	单位	代号	预应力混凝土梁	
				斜拉桥	
				标准跨径(m)	
				≤300	≤500
				6	7
13	电焊条	kg	231	69.5	78.6
14	螺栓	kg	240	9.7	16.7
15	钢管立柱	t	247	—	—
16	波形钢板	t	249	0.244	0.422
17	钢管桩	t	262	0.258	0.343
18	钢模板	t	271	0.019	0.022
19	组合钢模板	t	272	0.374	0.406
20	门式钢支架	t	273	0.036	0.038
21	模数式伸缩缝	t	541	0.179	0.128
22	铸铁	kg	561	49.4	58.7
23	弗氏锚具	kg	565	5.3	—
24	钢绞线群锚(3孔)	套	572	7.70	0.03

续上表 单位:100m² 桥面

顺序号	项　　目	单位	代号	预应力混凝土梁	
				斜拉桥	
				标准跨径(m)	
				≤300	≤500
				6	7
25	钢绞线群锚(4孔)	套	573	—	—
26	钢绞线群锚(7孔)	套	576	0.48	9.84
27	钢绞线群锚(9孔)	套	578	—	—
28	钢绞线群锚(10孔)	套	579	—	—
29	钢绞线群锚(12孔)	套	580	8.94	3.46
30	钢绞线群锚(15孔)	套	582	—	—
31	钢绞线群锚(17孔)	套	584	—	—
32	钢绞线群锚(19孔)	套	585	1.44	3.35
33	钢绞线群锚(22孔)	套	586	3.01	3.76
34	钢绞线群锚(31孔)	套	588	—	0.80
35	轧丝锚具	kg	596	74.8	97.3
36	聚四氟乙烯滑板	kg	641	4.5	4.8

续上表 单位:100m² 桥面

顺序号	项　　目	单位	代号	预应力混凝土梁	
				斜拉桥	
				标准跨径(m)	
				≤300	≤500
				6	7
37	铁件	kg	651	149.5	163.0
38	铁钉	kg	653	0.9	1.0
39	8~12号铁丝	kg	655	2.7	2.9
40	20~22号铁丝	kg	656	94.2	106.2
41	铸铁管	kg	682	34.6	36.5
42	油漆	kg	732	0.6	0.7
43	桥面防水涂料	kg	735	—	—
44	环氧树脂	kg	746	1.0	0.8
45	玻璃纤维布	m²	771	—	—
46	油毛毡	m²	825	0.5	0.7
47	32.5级水泥	t	832	5.887	6.814
48	42.5级水泥	t	833	52.484	55.442

续上表　　单位:100m² 桥面

顺序号	项　目	单位	代号	预应力混凝土梁	
				斜拉桥	
				标准跨径(m)	
				≤300	≤500
				6	7
49	52.5 级水泥	t	834	0.005	0.004
50	石油沥青	t	851	1.263	1.282
51	改性沥青	t	852	—	—
52	煤	t	864	0.017	0.025
53	水	m^3	866	218	233
54	青(红)砖	千块	877	0.29	1.12
55	砂	m^3	897	4.95	5.08
56	中(粗)砂	m^3	899	56.52	60.76
57	砂砾	m^3	902	40.30	43.41
58	矿粉	t	949	1.347	1.379
59	碎石(2cm)	m^3	951	63.71	67.83
60	碎石(4cm)	m^3	952	9.66	10.64

续上表　　单位:100m² 桥面

顺序号	项　目	单位	代号	预应力混凝土梁	
				斜拉桥	
				标准跨径(m)	
				≤300	≤500
				6	7
61	石屑	m^3	961	2.61	2.61
62	路面用碎石(1.5cm)	m^3	965	7.23	7.23
63	其他材料费	元	996	26209.0	28715.7
64	设备摊销费	元	997	10169.4	10533.5
65	75kW 以内履带式推土机	台班	1003	0.16	0.17
66	1.0m³ 以内轮胎式装载机	台班	1048	0.31	0.32
67	6~8t 光轮压路机	台班	1075	0.18	0.18
68	8~10t 光轮压路机	台班	1076	0.20	0.24
69	10~12t 光轮压路机	台班	1077	0.16	0.16
70	12~15t 光轮压路机	台班	1078	0.09	0.10
71	4000L 以内沥青洒布车	台班	1193	—	—
72	30t/h 以内沥青混合料拌和设备	台班	1201	0.16	0.16

续上表 单位:100m² 桥面

顺序号	项目	单位	代号	预应力混凝土梁	
				斜拉桥	
				标准跨径(m)	
				≤300	≤500
				6	7
73	滑模式水泥混凝土摊铺机	台班	1234	—	—
74	混凝土电动刻纹机	台班	1243	—	—
75	混凝土电动切缝机	台班	1245	0.70	0.70
76	250L 以内混凝土搅拌机	台班	1272	0.15	0.23
77	6m³ 以内混凝土搅拌运输车	台班	1307	1.29	1.44
78	60m³/h 以内混凝土输送泵	台班	1316	0.91	0.96
79	60m³/h 以内混凝土搅拌站	台班	1327	0.19	0.19
80	90t 以内预应力拉伸机	台班	1344	1.16	1.32
81	钢绞线拉伸设备	台班	1349	3.10	3.71
82	波纹管卷制机	台班	1352	1.37	1.57
83	4t 以内载货汽车	台班	1372	0.02	0.03

续上表 单位:100m² 桥面

顺序号	项目	单位	代号	预应力混凝土梁	
				斜拉桥	
				标准跨径(m)	
				≤300	≤500
				6	7
84	20t 以内载货汽车	台班	1379	0.84	0.85
85	3t 以内自卸汽车	台班	1382	0.89	0.89
86	40t 以内平板拖车组	台班	1395	0.01	0.04
87	1t 以内机动翻斗车	台班	1408	0.77	0.79
88	5t 以内汽车式起重机	台班	1449	—	—
89	12t 以内汽车式起重机	台班	1451	0.95	1.09
90	20t 以内汽车式起重机	台班	1453	0.01	—
91	30t 以内汽车式起重机	台班	1455	0.87	0.93
92	30kN 以内单筒慢动卷扬机	台班	1499	36.58	38.67
93	50kN 以内单筒慢动卷扬机	台班	1500	9.85	10.27
94	100m 以内双笼施工电梯	台班	1554	8.14	9.59

续上表　　　　单位:100m² 桥面

顺序号	项　　目	单位	代号	预应力混凝土梁	
				斜拉桥	
				标准跨径(m)	
				≤300	≤500
				6	7
95	φ100mm 电动多级水泵(≤120m)	台班	1663	3.27	3.46
96	32kV·A 以内交流电弧焊机	台班	1726	14.98	16.81
97	100kV·A 以内交流对焊机	台班	1746	0.60	0.68
98	294kW 以内内燃拖轮	艘班	1856	0.01	0.01
99	100m³/h 以内混凝土搅拌船	艘班	1913	0.46	0.49
100	150m³/h 以内混凝土搅拌船	艘班	1915	—	—
101	123kW 以内机动艇	艘班	1919	0.04	0.05
102	小型机具使用费	元	1998	1630.9	1877.7
103	基价	元	1999	283566	314199

续上表　　　　单位:100m² 桥面

顺序号	项　　目	单位	代号	标准跨径＞100m		
				箱形拱		钢管拱
				标准跨径≤150m	标准跨径≤200m	标准跨径≤240m
				8	9	10
1	人工	工日	1	1991.7	2445.6	1058.5
2	原木	m³	101	5.159	3.787	0.252
3	锯材	m³	102	4.900	5.072	0.777
4	光圆钢筋	t	111	9.011	11.218	3.074
5	带肋钢筋	t	112	21.197	25.281	7.243
6	钢绞线	t	125	—	—	2.613
7	吊索	t	148	—	—	2.187
8	波纹管钢带	t	151	—	—	0.143
9	型钢	t	182	0.460	0.534	0.471
10	钢板	t	183	1.594	1.224	0.832
11	钢管	t	191	0.062	0.058	0.241

续上表 单位:100m² 桥面

顺序号	项目	单位	代号	标准跨径>100m		
				箱形拱		钢管拱
				标准跨径≤150m	标准跨径≤200m	标准跨径≤240m
				8	9	10
12	钢钎	kg	211	0.2	1.4	—
13	钢丝绳	t	221	0.935	1.193	0.700
14	电焊条	kg	231	189.0	189.2	235.9
15	螺栓	kg	240	—	—	18.7
16	钢模板	t	271	0.169	0.029	0.399
17	组合钢模板	t	272	0.539	0.697	0.017
18	门式钢支架	t	273	0.038	0.042	—
19	钢管拱肋	t	310	—	—	35.913
20	四氟板式橡胶组合支座	dm^3	401	—	2.3	1.9
21	板式橡胶支座	dm^3	402	9.5	34.6	19.3
22	模数式伸缩缝	t	541	—	—	0.175

续上表 单位:100m² 桥面

顺序号	项目	单位	代号	标准跨径>100m		
				箱形拱		钢管拱
				标准跨径≤150m	标准跨径≤200m	标准跨径≤240m
				8	9	10
23	板式橡胶伸缩缝	m	542	1.7	1.2	—
24	铸铁	kg	561	85.5	76.0	62.1
25	钢绞线群锚(7孔)	套	576	—	—	28.85
26	钢绞线群锚(12孔)	套	580	—	—	2.87
27	铁件	kg	651	371.1	369.3	60.6
28	铁钉	kg	653	11.2	8.0	0.1
29	8~12号铁丝	kg	655	4.7	2.8	3.8
30	20~22号铁丝	kg	656	113.6	144.4	41.2
31	铁皮	m^2	666	12.7	4.7	—
32	铸铁管	kg	682	18.0	5.2	42.4
33	油漆	kg	732	1.1	0.9	0.8

续上表　　　　单位:100m² 桥面

顺序号	项　　目	单位	代号	标准跨径＞100m		
				箱形拱		钢管拱
				标准跨径≤150m	标准跨径≤200m	标准跨径≤240m
				8	9	10
34	桥面防水涂料	kg	735	—	—	240.4
35	玻璃纤维布	m^2	771	—	—	271.2
36	油毛毡	m^2	825	1.9	1.7	23.1
37	32.5 级水泥	t	832	78.391	91.224	26.542
38	42.5 级水泥	t	833	0.474	—	0.091
39	52.5 级水泥	t	834	—	—	28.431
40	硝铵炸药	kg	841	0.8	7.1	—
41	导火线	m	842	2	20	—
42	普通雷管	个	845	2	15	—
43	石油沥青	t	851	0.015	0.017	1.255
44	煤	t	864	0.014	0.020	—

续上表　　　　单位:100m² 桥面

顺序号	项　　目	单位	代号	标准跨径＞100m		
				箱形拱		钢管拱
				标准跨径≤150m	标准跨径≤200m	标准跨径≤240m
				8	9	10
45	水	m^3	866	312	370	207
46	青(红)砖	千块	877	6.90	4.63	1.15
47	砂	m^3	897	—	—	4.77
48	中(粗)砂	m^3	899	102.64	119.77	59.67
49	砂砾	m^3	902	48.23	51.11	41.13
50	片石	m^3	931	7.42	5.61	0.67
51	矿粉	t	949	—	—	1.300
52	碎石(2cm)	m^3	951	90.69	112.73	31.07
53	碎石(4cm)	m^3	952	73.39	79.91	55.68
54	碎石(8cm)	m^3	954	3.79	2.52	—
55	石屑	m^3	961	—	—	2.64

续上表　　　　单位：100m² 桥面

顺序号	项　　目	单位	代号	标准跨径＞100m		
				箱形拱		钢管拱
				标准跨径≤150m	标准跨径≤200m	标准跨径≤240m
				8	9	10
56	路面用碎石(1.5cm)	m^3	965	—	—	7.32
57	其他材料费	元	996	892.6	1118.9	10320.2
58	设备摊销费	元	997	6832.0	10651.3	2215.0
59	75kW 以内履带式推土机	台班	1003	—	—	0.27
60	105kW 以内履带式推土机	台班	1005	0.41	1.23	—
61	135kW 以内履带式推土机	台班	1006	0.19	0.23	—
62	1.0m^3 以内轮胎式装载机	台班	1048	—	—	0.42
63	6～8t 光轮压路机	台班	1075	0.03	—	0.21
64	8～10t 光轮压路机	台班	1076	0.57	0.70	0.25
65	10～12t 光轮压路机	台班	1077	—	—	0.16
66	12～15t 光轮压路机	台班	1078	0.06	0.01	0.12

续上表　　　　单位：100m² 桥面

顺序号	项　　目	单位	代号	标准跨径＞100m		
				箱形拱		钢管拱
				标准跨径≤150m	标准跨径≤200m	标准跨径≤240m
				8	9	10
67	4000L 以内沥青洒布车	台班	1193	—	—	0.01
68	30t/h 以内沥青混合料拌和设备	台班	1201	—	—	0.16
69	滑模式水泥混凝土摊铺机	台班	1234	—	—	0.03
70	混凝土电动刻纹机	台班	1243	—	—	0.78
71	混凝土电动切缝机	台班	1245	1.01	0.98	—
72	250L 以内混凝土搅拌机	台班	1272	0.83	0.74	0.14
73	500L 以内混凝土搅拌机	台班	1274	4.34	5.31	—
74	6m^3 以内混凝土搅拌运输车	台班	1307	—	—	1.29
75	60m^3/h 以内混凝土输送泵	台班	1316	—	—	1.77
76	60m^3/h 以内混凝土搅拌站	台班	1327	—	—	0.32
77	300t 以内预应力拉伸机	台班	1346	—	—	54.53

续上表 单位:100m² 桥面

顺序号	项　目	单位	代号	标准跨径>100m		
				箱形拱		钢管拱
				标准跨径≤150m	标准跨径≤200m	标准跨径≤240m
				8	9	10
78	钢绞线拉伸设备	台班	1349	—	—	3.37
79	波纹管卷制机	台班	1352	—	—	0.45
80	3t 以内自卸汽车	台班	1382	—	—	0.90
81	40t 以内平板拖车组	台班	1395	0.24	0.16	0.04
82	60t 以内平板拖车组	台班	1396	0.76	1.32	—
83	1t 以内机动翻斗车	台班	1408	6.01	7.21	0.12
84	25t 以内轮胎式起重机	台班	1443	—	—	0.30
85	8t 以内汽车式起重机	台班	1450	—	—	1.33
86	12t 以内汽车式起重机	台班	1451	1.61	1.72	0.04
87	20t 以内汽车式起重机	台班	1453	1.54	0.57	—

续上表 单位:100m² 桥面

顺序号	项　目	单位	代号	标准跨径>100m		
				箱形拱		钢管拱
				标准跨径≤150m	标准跨径≤200m	标准跨径≤240m
				8	9	10
88	30t 以内汽车式起重机	台班	1455	1.44	0.30	0.07
89	30kN 以内单筒慢动卷扬机	台班	1499	46.61	68.50	35.20
90	50kN 以内单筒慢动卷扬机	台班	1500	87.49	100.10	39.35
91	80kN 以内单筒慢动卷扬机	台班	1501	2.24	3.90	—
92	100kN 以内单筒慢动卷扬机	台班	1502	—	—	13.50
93	32kV·A 以内交流电弧焊机	台班	1726	32.75	35.75	13.36
94	100kV·A 以内交流对焊机	台班	1746	0.74	0.64	0.63
95	小型机具使用费	元	1998	1615.8	1998.8	981.0
96	基价	元	1999	341354	405109	539983

续上表

单位:10t

顺序号	项　目	单位	代号	斜拉索		悬索桥	钢箱梁
				平行钢丝	钢绞线	主缆	
				11	12	13	14
1	人工	工日	1	149.8	300.1	85.1	26.2
2	原木	m^3	101	—	—	—	0.029
3	锯材	m^3	102	0.025	0.044	0.393	0.097
4	枕木	m^3	103	—	—	—	0.003
5	光圆钢筋	t	111	—	—	—	0.003
6	带肋钢筋	t	112	—	—	—	0.028
7	预应力粗钢筋	t	121	—	—	0.003	—
8	钢绞线	t	125	—	—	0.003	0.007
9	镀锌高强钢丝	t	134	—	—	0.259	—
10	平行钢丝斜拉索	t	141	10.000	—	—	—
11	钢绞线斜拉索	t	142	—	10.000	—	—
12	主缆索股	t	143	—	—	10.000	—
13	斜拉索减振器	个	145	1.9	2.0	—	—
14	吊索	t	148	—	—	0.381	—

续上表

单位:10t

顺序号	项　目	单位	代号	斜拉索		悬索桥	钢箱梁
				平行钢丝	钢绞线	主缆	
				11	12	13	14
15	紧缆钢带	t	155	—	—	0.006	—
16	型钢	t	182	0.140	0.248	0.359	0.040
17	钢板	t	183	0.007	0.097	0.075	0.021
18	钢管	t	191	0.040	0.028	0.052	0.038
19	钢丝绳	t	221	0.041	0.029	0.297	0.023
20	电焊条	kg	231	8.5	2.1	5.3	1.9
21	螺栓	kg	240	—	—	—	36.7
22	钢板桩	t	261	—	—	—	0.005
23	钢管桩	t	262	—	—	—	0.114
24	钢护筒	t	263	—	—	—	0.016
25	钢套箱	t	264	—	—	—	0.001
26	钢格栅	t	289	—	—	0.021	—
27	索夹	t	290	—	—	0.307	—
28	索鞍构件	t	291	—	—	0.959	—

续上表 单位:10t

顺序号	项目	单位	代号	斜拉索		悬索桥	钢箱梁
				平行钢丝	钢绞线	主缆	
				11	12	13	14
29	套管及拉杆构件	t	293	—	—	0.016	—
30	钢箱梁及桥面板	t	304	—	—	—	10.000
31	模数式伸缩缝	t	541	—	—	—	0.058
32	钢绞线群锚(19孔)	套	585	—	—	0.03	—
33	不锈钢板	kg	631	—	—	86.3	0.4
34	不锈钢滑板	kg	632	—	—	—	0.4
35	聚四氟乙烯滑块	块	642	—	—	—	0.32
36	铁件	kg	651	—	—	2.8	1.6
37	8~12号铁丝	kg	655	—	—	1.4	0.1
38	铁丝编织网	m^2	693	—	—	41.00	—
39	橡胶条	kg	716	—	—	2	—
40	环氧树脂	kg	746	—	—	—	0.1
41	32.5级水泥	t	832	—	—	—	0.200
42	42.5级水泥	t	833	—	—	0.002	0.016

续上表 单位:10t

顺序号	项目	单位	代号	斜拉索		悬索桥	钢箱梁
				平行钢丝	钢绞线	主缆	
				11	12	13	14
43	52.5级水泥	t	834	—	—	0.007	—
44	水	m^3	866	—	—	—	1
45	中(粗)砂	m^3	899	—	—	—	0.26
46	砂砾	m^3	902	—	—	—	3.73
47	黏土	m^3	911	—	—	—	0.41
48	碎石(2cm)	m^3	951	—	—	—	0.02
49	碎石(4cm)	m^3	952	—	—	—	0.35
50	其他材料费	元	996	533.7	660.4	16808.6	7051.3
51	设备摊销费	元	997	—	—	2949.1	226.9
52	1.0m^3以内轮胎式装载机	台班	1048	—	5.39	—	—
53	8~10t光轮压路机	台班	1076	—	—	—	0.02
54	69t以内桥梁顶推设备	台班	1341	—	—	—	0.42
55	65t以内预应力拉伸机	台班	1343	—	—	3.85	—
56	90t以内预应力拉伸机	台班	1344	—	12.16	0.15	—

续上表 单位:10t

顺序号	项　　目	单位	代号	斜拉索		悬索桥	钢箱梁
				平行钢丝	钢绞线	主缆	
				11	12	13	14
57	300t 以内预应力拉伸机	台班	1346	19.52	—	0.03	—
58	500t 以内预应力拉伸机	台班	1347	—	12.16	0.08	—
59	8t 以内载货汽车	台班	1375	—	5.03	0.03	—
60	10t 以内载货汽车	台班	1376	—	—	0.13	—
61	20t 以内载货汽车	台班	1379	—	—	—	0.06
62	20t 以内平板拖车组	台班	1393	—	—	0.01	—
63	30t 以内平板拖车组	台班	1394	0.62	—	—	—
64	100t 以内平板拖车组	台班	1398	—	—	0.22	—
65	15t 以内履带式起重机	台班	1432	—	—	—	0.01
66	8t 以内轮胎式起重机	台班	1440	—	—	—	0.02
67	12t 以内汽车式起重机	台班	1451	—	—	0.27	0.02
68	16t 以内汽车式起重机	台班	1452	—	5.48	0.04	—
69	20t 以内汽车式起重机	台班	1453	0.62	—	0.13	—
70	30t 以内汽车式起重机	台班	1455	—	—	—	0.06

续上表 单位:10t

顺序号	项　　目	单位	代号	斜拉索		悬索桥	钢箱梁
				平行钢丝	钢绞线	主缆	
				11	12	13	14
71	40t 以内汽车式起重机	台班	1456	0.62	—	—	—
72	75t 以内汽车式起重机	台班	1458	—	—	0.03	—
73	12t 以内 150m 高塔式起重机	台班	1472	—	—	0.45	—
74	12t 以内 200m 高塔式起重机	台班	1473	—	—	1.18	—
75	120t 以内门式起重机	台班	1490	—	—	0.11	—
76	跨缆吊机	台班	1494	—	—	—	0.20
77	30kN 以内单筒慢动卷扬机	台班	1499	—	27.48	—	0.30
78	50kN 以内单筒慢动卷扬机	台班	1500	20.29	18.92	1.62	0.18
79	80kN 以内单筒慢动卷扬机	台班	1501	9.87	—	1.81	1.64
80	250kN 以内双筒慢动卷扬机	台班	1519	—	—	0.39	—
81	150m 以内单笼施工电梯	台班	1553	—	—	0.45	—
82	200m 以内双笼施工电梯	台班	1555	—	—	1.18	—
83	300kN 以内振动打拔桩机	台班	1575	—	—	—	0.01
84	300kN 以内振动打拔桩锤	台班	1581	—	—	—	0.02

续上表　　单位:10t

顺序号	项　目	单位	代号	斜拉索		悬索桥	钢箱梁
				平行钢丝	钢绞线	主缆	
				11	12	13	14
85	ϕ1500mm以内回旋钻机	台班	1600	—	—	—	0.06
86	泥浆搅拌机	台班	1624	—	—	—	0.01
87	钢缆缠丝机	台班	1707	—	—	0.53	—
88	钢缆压紧机	台班	1708	—	—	0.21	—
89	32kV·A以内交流电弧焊机	台班	1726	35.45	—	0.96	0.51
90	75kV·A以内交流对焊机	台班	1745	—	—	0.32	—
91	9m^3/min以内机动空压机	台班	1842	—	—	—	0.01
92	88kW以内内燃拖轮	艘班	1852	—	—	—	0.01
93	100t以内工程驳船	艘班	1874	—	—	—	0.09
94	300t以内工程驳船	艘班	1877	—	—	0.03	—
95	350t以内旋转扒杆起重船	艘班	1903	—	—	—	0.01
96	198kW以内机动艇	艘班	1920	—	—	0.01	—
97	小型机具使用费	元	1998	105.6	33.7	324.2	74.2
98	基价	元	1999	204655	140012	241764	115522

第六章　交 叉 工 程

说　　明

本章指标包括互通式立体交叉、分离式立体交叉、平面交叉、通道、人行天桥及渡槽等项目。

1. 互通式立体交叉：

匝道工程量按设计长度计算。匝道指标包括路基、路面、构造物以及其他附属设施等全部工程内容。

匝道指标是按注明的匝道路基宽度编制的，如设计匝道宽度与指标注明宽度值不同，可按如下系数调整指标：

$$K = \frac{(W_1 - W_0) \times 0.8}{W_0} + 1$$

式中：K——指标调整系数；

W_1——设计匝道路基宽度（m）；

W_0——匝道指标中所注明的匝道路基宽度（m）。

平原微丘区匝道若为借土填方，借方运距在3km以内时，指标不另增加费用；借方运距在3km以上时，则需按路基工程中土石方运输指标另计借方运输费用。

匝道桥工程量按桥面面积计算，桥面面积的计算方法同第五章的规定。

被交道工程量按设计整修长度计算。本指标中路况差指被交道路面需全部重新修建或大部分路面需补强；路况好指被交道路面基本完好，只需进行小面积处理。本指标仅指被交道的整修工程，如被交道属改线或为规划路、等级提高（改建）等情况，应根据设计数量套用相应的指标另行计算。

2. 分离式立体交叉：

分离式立体交叉的桥梁工程按第五章中的桥梁指标进行计算。

顶进箱涵的工程量为箱涵外缘宽度与箱涵长度的乘积，指标包括顶进设施、箱涵预制、顶进、铁路线加固、防护网等全部工程内容。

被交道工程量按设计整修长度计算，指标包括路基、路面、构造物以及其他附属设施等全部工程内容。本指标仅指被交道的整修工程，如被交道属改线或为规划路、等级提高（改建）等情况，应根据设计数量套用相应的指标另行计算。

3. 平面交叉：

平面交叉工程量按需要设置的交叉处数计算。本指标包括路基、路面、构造物以及其他附属设施等全部工程内容。

公路与机耕道、大车道平面交叉按被交道等级为四级的指标进行计算。

4. 通道：

本指标仅适用于跨径为5m以内的涵式通道，桥式通道采用第五章的桥梁指标计算。

通道洞身工程量按需要设置的总长度计算，洞口按需要设置的洞口数量计算。本指标包括通道本身、通道内路面等全部工程内容。

指标中通道洞口按一般常用的标准洞口计算，如有特殊洞口，可根据实体圬工量，套用公路工程概算定额计算。

若有双孔通道时，按照单孔指标乘以第四章涵洞工程说明中盖板涵的双孔系数计算。

5. 人行天桥和渡槽：

人行天桥和渡槽工程量按桥梁（渡槽）两端桥台台尾之间的水平距离（全桥长）乘以桥梁梁板或槽口外缘的宽度，以面积计算。

人行天桥及渡槽仅适用于混凝土结构，不适用于钢结构。

6-1 互通式立体交叉

工程内容 匝道:路基土、石方,排水与防护,一般软基处理,路面,涵洞等工程的全部工作。
匝道桥:基础、下部、上部、桥面系、桥台等工程的全部工作。
被交道:路基土、石方,排水与防护,软基处理,路面,涵洞等工程的全部工作。

单位:1km

顺序号	项　　目	单位	单价	匝　道			
				平原微丘区			
				匝道宽度(m)			
				8.5	10.5	12.0	15.5
				1	2	3	4
1	人工	工日	1	10450.0	11006.2	12448.0	11159.6
2	原木	m^3	101	3.872	3.231	1.890	0.733
3	锯材	m^3	102	1.235	1.027	1.283	0.586
4	光圆钢筋	t	111	2.977	1.999	2.059	1.379
5	带肋钢筋	t	112	9.792	8.754	11.674	11.219
6	型钢	t	182	0.696	0.673	0.682	0.777
7	钢板	t	183	0.023	0.028	0.032	0.041

续上表

单位:1km

顺序号	项　　目	单位	单价	匝　道			
				平原微丘区			
				匝道宽度(m)			
				8.5	10.5	12.0	15.5
				1	2	3	4
8	钢管	t	191	0.067	0.052	0.081	0.021
9	钢钎	kg	211	0.2	0.2	0.2	0.2
10	空心钢钎	kg	212	70.2	216.4	98.8	209.6
11	ϕ50mm 以内合金钻头	个	213	112.0	332.4	137.3	323.0
12	钢丝绳	t	221	0.126	0.107	0.026	0.021
13	电焊条	kg	231	22.8	12.6	43.4	27.1
14	钢模板	t	271	0.849	0.427	0.858	0.214
15	组合钢模板	t	272	0.827	0.821	0.592	0.324
16	门式钢支架	t	273	0.007	0.002	0.015	0.008
17	铸铁	kg	561	—	—	91.0	—
18	铁件	kg	651	403.5	379.9	354.0	199.7

续上表 单位:1km

顺序号	项目	单位	单价	匝道			
				平原微丘区			
				匝道宽度(m)			
				8.5	10.5	12.0	15.5
				1	2	3	4
19	铁钉	kg	653	5.5	27.8	5.6	22.0
20	8~12号铁丝	kg	655	4.4	3.5	77.1	1.1
21	20~22号铁丝	kg	656	70.5	57.0	69.1	65.0
22	铸铁管	kg	682	—	—	38.5	—
23	铁丝编织网	m^2	693	98.89	98.89	98.89	98.89
24	油漆	kg	732	—	—	1.1	—
25	土工布	m^2	770	1339.8	5774.0	1065.6	4888.4
26	土工格栅	m^2	772	1391.5	2120.8	12818.3	1504.1
27	三维植被网	m^2	774	1004.0	2320.9	634.8	1886.2
28	U形锚钉	kg	775	598.0	1350.0	731.5	1108.2
29	塑料波纹管(ϕ100mm)	m	786	103.03	200.43	14.36	36.75

续上表 单位:1km

顺序号	项目	单位	单价	匝道			
				平原微丘区			
				匝道宽度(m)			
				8.5	10.5	12.0	15.5
				1	2	3	4
30	塑料打孔波纹管(ϕ100mm)	m	789	141.05	105.81	—	253.97
31	塑料排水板	m	811	1767.95	3603.73	23948.73	—
32	塑料拉筋带	t	813	—	—	0.874	—
33	草籽	kg	821	168.1	180.9	138.0	181.3
34	油毛毡	m^2	825	43.0	36.4	8.8	7.0
35	32.5级水泥	t	832	877.147	957.674	1085.546	1226.073
36	硝铵炸药	kg	841	835.5	2454.6	1005.8	2367.9
37	导火线	m	842	2196	6478	2689	6282
38	普通雷管	个	845	1743	5107	2100	4994
39	石油沥青	t	851	95.487	117.897	134.870	173.703
40	改性沥青	t	852	43.577	53.830	61.520	79.464

续上表

单位:1km

顺序号	项目	单位	单价	匝道			
				平原微丘区			
				匝道宽度(m)			
				8.5	10.5	12.0	15.5
				1	2	3	4
41	纤维稳定剂	t	856	0.063	0.077	0.088	0.114
42	煤	t	864	3.590	4.435	5.068	6.546
43	水	m^3	866	4905	4427	4360	4716
44	生石灰	t	891	97.263	155.240	127.051	158.851
45	土	m^3	895	215.95	266.76	304.87	393.80
46	砂	m^3	897	510.15	630.19	743.34	958.98
47	中(粗)砂	m^3	899	1157.50	1046.19	1148.39	1079.68
48	砂砾	m^3	902	3844.14	5223.41	4092.82	5551.89
49	黏土	m^3	911	1.44	16.31	12.40	34.19
50	片石	m^3	931	1718.36	1396.65	1381.74	1397.03
51	大卵石	m^3	935	2.18	11.39	2.18	8.99

续上表

单位:1km

顺序号	项目	单位	单价	匝道			
				平原微丘区			
				匝道宽度(m)			
				8.5	10.5	12.0	15.5
				1	2	3	4
52	石渣	m^3	939	—	1154.88	—	1891.80
53	粉煤灰	m^3	945	192.82	238.19	272.22	351.62
54	矿粉	t	949	118.290	146.123	166.998	215.705
55	碎石(2cm)	m^3	951	211.38	198.54	255.22	119.43
56	碎石(4cm)	m^3	952	606.44	661.23	713.80	821.07
57	碎石(8cm)	m^3	954	63.05	33.73	43.84	25.24
58	碎石	m^3	958	5791.38	6376.16	11829.16	9260.36
59	石屑	m^3	961	423.81	523.53	598.32	772.83
60	路面用碎石(1.5cm)	m^3	965	539.88	666.91	762.18	984.48
61	路面用碎石(2.5cm)	m^3	966	460.17	568.45	649.66	839.14
62	路面用碎石(3.5cm)	m^3	967	282.00	348.35	398.12	514.23

续上表 单位:1km

顺序号	项目	单位	单价	匝道			
				平原微丘区			
				匝道宽度(m)			
				8.5	10.5	12.0	15.5
				1	2	3	4
63	块石	m^3	981	25.12	18.95	97.41	4.64
64	粗料石	m^3	984	0.62	0.45	0.13	0.16
65	草皮	m^2	995	323.24	497.77	—	463.71
66	其他材料费	元	996	77692.8	73085.0	77909.0	78110.3
67	设备摊销费	元	997	3239.7	4001.9	4573.6	5907.6
68	75kW 以内履带式推土机	台班	1003	28.58	34.19	71.40	48.74
69	135kW 以内履带式推土机	台班	1006	27.63	73.60	30.93	75.28
70	165kW 以内履带式推土机	台班	1007	29.30	19.54	4.87	13.96
71	$0.6m^3$ 以内履带式单斗挖掘机	台班	1027	11.77	14.20	4.08	24.09
72	$2.0m^3$ 以内履带式单斗挖掘机	台班	1037	57.00	53.43	70.35	101.05
73	$1.0m^3$ 以内轮胎式装载机	台班	1048	0.23	0.29	0.33	0.43

续上表 单位:1km

顺序号	项目	单位	单价	匝道			
				平原微丘区			
				匝道宽度(m)			
				8.5	10.5	12.0	15.5
				1	2	3	4
74	$2.0m^3$ 以内轮胎式装载机	台班	1050	22.35	53.40	24.96	50.04
75	$3.0m^3$ 以内轮胎式装载机	台班	1051	24.83	25.51	22.05	31.93
76	120kW 以内自行式平地机	台班	1057	96.41	89.42	109.90	151.02
77	6~8t 光轮压路机	台班	1075	87.08	87.13	120.75	139.10
78	8~10t 光轮压路机	台班	1076	4.91	4.89	4.95	4.92
79	12~15t 光轮压路机	台班	1078	35.97	45.22	71.57	66.33
80	0.6t 以内手扶式振动碾	台班	1083	26.15	32.31	36.92	47.69
81	15t 以内振动压路机	台班	1088	98.04	91.97	131.08	152.99
82	蛙式夯土机	台班	1094	23.71	23.71	23.71	23.71
83	1200kN·m 以内强夯机	台班	1097	0.55	3.13	—	—
84	3000kN·m 以内强夯机	台班	1099	3.10	17.53	—	—
85	ϕ38~170mm 锚固钻机	台班	1119	—	—	—	—

续上表 单位:1km

顺序号	项目	单位	单价	匝道			
				平原微丘区			
				匝道宽度(m)			
				8.5	10.5	12.0	15.5
				1	2	3	4
86	液压喷播机	台班	1139	9.36	11.14	8.55	9.38
87	235kW 以内稳定土拌和机	台班	1155	0.51	1.25	0.50	0.60
88	300t/h 以内稳定土厂拌设备	台班	1160	6.76	8.35	9.55	12.33
89	9.5m 以内稳定土摊铺机	台班	1165	3.99	4.93	5.64	7.28
90	4000L 以内沥青洒布车	台班	1193	1.50	1.85	2.12	2.73
91	160t/h 以内沥青混合料拌和设备	台班	1205	1.96	2.42	2.77	3.58
92	240t/h 以内沥青混合料拌和设备	台班	1206	0.68	0.84	0.96	1.24
93	9.0m 以内沥青混合料摊铺机	台班	1213	2.13	2.63	3.00	3.88
94	12.5m 以内沥青混合料摊铺机	台班	1214	0.74	0.92	1.05	1.35
95	15t 以内振动压路机	台班	1220	0.04	0.05	0.05	0.07
96	9～16t 轮胎式压路机	台班	1223	0.47	0.58	0.66	0.86

续上表 单位:1km

顺序号	项目	单位	单价	匝道			
				平原微丘区			
				匝道宽度(m)			
				8.5	10.5	12.0	15.5
				1	2	3	4
97	16～20t 轮胎式压路机	台班	1224	0.83	1.03	1.18	1.52
98	20～25t 轮胎式压路机	台班	1225	1.43	1.76	2.01	2.60
99	轨道式水泥混凝土摊铺机	台班	1235	0.71	0.88	1.00	1.29
100	混凝土电动刻纹机	台班	1243	11.17	13.80	15.77	20.37
101	混凝土电动切缝机	台班	1245	4.24	5.24	5.99	7.73
102	250L 以内混凝土搅拌机	台班	1272	20.29	23.63	27.49	21.45
103	混凝土喷射机	台班	1283	0.17	1.93	—	4.05
104	$3m^3$ 以内混凝土搅拌运输车	台班	1304	0.35	0.43	0.49	0.64
105	$6m^3$ 以内混凝土搅拌运输车	台班	1307	4.27	5.27	6.02	7.78
106	$15m^3/h$ 以内混凝土搅拌站	台班	1323	0.23	0.29	0.33	0.43
107	$40m^3/h$ 以内混凝土搅拌站	台班	1325	1.55	1.92	2.19	2.83
108	4t 以内载货汽车	台班	1372	7.79	9.60	6.48	10.08

续上表 单位:1km

顺序号	项目	单位	单价	匝道			
				平原微丘区			
				匝道宽度(m)			
				8.5	10.5	12.0	15.5
				1	2	3	4
109	6t 以内载货汽车	台班	1374	0.89	0.75	0.18	0.15
110	5t 以内自卸汽车	台班	1383	2.57	3.18	3.63	4.69
111	8t 以内自卸汽车	台班	1385	25.80	32.75	39.58	60.97
112	10t 以内自卸汽车	台班	1386	86.74	106.75	107.64	161.28
113	12t 以内自卸汽车	台班	1387	21.43	26.47	30.25	39.07
114	15t 以内自卸汽车	台班	1388	498.92	558.89	592.06	843.95
115	4000L 以内洒水汽车	台班	1404	6.80	9.31	6.09	9.56
116	6000L 以内洒水汽车	台班	1405	10.28	12.70	14.51	18.74
117	8000L 以内洒水汽车	台班	1406	51.08	47.04	55.33	80.92
118	1t 以内机动翻斗车	台班	1408	0.53	0.52	0.24	0.14
119	15t 以内履带式起重机	台班	1432	1.72	3.50	23.26	—
120	5t 以内汽车式起重机	台班	1449	5.49	2.03	2.22	2.70

续上表 单位:1km

顺序号	项目	单位	单价	匝道			
				平原微丘区			
				匝道宽度(m)			
				8.5	10.5	12.0	15.5
				1	2	3	4
121	8t 以内汽车式起重机	台班	1450	—	—	0.22	—
122	12t 以内汽车式起重机	台班	1451	5.17	3.16	4.48	2.82
123	20t 以内汽车式起重机	台班	1453	0.76	0.64	0.15	0.12
124	30kN 以内单筒慢动卷扬机	台班	1499	9.30	7.88	1.92	1.52
125	袋装砂井机	台班	1626	1.87	3.80	25.27	—
126	ϕ150mm 电动单级离心水泵	台班	1653	28.05	19.68	10.74	8.30
127	ϕ500mm 以内木工圆锯机	台班	1710	—	—	0.02	—
128	32kV·A 以内交流电弧焊机	台班	1726	5.06	2.53	9.96	5.91
129	9m^3/min 以内机动空压机	台班	1842	42.53	119.54	53.76	112.90
130	小型机具使用费	元	1998	2883.4	7128.6	4887.8	6645.8
131	基价	元	1999	3408579	4010910	4465011	5136301

注:平原微丘区匝道若为借土填方,借方运距在 3km 以内时,指标不另增加费用;借方运距在 3km 以上时,则需按土石方运输指标另计借方运输费用。

续上表

单位:1km

顺序号	项　　目	单位	单价	匝　　道			
				山岭重丘区			
				匝道宽度(m)			
				8.5	10.5	12.0	15.5
				5	6	7	8
1	人工	工日	1	20900.2	21178.2	20795.4	29547.1
2	原木	m^3	101	12.183	5.264	5.901	33.554
3	锯材	m^3	102	3.702	2.060	2.090	8.665
4	光圆钢筋	t	111	4.269	3.076	2.866	6.315
5	带肋钢筋	t	112	14.501	28.347	8.417	27.041
6	型钢	t	182	0.929	1.005	0.904	2.181
7	钢板	t	183	0.143	0.028	0.032	0.044
8	钢管	t	191	0.148	0.146	0.057	0.432
9	钢钎	kg	211	0.2	0.2	0.2	0.2
10	空心钢钎	kg	212	835.7	652.8	824.9	372.4
11	φ50mm 以内合金钻头	个	213	1126.8	967.6	1292.2	686.9
12	钢丝绳	t	221	0.293	0.154	0.133	1.008

续上表

单位:1km

顺序号	项　　目	单位	单价	匝　　道			
				山岭重丘区			
				匝道宽度(m)			
				8.5	10.5	12.0	15.5
				5	6	7	8
13	电焊条	kg	231	28.3	197.8	9.8	20.8
14	钢模板	t	271	0.165	0.391	0.283	0.319
15	组合钢模板	t	272	2.137	1.560	1.206	4.004
16	门式钢支架	t	273	0.004	0.077	—	—
17	铸铁	kg	561	—	—	—	—
18	铁件	kg	651	1824.7	754.9	730.0	2202.9
19	铁钉	kg	653	3.5	4.6	1.3	5.6
20	8~12 号铁丝	kg	655	244.1	7.3	162.6	313.6
21	20~22 号铁丝	kg	656	79.1	123.4	52.4	199.4
22	铸铁管	kg	682	—	—	—	—
23	铁丝编织网	m^2	693	483.72	98.89	98.89	1153.96
24	油漆	kg	732	—	—	—	—

续上表　　单位:1km

顺序号	项　目	单位	单价	匝道			
				山岭重丘区			
				匝道宽度(m)			
				8.5	10.5	12.0	15.5
				5	6	7	8
25	土工布	m^2	770	443.3	3153.4	318.7	397.7
26	土工格栅	m^2	772	461.9	2779.7	25.5	30.6
27	三维植被网	m^2	774	2812.7	6763.0	891.6	6320.9
28	U形锚钉	kg	775	1573.6	3833.0	495.2	3506.5
29	塑料波纹管(ϕ100mm)	m	786	36.46	—	—	195.89
30	塑料打孔波纹管(ϕ100mm)	m	789	22.82	1190.04	31.58	0.56
31	塑料排水板	m	811	—	—	—	—
32	塑料拉筋带	t	813	—	—	—	—
33	草籽	kg	821	135.1	255.8	187.6	117.5
34	油毛毡	m^2	825	100.5	52.4	45.5	345.5
35	32.5级水泥	t	832	1083.816	1170.965	1264.209	2024.043
36	硝铵炸药	kg	841	8210.0	7044.0	9536.2	5324.1

续上表　　单位:1km

顺序号	项　目	单位	单价	匝道			
				山岭重丘区			
				匝道宽度(m)			
				8.5	10.5	12.0	15.5
				5	6	7	8
37	导火线	m	842	21836	18749	25207	13690
38	普通雷管	个	845	16869	14875	19991	10812
39	石油沥青	t	851	95.584	117.620	134.779	173.654
40	改性沥青	t	852	43.577	53.830	61.520	79.464
41	纤维稳定剂	t	856	0.063	0.077	0.088	0.114
42	煤	t	864	3.596	4.435	5.068	6.546
43	水	m^3	866	6617	8041	6678	11660
44	生石灰	t	891	104.257	107.609	122.981	462.829
45	土	m^3	895	215.95	266.76	304.87	393.80
46	砂	m^3	897	860.32	630.19	720.21	930.27
47	中(粗)砂	m^3	899	1971.73	1848.32	1895.21	3517.01
48	砂砾	m^3	902	3283.11	4547.14	3653.66	4844.74

续上表 单位:1km

顺序号	项目	单位	单价	匝道			
				山岭重丘区			
				匝道宽度(m)			
				8.5	10.5	12.0	15.5
				5	6	7	8
49	黏土	m^3	911	32.57	42.82	20.56	18.15
50	片石	m^3	931	3487.82	3374.82	3186.62	6169.77
51	大卵石	m^3	935	0.82	1.70	0.53	0.81
52	石渣	m^3	939	48.32	—	—	—
53	粉煤灰	m^3	945	192.82	238.19	272.22	351.62
54	矿粉	t	949	118.290	146.123	166.998	215.705
55	碎石(2cm)	m^3	951	123.24	302.33	260.87	407.80
56	碎石(4cm)	m^3	952	710.07	794.83	798.22	1478.96
57	碎石(8cm)	m^3	954	257.95	97.08	83.29	229.25
58	碎石	m^3	958	4757.78	5825.34	6883.76	9395.92
59	石屑	m^3	961	423.94	523.53	598.32	772.83
60	路面用碎石(1.5cm)	m^3	965	539.88	666.91	762.18	984.48

续上表 单位:1km

顺序号	项目	单位	单价	匝道			
				山岭重丘区			
				匝道宽度(m)			
				8.5	10.5	12.0	15.5
				5	6	7	8
61	路面用碎石(2.5cm)	m^3	966	460.17	568.45	649.66	839.14
62	路面用碎石(3.5cm)	m^3	967	282.00	348.35	398.12	514.23
63	块石	m^3	981	238.99	59.82	183.91	436.91
64	粗料石	m^3	984	0.88	1.71	0.16	5.72
65	草皮	m^2	995	—	—	—	—
66	其他材料费	元	996	78618.8	89901.5	77433.6	69487.2
67	设备摊销费	元	997	3239.7	4001.9	4573.6	5907.6
68	75kW 以内履带式推土机	台班	1003	96.20	92.09	111.05	53.46
69	135kW 以内履带式推土机	台班	1006	208.01	205.70	285.84	188.81
70	165kW 以内履带式推土机	台班	1007	52.08	112.65	51.87	82.88
71	$0.6m^3$ 以内履带式单斗挖掘机	台班	1027	41.13	—	4.25	1.17
72	$2.0m^3$ 以内履带式单斗挖掘机	台班	1037	50.18	25.37	60.45	66.91

续上表　　单位:1km

顺序号	项　目	单位	单价	匝道			
				山岭重丘区			
				匝道宽度(m)			
				8.5	10.5	12.0	15.5
				5	6	7	8
73	1.0m^3 以内轮胎式装载机	台班	1048	0.23	0.29	0.33	0.43
74	2.0m^3 以内轮胎式装载机	台班	1050	116.24	111.06	143.58	117.25
75	3.0m^3 以内轮胎式装载机	台班	1051	38.53	73.01	43.95	48.40
76	120kW 以内自行式平地机	台班	1057	108.23	66.08	121.86	174.31
77	6～8t 光轮压路机	台班	1075	131.27	110.32	159.20	168.93
78	8～10t 光轮压路机	台班	1076	4.91	5.26	4.88	4.88
79	12～15t 光轮压路机	台班	1078	33.27	40.54	46.80	61.51
80	0.6t 以内手扶式振动碾	台班	1083	26.15	32.31	36.92	47.69
81	15t 以内振动压路机	台班	1088	147.55	113.33	175.62	191.78
82	蛙式夯土机	台班	1094	23.71	23.71	23.71	23.71
83	1200kN · m 以内强夯机	台班	1097	—	—	—	—
84	3000kN · m 以内强夯机	台班	1099	—	—	—	—

续上表　　单位:1km

顺序号	项　目	单位	单价	匝道			
				山岭重丘区			
				匝道宽度(m)			
				8.5	10.5	12.0	15.5
				5	6	7	8
85	ϕ38～170mm 锚固钻机	台班	1119	10.34	—	—	—
86	液压喷播机	台班	1139	11.78	11.92	16.74	9.42
87	235kW 以内稳定土拌和机	台班	1155	0.64	0.41	0.47	6.00
88	300t/h 以内稳定土厂拌设备	台班	1160	6.76	8.35	9.55	12.33
89	9.5m 以内稳定土摊铺机	台班	1165	3.99	4.93	5.64	7.28
90	4000L 以内沥青洒布车	台班	1193	1.50	1.85	2.12	2.73
91	160t/h 以内沥青混合料拌和设备	台班	1205	1.96	2.42	2.77	3.58
92	240t/h 以内沥青混合料拌和设备	台班	1206	0.68	0.84	0.96	1.24
93	9.0m 以内沥青混合料摊铺机	台班	1213	2.13	2.63	3.00	3.88
94	12.5m 以内沥青混合料摊铺机	台班	1214	0.74	0.92	1.05	1.35
95	15t 以内振动压路机	台班	1220	0.04	0.05	0.05	0.07

续上表

单位:1km

顺序号	项　　目	单位	单价	匝　　道			
				山岭重丘区			
				匝道宽度(m)			
				8.5	10.5	12.0	15.5
				5	6	7	8
96	9~16t 轮胎式压路机	台班	1223	0.47	0.58	0.66	0.86
97	16~20t 轮胎式压路机	台班	1224	0.83	1.03	1.18	1.52
98	20~25t 轮胎式压路机	台班	1225	1.43	1.76	2.01	2.60
99	轨道式水泥混凝土摊铺机	台班	1235	0.71	0.88	1.00	1.29
100	混凝土电动刻纹机	台班	1243	11.17	13.80	15.77	20.37
101	混凝土电动切缝机	台班	1245	4.24	5.24	5.99	7.73
102	250L 以内混凝土搅拌机	台班	1272	30.85	16.12	37.12	33.13
103	混凝土喷射机	台班	1283	2.31	5.07	1.18	—
104	$3m^3$ 以内混凝土搅拌运输车	台班	1304	0.35	0.43	0.49	0.64
105	$6m^3$ 以内混凝土搅拌运输车	台班	1307	4.27	5.27	6.02	7.78
106	$15m^3/h$ 以内混凝土搅拌站	台班	1323	0.23	0.29	0.33	0.43
107	$40m^3/h$ 以内混凝土搅拌站	台班	1325	1.55	1.92	2.19	2.83

续上表

单位:1km

顺序号	项　　目	单位	单价	匝　　道			
				山岭重丘区			
				匝道宽度(m)			
				8.5	10.5	12.0	15.5
				5	6	7	8
108	4t 以内载货汽车	台班	1372	10.09	13.39	13.37	6.70
109	6t 以内载货汽车	台班	1374	2.09	1.08	0.95	7.20
110	5t 以内自卸汽车	台班	1383	2.57	3.18	3.63	4.69
111	8t 以内自卸汽车	台班	1385	26.32	94.77	116.47	159.34
112	10t 以内自卸汽车	台班	1386	121.44	89.97	107.84	134.19
113	12t 以内自卸汽车	台班	1387	21.43	26.47	30.25	39.07
114	15t 以内自卸汽车	台班	1388	879.10	919.33	1321.47	957.89
115	4000L 以内洒水汽车	台班	1404	10.00	12.13	12.72	6.70
116	6000L 以内洒水汽车	台班	1405	10.28	12.70	14.51	18.74
117	8000L 以内洒水汽车	台班	1406	57.79	33.99	65.01	93.94
118	1t 以内机动翻斗车	台班	1408	1.26	0.65	0.57	4.32
119	15t 以内履带式起重机	台班	1432	—	—	—	—

续上表 单位:1km

顺序号	项　目	单位	单价	匝道			
				山岭重丘区			
				匝道宽度(m)			
				8.5	10.5	12.0	15.5
				5	6	7	8
120	5t 以内汽车式起重机	台班	1449	2.15	7.98	3.82	5.76
121	8t 以内汽车式起重机	台班	1450	4.73	0.04	0.86	—
122	12t 以内汽车式起重机	台班	1451	11.06	21.95	3.46	23.03
123	20t 以内汽车式起重机	台班	1453	1.69	0.93	0.76	5.76
124	30kN 以内单筒慢动卷扬机	台班	1499	22.37	11.34	9.85	74.85
125	袋装砂井机	台班	1626	—	—	—	—
126	ϕ150mm 电动单级离心水泵	台班	1653	49.50	49.64	25.78	165.53
127	ϕ500mm 以内木工圆锯机	台班	1710	—	—	—	—
128	32kV・A 以内交流电弧焊机	台班	1726	5.10	47.84	1.57	3.85
129	9m^3/min 以内机动空压机	台班	1842	435.68	326.73	416.13	198.56
130	小型机具使用费	元	1998	26294.4	20020.9	24308.9	13740.1
131	基价	元	1999	5367966	5762354	6230421	7676249

续上表 单位:100m^2 桥面

顺序号	项　目	单位	单价	匝道桥				
				空心板		预应力T形梁	箱梁	
				钢筋混凝土	预应力混凝土		钢筋混凝土	预应力混凝土
				9	10	11	12	13
1	人工	工日	1	1087.0	996.0	823.9	749.3	757.0
2	原木	m^3	101	0.307	0.389	0.318	0.115	0.199
3	锯材	m^3	102	1.128	1.132	1.226	1.188	1.362
4	枕木	m^3	103	—	—	0.349	—	—
5	光圆钢筋	t	111	3.357	4.909	4.511	4.101	3.602
6	带肋钢筋	t	112	14.178	15.618	15.561	22.561	16.250
7	钢绞线	t	125	—	1.593	1.504	—	2.392
8	波纹管钢带	t	151	—	0.141	0.089	—	0.133
9	型钢	t	182	0.377	0.534	0.293	0.353	0.393
10	钢板	t	183	0.089	0.177	0.721	0.065	0.068
11	钢管	t	191	0.384	0.335	0.561	0.440	0.457
12	钢钎	kg	211	1.2	0.9	—	0.2	0.3

续上表　　　　单位:100m² 桥面

顺序号	项　目	单位	单价	匝道桥				
				空心板		预应力T形梁	箱梁	
				钢筋混凝土	预应力混凝土		钢筋混凝土	预应力混凝土
				9	10	11	12	13
13	钢丝绳	t	221	0.004	0.019	0.015	0.006	0.008
14	钢纤维	t	225	—	—	—	0.003	0.002
15	电焊条	kg	231	56.1	75.4	212.1	89.7	79.9
16	钢护筒	t	263	0.025	0.146	0.044	0.034	0.045
17	钢模板	t	271	0.085	0.065	0.368	0.357	0.325
18	组合钢模板	t	272	0.213	0.289	0.164	0.114	0.170
19	门式钢支架	t	273	0.005	0.003	0.006	0.162	0.111
20	四氟板式橡胶组合支座	dm³	401	0.9	5.2	6.4	3.7	3.1
21	板式橡胶支座	dm³	402	22.1	18.1	20.1	4.1	4.6
22	模数式伸缩缝	t	541	—	—	0.122	0.514	0.460
23	板式橡胶伸缩缝	m	542	4.2	3.2	—	—	0.1
24	铸铁	kg	561	170.3	133.8	63.3	143.0	131.7

续上表　　　　单位:100m² 桥面

顺序号	项　目	单位	单价	匝道桥				
				空心板		预应力T形梁	箱梁	
				钢筋混凝土	预应力混凝土		钢筋混凝土	预应力混凝土
				9	10	11	12	13
25	钢绞线群锚(3孔)	套	572	—	12.20	—	—	3.59
26	钢绞线群锚(7孔)	套	576	—	16.15	5.01	—	6.16
27	钢绞线群锚(12孔)	套	580	—	—	3.99	—	1.82
28	钢绞线群锚(19孔)	套	585	—	—	—	—	1.05
29	钢绞线群锚(22孔)	套	586	—	—	—	—	0.66
30	铁件	kg	651	207.8	401.3	263.4	175.9	193.0
31	铁钉	kg	653	0.8	2.5	0.9	0.3	0.6
32	8~12号铁丝	kg	655	10.9	0.4	2.9	0.9	1.5
33	20~22号铁丝	kg	656	52.2	66.6	70.3	102.4	75.2
34	铁皮	m²	666	2.0	1.0	—	—	—
35	铸铁管	kg	682	61.9	68.4	28.3	31.0	33.3
36	油漆	kg	732	2.1	1.7	0.8	1.8	1.6

续上表 单位:100m² 桥面

顺序号	项目	单位	单价	匝道桥				
				空心板		预应力T形梁	箱梁	
				钢筋混凝土	预应力混凝土		钢筋混凝土	预应力混凝土
				9	10	11	12	13
37	桥面防水涂料	kg	735	132.5	112.5	229.2	135.8	405.1
38	环氧树脂	kg	746	—	—	—	3.4	2.5
39	玻璃纤维布	m^2	771	149.5	126.9	258.5	153.1	457.0
40	草袋	个	819	—	—	—	—	19
41	32.5 级水泥	t	832	77.593	59.329	67.812	45.917	52.980
42	42.5 级水泥	t	833	—	15.089	25.205	35.069	34.293
43	52.5 级水泥	t	834	—	—	—	0.014	0.012
44	硝铵炸药	kg	841	7.6	5.3	0.3	0.9	1.7
45	导火线	m	842	21	15	—	3	7
46	普通雷管	个	845	16	12	—	2	5
47	石油沥青	t	851	0.474	0.410	0.005	1.024	1.421
48	改性沥青	t	852	—	—	1.323	—	—

续上表 单位:100m² 桥面

顺序号	项目	单位	单价	匝道桥				
				空心板		预应力T形梁	箱梁	
				钢筋混凝土	预应力混凝土		钢筋混凝土	预应力混凝土
				9	10	11	12	13
49	乳化沥青	t	853	—	—	0.130	—	—
50	纤维稳定剂	t	856	—	—	0.067	—	—
51	煤	t	864	0.009	0.006	0.001	0.001	0.002
52	水	m^3	866	394	367	472	409	504
53	青(红)砖	千块	877	—	—	2.06	1.89	2.15
54	砂	m^3	897	1.68	1.50	1.09	3.94	5.47
55	中(粗)砂	m^3	899	142.33	113.29	122.08	98.83	107.16
56	砂砾	m^3	902	66.43	50.03	90.47	30.99	32.76
57	黏土	m^3	911	40.07	25.45	38.32	40.71	61.57
58	片石	m^3	931	180.04	37.67	33.08	24.00	15.46
59	矿粉	t	949	0.457	0.410	2.262	1.074	1.490
60	碎石(2cm)	m^3	951	8.69	27.46	30.46	42.03	41.30

续上表 单位:100m² 桥面

顺序号	项目	单位	单价	匝道桥				
				空心板		预应力T形梁	箱梁	
				钢筋混凝土	预应力混凝土		钢筋混凝土	预应力混凝土
				9	10	11	12	13
61	碎石(4cm)	m^3	952	98.38	80.24	101.36	76.33	91.71
62	碎石(6cm)	m^3	953	—	—	0.64	—	—
63	碎石(8cm)	m^3	954	44.63	68.01	23.23	4.15	5.75
64	石屑	m^3	961	0.93	0.83	1.81	2.18	3.03
65	路面用碎石(1.5cm)	m^3	965	2.57	2.31	10.19	6.05	8.39
66	块石	m^3	981	36.18	—	3.51	0.26	0.23
67	草皮	m^2	995	35.52	8.42	3.92	0.81	0.58
68	其他材料费	元	996	707.1	840.4	738.2	6350.4	5978.2
69	设备摊销费	元	997	686.6	417.6	4457.2	1544.4	2229.8
70	75kW 以内履带式推土机	台班	1003	—	—	0.73	0.44	0.52
71	105kW 以内履带式推土机	台班	1005	—	—	0.05	—	—

续上表 单位:100m² 桥面

顺序号	项目	单位	单价	匝道桥				
				空心板		预应力T形梁	箱梁	
				钢筋混凝土	预应力混凝土		钢筋混凝土	预应力混凝土
				9	10	11	12	13
72	0.6m³ 以内履带式单斗挖掘机	台班	1027	—	—	0.07	0.18	0.41
73	1.0m³ 以内履带式单斗挖掘机	台班	1035	—	0.02	0.05	0.05	0.04
74	1.0m³ 以内轮胎式装载机	台班	1048	0.05	0.05	0.67	0.56	0.69
75	2.0m³ 以内轮胎式装载机	台班	1050	—	—	0.07	—	—
76	120kW 以内自行式平地机	台班	1057	—	—	0.05	—	—
77	6~8t 光轮压路机	台班	1075	0.15	0.09	0.19	0.15	0.21
78	8~10t 光轮压路机	台班	1076	0.29	0.21	0.39	0.21	0.23
79	10~12t 光轮压路机	台班	1077	0.06	0.05	—	0.13	0.19
80	12~15t 光轮压路机	台班	1078	0.16	0.13	0.33	0.06	0.07
81	235kW 以内稳定土拌和机	台班	1155	—	—	0.01	—	—
82	4000L 以内沥青洒布车	台班	1193	—	—	0.02	—	0.02

续上表　　　　单位:100m² 桥面

顺序号	项　　目	单位	单价	匝道桥				
				空心板		预应力T形梁	箱梁	
				钢筋混凝土	预应力混凝土		钢筋混凝土	预应力混凝土
				9	10	11	12	13
83	30t/h 以内沥青混合料拌和设备	台班	1201	0.06	0.05	—	0.13	0.19
84	160t/h 以内沥青混合料拌和设备	台班	1205	—	—	0.03	—	—
85	9.0m 以内沥青混合料摊铺机	台班	1213	—	—	0.03	—	—
86	15t 以内振动压路机	台班	1220	—	—	0.05	—	—
87	滑模式水泥混凝土摊铺机	台班	1234	0.01	0.03	0.02	0.01	0.03
88	混凝土真空吸水机组	台班	1239	—	—	0.24	—	—
89	混凝土电动刻纹机	台班	1243	0.36	0.79	0.61	0.35	0.90
90	混凝土电动切缝机	台班	1245	—	—	0.23	—	—
91	250L 以内混凝土搅拌机	台班	1272	0.26	0.28	0.65	0.31	0.31
92	350L 以内混凝土搅拌机	台班	1273	4.13	—	—	—	—
93	500L 以内混凝土搅拌机	台班	1274	—	5.69	—	—	—

续上表　　　　单位:100m² 桥面

顺序号	项　　目	单位	单价	匝道桥				
				空心板		预应力T形梁	箱梁	
				钢筋混凝土	预应力混凝土		钢筋混凝土	预应力混凝土
				9	10	11	12	13
94	6m³ 以内混凝土搅拌运输车	台班	1307	—	—	—	2.08	2.41
95	60m³/h 以内混凝土输送泵车	台班	1308	—	—	—	0.43	0.38
96	60m³/h 以内混凝土输送泵	台班	1316	0.06	0.13	0.84	0.78	0.93
97	40m³/h 以内混凝土搅拌站	台班	1325	—	—	0.78	—	—
98	60m³/h 以内混凝土搅拌站	台班	1327	—	—	—	0.51	0.60
99	钢绞线拉伸设备	台班	1349	—	3.24	1.55	—	2.12
100	波纹管卷制机	台班	1352	—	0.52	0.34	—	0.51
101	8t 以内载货汽车	台班	1375	—	—	0.19	—	—
102	10t 以内载货汽车	台班	1376	0.22	0.08	—	0.16	0.42
103	15t 以内载货汽车	台班	1378	—	0.06	0.12	0.12	0.09
104	20t 以内载货汽车	台班	1379	0.34	0.16	—	—	—

续上表　　　　单位:100m² 桥面

顺序号	项　目	单位	单价	匝道桥				
				空心板		预应力T形梁	箱梁	
				钢筋混凝土	预应力混凝土		钢筋混凝土	预应力混凝土
				9	10	11	12	13
105	3t 以内自卸汽车	台班	1382	0.32	0.28	—	0.74	1.03
106	5t 以内自卸汽车	台班	1383	—	—	0.03	—	—
107	10t 以内自卸汽车	台班	1386	—	—	0.14	—	—
108	20t 以内平板拖车组	台班	1393	—	—	0.04	—	—
109	40t 以内平板拖车组	台班	1395	—	—	—	0.07	0.07
110	4000L 以内洒水汽车	台班	1404	—	—	0.10	—	—
111	6000L 以内洒水汽车	台班	1405	—	—	0.08	—	—
112	1t 以内机动翻斗车	台班	1408	36.88	64.86	0.35	2.01	3.46
113	15t 以内履带式起重机	台班	1432	—	0.06	0.10	0.12	0.09
114	25t 以内轮胎式起重机	台班	1443	0.27	0.88	—	—	—
115	5t 以内汽车式起重机	台班	1449	0.16	0.08	0.07	0.23	0.23

续上表　　　　单位:100m² 桥面

顺序号	项　目	单位	单价	匝道桥				
				空心板		预应力T形梁	箱梁	
				钢筋混凝土	预应力混凝土		钢筋混凝土	预应力混凝土
				9	10	11	12	13
116	12t 以内汽车式起重机	台班	1451	4.18	5.31	4.92	2.21	2.61
117	20t 以内汽车式起重机	台班	1453	1.78	1.52	1.02	3.16	2.81
118	30t 以内汽车式起重机	台班	1455	0.34	1.59	—	0.12	0.16
119	75t 以内汽车式起重机	台班	1458	—	—	0.08	—	—
120	30kN 以内单筒慢动卷扬机	台班	1499	0.13	2.20	7.53	2.25	3.29
121	50kN 以内单筒慢动卷扬机	台班	1500	7.50	10.57	14.21	4.91	9.05
122	300kN 以内振动打拔桩锤	台班	1581	—	0.03	—	—	—
123	22 型电动冲击钻机	台班	1588	14.10	—	—	5.30	4.67
124	30 型电动冲击钻机	台班	1589	—	15.68	—	7.17	8.78
125	ϕ1500mm 以内回旋钻机	台班	1600	—	3.37	1.34	6.17	5.21
126	ϕ2500mm 以内回旋钻机	台班	1602	—	—	7.14	2.95	1.16

续上表　　单位:100m² 桥面

顺序号	项　目	单位	单价	匝道桥				
				空心板		预应力T形梁	箱梁	
				钢筋混凝土	预应力混凝土		钢筋混凝土	预应力混凝土
				9	10	11	12	13
127	泥浆搅拌机	台班	1624	—	0.26	2.13	1.37	0.97
128	φ150mm 电动单级离心水泵	台班	1653	—	—	—	—	0.04
129	φ100mm 电动多级水泵(≤120m)	台班	1663	—	—	—	1.49	1.29
130	32kV·A 以内交流电弧焊机	台班	1726	11.21	14.66	32.25	17.60	15.08
131	100kV·A 以内交流对焊机	台班	1746	—	—	0.82	0.70	0.55
132	9m³/min 以内机动空压机	台班	1842	0.55	0.35	—	0.14	0.45
133	88kW 以内内燃拖轮	艘班	1852	—	0.01	—	—	—
134	100t 以内工程驳船	艘班	1874	—	0.05	—	—	—
135	小型机具使用费	元	1998	657.6	717.9	1109.0	794.2	799.4
136	基价	元	1999	218179	245370	255328	261272	263662

续上表　　单位:1km

顺序号	项　目	单位	代号	被交道			
				主线上跨			
				路况差			
				被交道等级			
				一级	二级	三级	四级
				14	15	16	17
1	人工	工日	1	12965.3	6716.0	4537.9	1685.5
2	锯材	m³	102	—	—	—	—
3	型钢	t	182	3.193	1.654	1.117	0.415
4	钢板	t	183	0.011	0.006	0.004	0.001
5	钢钎	kg	211	0.2	0.1	—	—
6	电焊条	kg	231	50.9	26.4	17.8	6.6
7	钢模板	t	271	0.073	0.038	0.026	0.010
8	组合钢模板	t	272	0.006	0.003	0.002	—
9	铁件	kg	651	296.1	153.4	103.6	38.5
10	土工格栅	m²	772	4825.4	2499.5	1688.9	627.3
11	U 形锚钉	kg	775	142.8	74.0	50.0	18.6

续上表

单位:1km

顺序号	项目	单位	代号	被交道			
				主线上跨			
				路况差			
				被交道等级			
				一级	二级	三级	四级
				14	15	16	17
12	32.5级水泥	t	832	928.965	481.204	325.138	120.765
13	硝铵炸药	kg	841	2.0	1.0	0.7	0.3
14	导火线	m	842	12	6	4	1
15	普通雷管	个	845	9	5	3	1
16	石油沥青	t	851	222.181	115.090	77.764	28.884
17	改性沥青	t	852	—	—	—	—
18	乳化沥青	t	853	3.004	1.556	1.051	0.391
19	纤维稳定剂	t	856	—	—	—	—
20	煤	t	864	2.200	1.139	0.770	0.286
21	水	m^3	866	6660	3450	2331	866
22	生石灰	t	891	497.364	257.635	174.077	64.657

续上表

单位:1km

顺序号	项目	单位	代号	被交道			
				主线上跨			
				路况差			
				被交道等级			
				一级	二级	三级	四级
				14	15	16	17
23	土	m^3	895	14.18	7.34	4.96	1.84
24	砂	m^3	897	713.01	369.34	249.55	92.69
25	中(粗)砂	m^3	899	1358.34	703.62	475.42	176.58
26	砂砾	m^3	902	3460.80	1792.70	1211.28	449.90
27	黏土	m^3	911	239.39	124.01	83.79	31.12
28	碎石土	m^3	915	2086.05	1080.57	730.12	271.19
29	片石	m^3	931	—	—	—	—
30	粉煤灰	m^3	945	1983.24	1027.32	694.14	257.82
31	矿粉	t	949	210.541	109.060	73.689	27.370
32	碎石(2cm)	m^3	951	17.67	9.16	6.19	2.30
33	碎石(4cm)	m^3	952	2120.25	1098.29	742.09	275.63

续上表 单位:1km

顺序号	项目	单位	代号	被交道			
				主线上跨			
				路况差			
				被交道等级			
				一级	二级	三级	四级
				14	15	16	17
34	碎石(8cm)	m^3	954	1.56	0.81	0.55	0.20
35	碎石	m^3	958	7163.70	3710.80	2507.30	931.28
36	石屑	m^3	961	1126.24	583.39	394.18	146.41
37	路面用碎石(1.5cm)	m^3	965	1299.04	672.90	454.66	168.87
38	路面用碎石(2.5cm)	m^3	966	916.93	474.97	320.93	119.20
39	路面用碎石(3.5cm)	m^3	967	377.27	195.43	132.04	49.04
40	草皮	m^2	995	—	—	—	—
41	其他材料费	元	996	15765.8	8166.7	5518.5	2054.2
42	设备摊销费	元	997	5960.8	3087.7	2086.3	774.9
43	75kW 以内履带式推土机	台班	1003	18.16	9.41	6.36	2.36
44	135kW 以内履带式推土机	台班	1006	5.52	2.86	1.93	0.72

续上表 单位:1km

顺序号	项目	单位	代号	被交道			
				主线上跨			
				路况差			
				被交道等级			
				一级	二级	三级	四级
				14	15	16	17
45	0.6m^3 以内履带式单斗挖掘机	台班	1027	10.79	5.59	3.78	1.40
46	1.0m^3 以内履带式单斗挖掘机	台班	1035	46.07	23.86	16.12	5.99
47	2.0m^3 以内轮胎式装载机	台班	1050	12.81	6.63	4.48	1.66
48	120kW 以内自行式平地机	台班	1057	52.98	27.44	18.54	6.89
49	75kW 以内履带式拖拉机	台班	1063	3.73	1.93	1.30	0.48
50	6t 以内拖式羊足碾(含拖头)	台班	1073	—	—	—	—
51	6~8t 光轮压路机	台班	1075	56.72	29.38	19.85	7.37
52	8~10t 光轮压路机	台班	1076	5.61	2.91	1.96	0.73
53	12~15t 光轮压路机	台班	1078	82.77	42.87	28.97	10.76
54	0.6t 以内手扶式振动碾	台班	1083	—	—	—	—

续上表

单位:1km

顺序号	项目	单位	代号	被交道			
				主线上跨			
				路况差			
				被交道等级			
				一级	二级	三级	四级
				14	15	16	17
55	15t 以内振动压路机	台班	1088	40.34	20.90	14.12	5.24
56	蛙式夯土机	台班	1094	27.27	14.12	9.54	3.54
57	235kW 以内稳定土拌和机	台班	1155	12.56	6.51	4.40	1.63
58	4000L 以内沥青洒布车	台班	1193	1.20	0.62	0.42	0.16
59	15t/h 以内电动黑色粒料拌和机	台班	1197	—	—	—	—
60	120t/h 以内沥青混合料拌和设备	台班	1204	6.82	3.53	2.39	0.89
61	6.0m 以内沥青混合料摊铺机	台班	1212	7.43	3.85	2.60	0.97
62	15t 以内振动压路机	台班	1220	—	—	—	—
63	9~16t 轮胎式压路机	台班	1223	—	—	—	—
64	16~20t 轮胎式压路机	台班	1224	5.00	2.59	1.75	0.65
65	20~25t 轮胎式压路机	台班	1225	2.13	1.10	0.75	0.28

续上表

单位:1km

顺序号	项目	单位	代号	被交道			
				主线上跨			
				路况差			
				被交道等级			
				一级	二级	三级	四级
				14	15	16	17
66	250L 以内混凝土搅拌机	台班	1272	96.24	49.85	33.68	12.51
67	4t 以内载货汽车	台班	1372	—	—	—	—
68	5t 以内自卸汽车	台班	1383	7.10	3.68	2.49	0.92
69	8t 以内自卸汽车	台班	1385	345.93	179.19	121.07	44.97
70	6000L 以内洒水汽车	台班	1405	38.93	20.17	13.63	5.06
71	1t 以内机动翻斗车	台班	1408	—	—	—	—
72	12t 以内汽车式起重机	台班	1451	0.07	0.04	0.03	—
73	32kV·A 以内交流电弧焊机	台班	1726	7.69	3.98	2.69	1.00
74	小型机具使用费	元	1998	88.3	45.8	30.9	18.2
75	基价	元	1999	3534334	1830750	1237068	459513

续上表 单位:1km

顺序号	项目	单位	代号	被交道		
				主线上跨		
				路况好		
				被交道等级		
				一级	二级	三级
				18	19	20
1	人工	工日	1	5335.6	2189.9	1718.1
2	锯材	m^3	102	—	—	—
3	型钢	t	182	0.195	0.080	0.063
4	钢板	t	183	0.009	0.004	0.003
5	钢钎	kg	211	0.2	—	—
6	电焊条	kg	231	0.9	0.4	0.3
7	钢模板	t	271	0.304	0.125	0.098
8	组合钢模板	t	272	—	—	—
9	铁件	kg	651	17.6	7.2	5.7
10	土工格栅	m^2	772	—	—	—
11	U形锚钉	kg	775	—	—	—

续上表 单位:1km

顺序号	项目	单位	代号	被交道		
				主线上跨		
				路况好		
				被交道等级		
				一级	二级	三级
				18	19	20
12	32.5级水泥	t	832	599.562	246.081	193.059
13	硝铵炸药	kg	841	2.0	0.8	0.6
14	导火线	m	842	12	5	4
15	普通雷管	个	845	9	4	3
16	石油沥青	t	851	34.178	14.028	11.005
17	改性沥青	t	852	13.320	5.467	4.289
18	乳化沥青	t	853	—	—	—
19	纤维稳定剂	t	856	0.678	0.278	0.218
20	煤	t	864	0.825	0.339	0.266
21	水	m^3	866	4723	1939	1521
22	生石灰	t	891	—	—	—

续上表 单位:1km

顺序号	项目	单位	代号	被交道		
				主线上跨		
				路况好		
				被交道等级		
				一级	二级	三级
				18	19	20
23	土	m^3	895	111.28	45.67	35.83
24	砂	m^3	897	2787.97	1144.28	897.73
25	中(粗)砂	m^3	899	1125.27	461.85	362.34
26	砂砾	m^3	902	1394.61	572.39	449.06
27	黏土	m^3	911	—	—	—
28	碎石土	m^3	915	—	—	—
29	片石	m^3	931	2800.26	1149.32	901.68
30	粉煤灰	m^3	945	—	—	—
31	矿粉	t	949	53.884	22.116	17.351
32	碎石(2cm)	m^3	951	55.30	22.70	17.81
33	碎石(4cm)	m^3	952	77.75	31.91	25.04

续上表 单位:1km

顺序号	项目	单位	代号	被交道		
				主线上跨		
				路况好		
				被交道等级		
				一级	二级	三级
				18	19	20
34	碎石(8cm)	m^3	954	—	—	—
35	碎石	m^3	958	2094.48	859.65	674.42
36	石屑	m^3	961	102.45	42.05	32.99
37	路面用碎石(1.5cm)	m^3	965	232.35	95.36	74.82
38	路面用碎石(2.5cm)	m^3	966	72.00	29.55	23.18
39	路面用碎石(3.5cm)	m^3	967	—	—	—
40	草皮	m^2	995	—	—	—
41	其他材料费	元	996	1168.7	480.2	376.8
42	设备摊销费	元	997	1273.0	522.5	409.9
43	75kW 以内履带式推土机	台班	1003	3.49	1.43	1.12
44	135kW 以内履带式推土机	台班	1006	—	—	—

续上表

单位:1km

顺序号	项　　目	单位	代号	被　交　道		
				主 线 上 跨		
				路　况　好		
				被交道等级		
				一级	二级	三级
				18	19	20
45	0.6m^3 以内履带式单斗挖掘机	台班	1027	—	—	—
46	1.0m^3 以内履带式单斗挖掘机	台班	1035	10.56	4.33	3.40
47	2.0m^3 以内轮胎式装载机	台班	1050	2.64	1.08	0.85
48	120kW 以内自行式平地机	台班	1057	16.25	6.67	5.23
49	75kW 以内履带式拖拉机	台班	1063	—	—	—
50	6t 以内拖式羊足碾(含拖头)	台班	1073	2.31	0.95	0.74
51	6～8t 光轮压路机	台班	1075	15.10	6.20	4.86
52	8～10t 光轮压路机	台班	1076	5.61	2.30	1.81
53	12～15t 光轮压路机	台班	1078	15.31	6.28	4.93
54	0.6t 以内手扶式振动碾	台班	1083	—	—	—

续上表

单位:1km

顺序号	项　　目	单位	代号	被　交　道		
				主 线 上 跨		
				路　况　好		
				被交道等级		
				一级	二级	三级
				18	19	20
55	15t 以内振动压路机	台班	1088	10.74	4.41	3.46
56	蛙式夯土机	台班	1094	27.27	11.19	8.78
57	235kW 以内稳定土拌和机	台班	1155	4.71	1.93	1.52
58	4000L 以内沥青洒布车	台班	1193	0.36	0.15	0.12
59	15t/h 以内电动黑色粒料拌和机	台班	1197	—	—	—
60	120t/h 以内沥青混合料拌和设备	台班	1204	1.40	0.58	0.45
61	6.0m 以内沥青混合料摊铺机	台班	1212	1.53	0.63	0.49
62	15t 以内振动压路机	台班	1220	0.46	0.19	0.15
63	9～16t 轮胎式压路机	台班	1223	—	—	—
64	16～20t 轮胎式压路机	台班	1224	0.71	0.29	0.23
65	20～25t 轮胎式压路机	台班	1225	0.30	0.12	0.10

续上表

单位:1km

顺序号	项目	单位	代号	被交道		
				主线上跨		
				路况好		
				被交道等级		
				一级	二级	三级
				18	19	20
66	250L以内混凝土搅拌机	台班	1272	6.04	2.48	1.94
67	4t以内载货汽车	台班	1372	—	—	—
68	5t以内自卸汽车	台班	1383	1.42	0.58	0.46
69	8t以内自卸汽车	台班	1385	26.70	10.96	8.60
70	6000L以内洒水汽车	台班	1405	10.67	4.38	3.44
71	1t以内机动翻斗车	台班	1408	—	—	—
72	12t以内汽车式起重机	台班	1451	—	—	—
73	32kV·A以内交流电弧焊机	台班	1726	0.19	0.08	0.06
74	小型机具使用费	元	1998	79.0	32.4	25.4
75	基价	元	1999	1292376	530501	416139

续上表

单位:1km

顺序号	项目	单位	代号	被交道			
				主线下穿			
				被交道等级			
				一级	二级	三级	四级
				21	22	23	24
1	人工	工日	1	9727.5	4989.2	2561.7	1857.0
2	锯材	m^3	102	0.184	0.094	0.048	0.035
3	型钢	t	182	0.003	0.001	—	—
4	钢板	t	183	—	—	—	—
5	钢钎	kg	211	0.2	0.1	—	—
6	电焊条	kg	231	—	—	—	—
7	钢模板	t	271	—	—	—	—
8	组合钢模板	t	272	—	—	—	—
9	铁件	kg	651	0.2	0.1	—	—
10	土工格栅	m^2	772	—	—	—	—
11	U形锚钉	kg	775	—	—	—	—

续上表

单位:1km

顺序号	项目	单位	代号	被交道			
				主线下穿			
				被交道等级			
				一级	二级	三级	四级
				21	22	23	24
12	32.5级水泥	t	832	107.162	54.963	28.221	20.457
13	硝铵炸药	kg	841	1.7	0.9	0.4	0.3
14	导火线	m	842	10	5	3	2
15	普通雷管	个	845	8	4	2	2
16	石油沥青	t	851	261.984	134.372	68.993	50.013
17	改性沥青	t	852	—	—	—	—
18	乳化沥青	t	853	—	—	—	—
19	纤维稳定剂	t	856	—	—	—	—
20	煤	t	864	6.211	3.186	1.636	1.186
21	水	m^3	866	1579	810	416	301
22	生石灰	t	891	1358.470	696.759	357.753	259.332

续上表

单位:1km

顺序号	项目	单位	代号	被交道			
				主线下穿			
				被交道等级			
				一级	二级	三级	四级
				21	22	23	24
23	土	m^3	895	6514.08	3341.07	1715.48	1243.54
24	砂	m^3	897	631.89	324.10	166.41	120.63
25	中(粗)砂	m^3	899	404.89	207.67	106.63	77.29
26	砂砾	m^3	902	587.68	301.42	154.77	112.19
27	黏土	m^3	911	—	—	—	—
28	碎石土	m^3	915	—	—	—	—
29	片石	m^3	931	890.38	456.67	234.48	169.97
30	粉煤灰	m^3	945	2233.55	1145.59	588.21	426.39
31	矿粉	t	949	189.678	97.286	49.952	36.210
32	碎石(2cm)	m^3	951	—	—	—	—
33	碎石(4cm)	m^3	952	127.13	65.21	33.48	24.27

续上表 单位:1km

顺序号	项目	单位	代号	被交道			
				主线下穿			
				被交道等级			
				一级	二级	三级	四级
				21	22	23	24
34	碎石(8cm)	m^3	954	—	—	—	—
35	碎石	m^3	958	5817.05	2983.56	1531.92	1110.47
36	石屑	m^3	961	449.95	230.78	118.49	85.90
37	路面用碎石(1.5cm)	m^3	965	706.67	362.45	186.10	134.90
38	路面用碎石(2.5cm)	m^3	966	853.56	437.79	224.78	162.94
39	路面用碎石(3.5cm)	m^3	967	830.96	426.20	218.83	158.63
40	草皮	m^2	995	78083.50	40049.03	20563.29	14906.14
41	其他材料费	元	996	26226.9	13451.8	6910.0	5009.0
42	设备摊销费	元	997	6510.6	3339.3	1714.6	1242.9
43	75kW 以内履带式推土机	台班	1003	—	—	—	—
44	135kW 以内履带式推土机	台班	1006	295.72	151.67	77.88	56.45

续上表 单位:1km

顺序号	项目	单位	代号	被交道			
				主线下穿			
				被交道等级			
				一级	二级	三级	四级
				21	22	23	24
45	$0.6m^3$ 以内履带式单斗挖掘机	台班	1027	—	—	—	—
46	$1.0m^3$ 以内履带式单斗挖掘机	台班	1035	—	—	—	—
47	$2.0m^3$ 以内轮胎式装载机	台班	1050	208.72	107.05	54.97	39.84
48	120kW 以内自行式平地机	台班	1057	219.72	112.70	57.86	41.95
49	75kW 以内履带式拖拉机	台班	1063	—	—	—	—
50	6t 以内拖式羊足碾(含拖头)	台班	1073	—	—	—	—
51	6~8t 光轮压路机	台班	1075	221.01	113.36	58.20	42.19
52	8~10t 光轮压路机	台班	1076	4.88	2.50	1.29	0.93
53	12~15t 光轮压路机	台班	1078	67.90	34.82	17.88	12.96
54	0.6t 以内手扶式振动碾	台班	1083	17.29	8.87	4.55	3.30
55	15t 以内振动压路机	台班	1088	291.95	149.74	76.88	55.73

续上表 单位:1km

顺序号	项目	单位	代号	被交道			
				主线下穿			
				被交道等级			
				一级	二级	三级	四级
				21	22	23	24
56	蛙式夯土机	台班	1094	23.71	12.16	6.24	4.53
57	235kW 以内稳定土拌和机	台班	1155	20.57	10.55	5.42	3.93
58	4000L 以内沥青洒布车	台班	1193	2.66	1.37	0.70	0.51
59	15t/h 以内电动黑色粒料拌和机	台班	1197	2.55	1.31	0.67	0.49
60	120t/h 以内沥青混合料拌和设备	台班	1204	8.52	4.37	2.24	1.63
61	6.0m 以内沥青混合料摊铺机	台班	1212	9.21	4.73	2.43	1.76
62	15t 以内振动压路机	台班	1220	—	—	—	—
63	9 ~ 16t 轮胎式压路机	台班	1223	5.28	2.71	1.39	1.01
64	16 ~ 20t 轮胎式压路机	台班	1224	2.49	1.27	0.65	0.47
65	20 ~ 25t 轮胎式压路机	台班	1225	1.06	0.54	0.28	0.20
66	250L 以内混凝土搅拌机	台班	1272	5.55	2.85	1.46	1.06
67	4t 以内载货汽车	台班	1372	3.18	1.63	0.84	0.61

续上表 单位:1km

顺序号	项目	单位	代号	被交道			
				主线下穿			
				被交道等级			
				一级	二级	三级	四级
				21	22	23	24
68	5t 以内自卸汽车	台班	1383	8.87	4.55	2.34	1.69
69	8t 以内自卸汽车	台班	1385	2270.36	1164.47	597.90	433.41
70	6000L 以内洒水汽车	台班	1405	60.04	30.79	15.81	11.46
71	1t 以内机动翻斗车	台班	1408	2.25	1.15	0.59	0.43
72	12t 以内汽车式起重机	台班	1451	—	—	—	—
73	32kV·A 以内交流电弧焊机	台班	1726	—	—	—	—
74	小型机具使用费	元	1998	383.0	196.4	100.9	73.1
75	基价	元	1999	4867080	2496326	1281693	929181

6-2 分离式立体交叉

工程内容 顶进箱涵:箱涵预制、箱涵顶进设施、润滑隔离层、顶进、铁路线加固及防护网等工程的全部工作。
被交道:路基土、石方,排水与防护,软基处理,路面,涵洞等工程的全部工作。

单位:表列单位

顺序号	项目	单位	代号	顶进箱涵($100m^2$)	被交道(1km) 主线上跨 被交道等级		
					二级	三级	四级
				1	2	3	4
1	人工	工日	1	6478.0	2974.1	1920.9	686.0
2	原木	m^3	101	1.129	0.388	0.250	0.089
3	锯材	m^3	102	1.350	0.117	0.075	0.027
4	枕木	m^3	103	3.973	—	—	—
5	光圆钢筋	t	111	—	0.693	0.448	0.160
6	带肋钢筋	t	112	23.699	0.984	0.635	0.227
7	型钢	t	182	0.839	0.034	0.022	0.008
8	钢板	t	183	0.141	—	—	—
9	钢管	t	191	0.104	0.006	0.004	0.001

续上表

单位:表列单位

顺序号	项目	单位	代号	顶进箱涵($100m^2$)	被交道(1km) 主线上跨 被交道等级		
					二级	三级	四级
				1	2	3	4
10	钢钎	kg	211	—	0.3	0.2	—
11	钢丝绳	t	221	—	0.013	0.008	0.003
12	电焊条	kg	231	149.4	0.2	0.1	—
13	钢管立柱	t	247	0.169	—	—	—
14	钢模板	t	271	—	0.094	0.060	0.022
15	组合钢模板	t	272	0.552	0.063	0.041	0.015
16	门式钢支架	t	273	0.052	—	—	—
17	铁件	kg	651	2518.6	33.2	21.5	7.7
18	铁钉	kg	653	2.6	—	—	—
19	8~12号铁丝	kg	655	55.3	0.5	0.3	0.1
20	20~22号铁丝	kg	656	49.1	14.2	9.2	3.3
21	钢板网	m^2	692	52.48	—	—	—

续上表 单位:表列单位

顺序号	项目	单位	代号	顶进箱涵(100m^2)	被交道(1km)		
					主线上跨		
					被交道等级		
					二级	三级	四级
				1	2	3	4
22	土工布	m^2	770	6.7	—	—	—
23	土工格栅	m^2	772	—	—	—	—
24	U形锚钉	kg	775	—	—	—	—
25	草籽	kg	821	—	—	—	—
26	油毛毡	m^2	825	166.8	4.4	2.8	1.0
27	32.5级水泥	t	832	174.481	526.447	340.015	121.434
28	硝铵炸药	kg	841	11.1	4.8	3.1	1.1
29	导火线	m	842	16	19	13	4
30	普通雷管	个	845	—	12	8	3
31	石油沥青	t	851	0.622	21.079	13.614	4.862
32	乳化沥青	t	853	—	—	—	—
33	煤	t	864	0.024	1.541	0.995	0.355

续上表 单位:表列单位

顺序号	项目	单位	代号	顶进箱涵(100m^2)	被交道(1km)		
					主线上跨		
					被交道等级		
					二级	三级	四级
				1	2	3	4
34	水	m^3	866	887	2023	1306	467
35	生石灰	t	891	58.285	2.620	1.692	0.604
36	土	m^3	895	417.64	38.78	25.04	8.94
37	砂	m^3	897	0.35	442.19	285.60	102.00
38	中(粗)砂	m^3	899	321.57	773.91	499.84	178.52
39	砂砾	m^3	902	335.62	758.85	490.11	175.04
40	黏土	m^3	911	8.51	35.71	23.06	8.24
41	碎石土	m^3	915	—	365.87	236.30	84.39
42	片石	m^3	931	135.00	1191.00	769.23	274.72
43	大卵石	m^3	935	—	—	—	—
44	粉煤灰	m^3	945	—	—	—	—
45	矿粉	t	949	0.090	13.720	8.862	3.165

续上表

单位:表列单位

顺序号	项　　目	单位	代号	顶进箱涵(100m^2)	被　交　道(1km)		
					主 线 上 跨		
					被交道等级		
					二级	三级	四级
				1	2	3	4
46	碎石(2cm)	m^3	951	1.72	19.58	12.65	4.52
47	碎石(4cm)	m^3	952	334.68	572.02	369.45	131.95
48	碎石(6cm)	m^3	953	0.63	—	—	—
49	碎石(8cm)	m^3	954	98.35	10.88	7.03	2.51
50	碎石	m^3	958	—	1079.97	697.52	249.11
51	石屑	m^3	961	—	135.18	87.31	31.18
52	路面用碎石(1.5cm)	m^3	965	—	100.53	64.93	23.19
53	路面用碎石(2.5cm)	m^3	966	—	62.41	40.31	14.40
54	路面用碎石(3.5cm)	m^3	967	—	162.57	105.00	37.50
55	路面用碎石(5cm)	m^3	968	—	122.87	79.36	28.34
56	路面用碎石(6cm)	m^3	969	—	117.17	75.68	27.03
57	块石	m^3	981	33.89	9.47	6.12	2.18

续上表

单位:表列单位

顺序号	项　　目	单位	代号	顶进箱涵(100m^2)	被　交　道(1km)		
					主 线 上 跨		
					被交道等级		
					二级	三级	四级
				1	2	3	4
58	粗料石	m^3	984	—	0.32	0.21	0.07
59	草皮	m^2	995	—	—	—	—
60	其他材料费	元	996	3891.8	1566.5	1011.7	361.9
61	设备摊销费	元	997	65348.5	464.8	300.2	107.2
62	75kW 以内履带式推土机	台班	1003	—	7.00	4.52	1.61
63	2.0m^3 以内履带式单斗挖掘机	台班	1032	—	3.12	2.01	0.72
64	1.0m^3 以内履带式单斗挖掘机	台班	1035	—	33.65	21.73	7.76
65	2.0m^3 以内轮胎式装载机	台班	1050	—	0.80	0.52	0.19
66	3.0m^3 以内轮胎式装载机	台班	1051	—	3.08	1.99	0.71
67	120kW 以内自行式平地机	台班	1057	—	12.00	7.75	2.77
68	75kW 以内履带式拖拉机	台班	1063	—	0.02	0.01	—
69	6t 以内拖式羊足碾(含拖头)	台班	1073	—	—	—	—

续上表 单位:表列单位

顺序号	项目	单位	代号	顶进箱涵(100m²)	被交道(1km)		
					主线上跨		
					被交道等级		
					二级	三级	四级
				1	2	3	4
70	6~8t 光轮压路机	台班	1075	0.60	11.12	7.18	2.57
71	8~10t 光轮压路机	台班	1076	—	2.66	1.72	0.61
72	12~15t 光轮压路机	台班	1078	2.77	12.67	8.18	2.92
73	10t 以内振动压路机	台班	1087	—	9.95	6.43	2.30
74	15t 以内振动压路机	台班	1088	—	0.45	0.29	0.10
75	蛙式夯土机	台班	1094	—	11.85	7.65	2.73
76	液压喷播机	台班	1139	—	—	—	—
77	235kW 以内稳定土拌和机	台班	1155	—	2.68	1.73	0.62
78	石屑撒布机	台班	1183	—	0.46	0.30	0.11
79	4000L 以内沥青洒布车	台班	1193	—	0.62	0.40	0.14
80	120t/h 以内沥青混合料拌和设备	台班	1204	—	0.43	0.28	0.10

续上表 单位:表列单位

顺序号	项目	单位	代号	顶进箱涵(100m²)	被交道(1km)		
					主线上跨		
					被交道等级		
					二级	三级	四级
				1	2	3	4
81	6.0m 以内沥青混合料摊铺机	台班	1212	—	0.47	0.30	0.11
82	16~20t 轮胎式压路机	台班	1224	—	0.31	0.20	0.07
83	20~25t 轮胎式压路机	台班	1225	—	0.13	0.09	0.03
84	滑模式水泥混凝土摊铺机	台班	1234	—	1.27	0.82	0.29
85	混凝土电动刻纹机	台班	1243	—	27.39	17.69	6.32
86	混凝土电动切缝机	台班	1245	—	11.75	7.59	2.71
87	250L 以内混凝土搅拌机	台班	1272	22.28	0.59	0.38	0.14
88	6m³ 以内混凝土搅拌运输车	台班	1307	—	9.27	5.98	2.14
89	60m³/h 以内混凝土搅拌站	台班	1327	—	2.23	1.44	0.52
90	2t 以内载货汽车	台班	1370	0.70	—	—	—
91	4t 以内载货汽车	台班	1372	—	0.40	0.26	0.09

续上表 单位:表列单位

顺序号	项目	单位	代号	顶进箱涵（100m²）	被交道(1km) 主线上跨 被交道等级 二级	三级	四级
				1	2	3	4
92	6t 以内载货汽车	台班	1374	—	0.09	0.06	0.02
93	5t 以内自卸汽车	台班	1383	—	0.45	0.29	0.10
94	8t 以内自卸汽车	台班	1385	—	198.46	128.18	45.78
95	10t 以内自卸汽车	台班	1386	37.85	—	—	—
96	4000L 以内洒水汽车	台班	1404	—	—	—	—
97	6000L 以内洒水汽车	台班	1405	—	13.93	9.00	3.21
98	1t 以内机动翻斗车	台班	1408	10.87	0.06	0.04	0.01
99	5t 以内汽车式起重机	台班	1449	160.34	1.96	1.27	0.45
100	8t 以内汽车式起重机	台班	1450	3.09	—	—	—
101	12t 以内汽车式起重机	台班	1451	18.00	0.47	0.30	0.11
102	20t 以内汽车式起重机	台班	1453	—	0.07	0.05	0.02

续上表 单位:表列单位

顺序号	项目	单位	代号	顶进箱涵（100m²）	被交道(1km) 主线上跨 被交道等级 二级	三级	四级
				1	2	3	4
103	30kN 以内单筒慢动卷扬机	台班	1499	0.78	0.96	0.62	0.22
104	50kN 以内单筒慢动卷扬机	台班	1500	63.44	—	—	—
105	粉体发送设备	台班	1641	—	—	—	—
106	15m 以内深层喷射搅拌机	台班	1645	—	—	—	—
107	25m 以内深层喷射搅拌机	台班	1647	—	—	—	—
108	ϕ150mm 电动单级离心水泵	台班	1653	—	4.58	2.96	1.06
109	32kV·A 以内交流电弧焊机	台班	1726	25.02	0.04	0.02	—
110	3m³/min 以内机动空压机	台班	1840	—	—	—	—
111	9m³/min 以内机动空压机	台班	1842	0.04	—	—	—
112	小型机具使用费	元	1998	3326.4	88.0	56.8	23.5
113	基价	元	1999	827189	903878	583802	208521

续上表

单位:表列单位

顺序号	项目	单位	代号	被交道(1km)			
				主线下穿			
				被交道等级			
				一级	二级	三级	四级
				5	6	7	8
1	人工	工日	1	6928.0	4128.2	2182.6	1461.7
2	原木	m^3	101	0.404	0.241	0.127	0.085
3	锯材	m^3	102	0.447	0.266	0.141	0.094
4	枕木	m^3	103	—	—	—	—
5	光圆钢筋	t	111	—	—	—	—
6	带肋钢筋	t	112	—	—	—	—
7	型钢	t	182	0.498	0.297	0.157	0.105
8	钢板	t	183	0.005	0.003	0.002	0.001
9	钢管	t	191	—	—	—	—
10	钢钎	kg	211	—	—	—	—
11	钢丝绳	t	221	—	—	—	—
12	电焊条	kg	231	0.5	0.3	0.2	0.1

续上表

单位:表列单位

顺序号	项目	单位	代号	被交道(1km)			
				主线下穿			
				被交道等级			
				一级	二级	三级	四级
				5	6	7	8
13	钢管立柱	t	247	—	—	—	—
14	钢模板	t	271	0.428	0.255	0.135	0.090
15	组合钢模板	t	272	0.134	0.080	0.042	0.028
16	门式钢支架	t	273	—	—	—	—
17	铁件	kg	651	61.3	36.5	19.3	12.9
18	铁钉	kg	653	19.1	11.4	6.0	4.0
19	8~12号铁丝	kg	655	46.8	27.9	14.7	9.9
20	20~22号铁丝	kg	656	—	—	—	—
21	钢板网	m^2	692	—	—	—	—
22	土工布	m^2	770	3637.6	2167.5	1146.0	767.4
23	土工格栅	m^2	772	3817.5	2274.7	1202.7	805.4
24	U形锚钉	kg	775	208.2	124.1	65.6	43.9

续上表

单位:表列单位

顺序号	项　　目	单位	代号	被　交　道(1km)			
				主线下穿			
				被交道等级			
				一级	二级	三级	四级
				5	6	7	8
25	草籽	kg	821	34.4	20.5	10.8	7.2
26	油毛毡	m^2	825	—	—	—	—
27	32.5 级水泥	t	832	992.015	591.108	312.524	209.292
28	硝铵炸药	kg	841	2.5	1.5	0.8	0.5
29	导火线	m	842	6	3	2	1
30	普通雷管	个	845	4	3	1	—
31	石油沥青	t	851	207.228	123.480	65.285	43.720
32	乳化沥青	t	853	4.123	2.457	1.299	0.870
33	煤	t	864	3.636	2.167	1.145	0.767
34	水	m^3	866	1784	1063	562	376
35	生石灰	t	891	1307.643	779.180	411.959	275.882
36	土	m^3	895	277.64	165.44	87.47	58.58

续上表

单位:表列单位

顺序号	项　　目	单位	代号	被　交　道(1km)			
				主线下穿			
				被交道等级			
				一级	二级	三级	四级
				5	6	7	8
37	砂	m^3	897	4127.54	2459.46	1300.34	870.81
38	中(粗)砂	m^3	899	405.98	241.91	127.90	85.65
39	砂砾	m^3	902	299.69	178.58	94.42	63.23
40	黏土	m^3	911	0.42	0.25	0.13	0.09
41	碎石土	m^3	915	—	—	—	—
42	片石	m^3	931	557.47	332.18	175.63	117.61
43	大卵石	m^3	935	6.84	4.07	2.15	1.44
44	粉煤灰	m^3	945	5193.36	3094.55	1636.11	1095.68
45	矿粉	t	949	193.881	115.527	61.080	40.904
46	碎石(2cm)	m^3	951	77.81	46.36	24.51	16.42
47	碎石(4cm)	m^3	952	140.23	83.56	44.18	29.59
48	碎石(6cm)	m^3	953	—	—	—	—

续上表 单位:表列单位

顺序号	项　目	单位	代号	被交道(1km)			
				主线下穿			
				被交道等级			
				一级	二级	三级	四级
				5	6	7	8
49	碎石(8cm)	m^3	954	34.62	20.63	10.91	7.30
50	碎石	m^3	958	5811.48	3462.86	1830.84	1226.08
51	石屑	m^3	961	455.05	271.15	143.36	96.00
52	路面用碎石(1.5cm)	m^3	965	776.76	462.84	244.71	163.88
53	路面用碎石(2.5cm)	m^3	966	473.76	282.30	149.25	99.95
54	路面用碎石(3.5cm)	m^3	967	81.96	48.84	25.82	17.29
55	路面用碎石(5cm)	m^3	968	—	—	—	—
56	路面用碎石(6cm)	m^3	969	—	—	—	—
57	块石	m^3	981	—	—	—	—
58	粗料石	m^3	984	—	—	—	—
59	草皮	m^2	995	3629.43	2162.66	1143.41	765.73
60	其他材料费	元	996	16154.1	9625.7	5089.2	3408.8

续上表 单位:表列单位

顺序号	项　目	单位	代号	被交道(1km)			
				主线下穿			
				被交道等级			
				一级	二级	三级	四级
				5	6	7	8
61	设备摊销费	元	997	5578.7	3324.1	1757.5	1177.0
62	75kW 以内履带式推土机	台班	1003	137.23	81.77	43.23	28.95
63	2.0m^3 以内履带式单斗挖掘机	台班	1032	0.42	0.25	0.13	0.09
64	1.0m^3 以内履带式单斗挖掘机	台班	1035	154.81	92.25	48.77	32.66
65	2.0m^3 以内轮胎式装载机	台班	1050	11.60	6.91	3.65	2.45
66	3.0m^3 以内轮胎式装载机	台班	1051	0.42	0.25	0.13	0.09
67	120kW 以内自行式平地机	台班	1057	123.85	73.80	39.02	26.13
68	75kW 以内履带式拖拉机	台班	1063	3.18	1.90	1.00	0.67
69	6t 以内拖式羊足碾(含拖头)	台班	1073	0.36	0.22	0.11	0.08
70	6~8t 光轮压路机	台班	1075	128.89	76.80	40.61	27.19
71	8~10t 光轮压路机	台班	1076	2.34	1.40	0.74	0.49
72	12~15t 光轮压路机	台班	1078	72.60	43.26	22.87	15.32

续上表 单位:表列单位

顺序号	项目	单位	代号	被交道(1km)			
				主线下穿			
				被交道等级			
				一级	二级	三级	四级
				5	6	7	8
73	10t 以内振动压路机	台班	1087	—	—	—	—
74	15t 以内振动压路机	台班	1088	153.46	91.44	48.34	32.38
75	蛙式夯土机	台班	1094	12.94	7.71	4.08	2.73
76	液压喷播机	台班	1139	1.60	0.95	0.50	0.34
77	235kW 以内稳定土拌和机	台班	1155	15.61	9.30	4.92	3.29
78	石屑撒布机	台班	1183	—	—	—	—
79	4000L 以内沥青洒布车	台班	1193	1.90	1.13	0.60	0.40
80	120t/h 以内沥青混合料拌和设备	台班	1204	6.18	3.68	1.95	1.30
81	6.0m 以内沥青混合料摊铺机	台班	1212	6.74	4.02	2.12	1.42
82	16~20t 轮胎式压路机	台班	1224	4.53	2.70	1.43	0.96
83	20~25t 轮胎式压路机	台班	1225	1.93	1.15	0.61	0.41
84	滑模式水泥混凝土摊铺机	台班	1234	0.17	0.10	0.05	0.04

续上表 单位:表列单位

顺序号	项目	单位	代号	被交道(1km)			
				主线下穿			
				被交道等级			
				一级	二级	三级	四级
				5	6	7	8
85	混凝土电动刻纹机	台班	1243	4.64	2.76	1.46	0.98
86	混凝土电动切缝机	台班	1245	1.99	1.19	0.63	0.42
87	250L 以内混凝土搅拌机	台班	1272	7.28	4.34	2.29	1.54
88	$6m^3$ 以内混凝土搅拌运输车	台班	1307	1.28	0.76	0.40	0.27
89	$60m^3/h$ 以内混凝土搅拌站	台班	1327	0.32	0.19	0.10	0.07
90	2t 以内载货汽车	台班	1370	—	—	—	—
91	4t 以内载货汽车	台班	1372	1.43	0.85	0.45	0.30
92	6t 以内载货汽车	台班	1374	—	—	—	—
93	5t 以内自卸汽车	台班	1383	6.43	3.83	2.03	1.36
94	8t 以内自卸汽车	台班	1385	1499.25	893.35	472.32	316.31
95	10t 以内自卸汽车	台班	1386	—	—	—	—
96	4000L 以内洒水汽车	台班	1404	1.15	0.68	0.36	0.24

续上表　　单位:表列单位

顺序号	项　　目	单位	代号	被　交　道(1km)			
				主 线 下 穿			
				被交道等级			
				一级	二级	三级	四级
				5	6	7	8
97	6000L 以内洒水汽车	台班	1405	64.00	38.14	20.16	13.50
98	1t 以内机动翻斗车	台班	1408	—	—	—	—
99	5t 以内汽车式起重机	台班	1449	—	—	—	—
100	8t 以内汽车式起重机	台班	1450	—	—	—	—
101	12t 以内汽车式起重机	台班	1451	1.62	0.97	0.51	0.34
102	20t 以内汽车式起重机	台班	1453	—	—	—	—
103	30kN 以内单筒慢动卷扬机	台班	1499	—	—	—	—
104	50kN 以内单筒慢动卷扬机	台班	1500	—	—	—	—
105	粉体发送设备	台班	1641	31.84	18.97	10.03	6.72
106	15m 以内深层喷射搅拌机	台班	1645	15.92	9.49	5.02	3.36
107	25m 以内深层喷射搅拌机	台班	1647	15.92	9.49	5.02	3.36
108	ϕ150mm 电动单级离心水泵	台班	1653	—	—	—	—

续上表　　单位:表列单位

顺序号	项　　目	单位	代号	被　交　道(1km)			
				主 线 下 穿			
				被交道等级			
				一级	二级	三级	四级
				5	6	7	8
109	32kV · A 以内交流电弧焊机	台班	1726	0.10	0.06	0.03	0.02
110	$3m^3$/min 以内机动空压机	台班	1840	31.84	18.97	10.03	6.72
111	$9m^3$/min 以内机动空压机	台班	1842	1.38	0.83	0.44	0.29
112	小型机具使用费	元	1998	1576.0	939.1	496.5	332.5
113	基价	元	1999	3939132	2347177	1241002	831019

6-3 平面交叉

工程内容 路基土石方、排水与防护、软基处理、路面、涵洞等工程的全部工作。

单位:1 处

顺序号	项目	单位	代号	被交道等级			
				一级	二级	三级	四级
				1	2	3	4
1	人工	工日	1	301.8	237.2	89.3	45.3
2	光圆钢筋	t	111	0.026	0.018	0.008	0.004
3	带肋钢筋	t	112	1.366	0.933	0.404	0.205
4	20~22 号铁丝	kg	656	6.9	4.7	2.0	1.0
5	32.5 级水泥	t	832	124.179	84.874	36.757	18.627
6	石油沥青	t	851	26.263	17.950	7.774	3.939
7	乳化沥青	t	853	3.901	2.666	1.155	0.585
8	煤	t	864	0.023	0.015	0.007	0.003
9	水	m^3	866	28	19	8	4
10	生石灰	t	891	87.356	59.706	25.857	13.103
11	土	m^3	895	147.74	100.98	43.73	22.16

续上表

单位:1 处

顺序号	项目	单位	代号	被交道等级			
				一级	二级	三级	四级
				1	2	3	4
12	砂	m^3	897	91.50	62.54	27.08	13.73
13	中(粗)砂	m^3	899	79.54	54.36	23.54	11.93
14	砂砾	m^3	902	153.08	104.62	45.31	22.96
15	碎石土	m^3	915	49.25	33.66	14.58	7.39
16	石渣	m^3	939	10.16	6.95	3.01	1.52
17	粉煤灰	m^3	945	340.60	232.79	100.82	51.09
18	矿粉	t	949	27.171	18.571	8.043	4.076
19	碎石(4cm)	m^3	952	143.54	98.11	42.49	21.53
20	碎石	m^3	958	1191.56	814.40	352.70	178.73
21	石屑	m^3	961	68.54	46.84	20.29	10.28
22	路面用碎石(1.5cm)	m^3	965	89.18	60.96	26.40	13.38
23	路面用碎石(2.5cm)	m^3	966	101.15	69.13	29.94	15.17
24	其他材料费	元	996	286.8	196.0	84.9	43.0
25	设备摊销费	元	997	742.5	507.5	219.8	111.4

续上表　　　　单位:1 处

顺序号	项　目	单位	代号	被交道等级			
				一级	二级	三级	四级
				1	2	3	4
26	75kW 以内履带式推土机	台班	1003	0.95	0.65	0.28	0.14
27	2.0 以内履带式单斗挖掘机	台班	1037	4.35	2.97	1.29	0.65
28	2.0m^3 以内轮胎式装载机	台班	1050	1.63	1.11	0.48	0.24
29	3.0m^3 以内轮胎式装载机	台班	1051	0.79	0.54	0.23	0.12
30	120kW 以内自行式平地机	台班	1057	8.66	5.92	2.56	1.30
31	75kW 以内履带式拖拉机	台班	1063	0.32	0.22	0.10	0.05
32	6～8t 光轮压路机	台班	1075	9.32	6.37	2.76	1.40
33	12～15t 光轮压路机	台班	1078	9.69	6.62	2.87	1.45
34	0.6t 以内手扶式振动碾	台班	1083	0.05	0.03	0.01	—
35	10t 以内振动压路机	台班	1087	5.84	3.99	1.73	0.88
36	15t 以内振动压路机	台班	1088	2.08	1.42	0.62	0.31
37	235kW 以内稳定土拌和机	台班	1155	1.78	1.22	0.53	0.27
38	4000L 以内沥青洒布车	台班	1193	0.31	0.21	0.09	0.05
39	120t/h 以内沥青混合料拌和设备	台班	1204	0.87	0.59	0.26	0.13

续上表　　　　单位:1 处

顺序号	项　目	单位	代号	被交道等级			
				一级	二级	三级	四级
				1	2	3	4
40	6.0m 以内沥青混合料摊铺机	台班	1212	0.95	0.65	0.28	0.14
41	16～20t 轮胎式压路机	台班	1224	0.64	0.43	0.19	0.10
42	20～25t 轮胎式压路机	台班	1225	0.27	0.19	0.08	0.04
43	滑模式水泥混凝土摊铺机	台班	1234	0.32	0.22	0.10	0.05
44	混凝土电动刻纹机	台班	1243	6.42	4.39	1.90	0.96
45	混凝土电动切缝机	台班	1245	2.75	1.88	0.82	0.41
46	6m^3 以内混凝土搅拌运输车	台班	1307	2.37	1.62	0.70	0.35
47	60m^3/h 以内混凝土搅拌站	台班	1327	0.57	0.39	0.17	0.08
48	5t 以内自卸汽车	台班	1383	0.90	0.62	0.27	0.14
49	8t 以内自卸汽车	台班	1385	2.76	1.89	0.82	0.41
50	6000L 以内洒水汽车	台班	1405	8.33	5.70	2.47	1.25
51	小型机具使用费	元	1998	15.3	10.5	4.5	3.1
52	基价	元	1999	332296	228989	98418	49823

注:公路与机耕道、大车道平面交叉采用被交道等级为四级的指标。

6-4 通　　道

工程内容　挖基、垫层，基础，洞口圬工和钢筋，支架、拱盔，排水设施，防渗层，被交道土方、路面等工程的全部工作。

单位：表列单位

顺序号	项　　目	单位	代号	涵式通道	
				洞身(10 延米)	洞口(1 道)
				1	2
1	人工	工日	1	994.9	112.5
2	原木	m^3	101	4.632	0.066
3	锯材	m^3	102	0.981	0.076
4	光圆钢筋	t	111	0.655	—
5	带肋钢筋	t	112	1.789	—
6	型钢	t	182	0.205	0.014
7	钢管	t	191	0.081	0.006
8	钢丝绳	t	221	0.174	—
9	电焊条	kg	231	1.3	—
10	组合钢模板	t	272	0.394	0.031

续上表　　　　单位：表列单位

顺序号	项　　目	单位	代号	涵式通道	
				洞身(10 延米)	洞口(1 道)
				1	2
11	铁件	kg	651	249.3	16.7
12	铁钉	kg	653	—	0.1
13	8～12 号铁丝	kg	655	16.8	0.7
14	20～22 号铁丝	kg	656	9.3	—
15	油毛毡	m^2	825	56.1	—
16	32.5 级水泥	t	832	69.796	4.832
17	硝铵炸药	kg	841	6.7	2.5
18	导火线	m	842	—	4
19	石油沥青	t	851	0.014	—
20	煤	t	864	0.003	—
21	水	m^3	866	288	26
22	中(粗)砂	m^3	899	131.60	13.01
23	砂砾	m^3	902	19.97	7.95
24	片石	m^3	931	50.72	38.28

续上表 单位:表列单位

顺序号	项　　目	单位	代号	涵式通道	
				洞身(10延米)	洞口(1道)
				1	2
25	碎石(4cm)	m^3	952	114.16	6.13
26	碎石(8cm)	m^3	954	40.88	2.44
27	块石	m^3	981	73.30	14.01
28	粗料石	m^3	984	—	0.47
29	其他材料费	元	996	1232.7	89.1
30	6~8t光轮压路机	台班	1075	0.03	—
31	12~15t光轮压路机	台班	1078	0.05	—
32	混凝土真空吸水机组	台班	1239	0.49	—
33	混凝土电动切缝机	台班	1245	0.48	—
34	250L以内混凝土搅拌机	台班	1272	7.58	0.57
35	6t以内载货汽车	台班	1374	1.06	—
36	4000L以内洒水汽车	台班	1404	0.20	—
37	1t以内机动翻斗车	台班	1408	4.97	0.37
38	5t以内汽车式起重机	台班	1449	0.93	—

续上表 单位:表列单位

顺序号	项　　目	单位	代号	涵式通道	
				洞身(10延米)	洞口(1道)
				1	2
39	12t以内汽车式起重机	台班	1451	2.47	0.26
40	20t以内汽车式起重机	台班	1453	1.36	—
41	30kN以内单筒慢动卷扬机	台班	1499	12.01	—
42	ϕ150mm电动单级离心水泵	台班	1653	25.99	—
43	32kV·A以内交流电弧焊机	台班	1726	0.54	—
44	小型机具使用费	元	1998	327.4	23.4
45	基价	元	1999	142347	13558

注:桥式通道采用第五章桥梁指标计算。

6－5 人行天桥及渡槽

工程内容 人行天桥：挖基，基础、下部、上部混凝土及圬工、钢筋、支座，伸缩缝，混凝土护栏，防抛网，台阶楼梯及防滑条等全部工作。

渡槽：挖基，基础、下部、上部混凝土及圬工、钢筋、支座，接头及伸缩缝，槽内防水等全部工作。

单位：$100m^2$

顺序号	项目	单位	代号	人行天桥	渡槽
				1	2
1	人工	工日	1	1211.5	914.9
2	原木	m^3	101	3.714	0.304
3	锯材	m^3	102	2.724	3.535
4	光圆钢筋	t	111	5.039	1.589
5	带肋钢筋	t	112	18.460	17.557
6	钢绞线	t	125	0.834	0.263
7	波纹管钢带	t	151	0.036	—
8	型钢	t	182	1.262	0.614
9	钢板	t	183	0.119	0.038

续上表

单位：$100m^2$

顺序号	项目	单位	代号	人行天桥	渡槽
				1	2
10	圆钢	t	184	0.002	0.005
11	钢管	t	191	0.412	0.170
12	钢钎	kg	211	1.9	0.7
13	钢丝绳	t	221	0.090	0.009
14	电焊条	kg	231	115.1	45.7
15	钢管立柱	t	247	0.306	—
16	钢护筒	t	263	0.017	0.022
17	钢模板	t	271	0.195	0.003
18	组合钢模板	t	272	0.245	0.232
19	门式钢支架	t	273	0.097	0.393
20	四氟板式橡胶组合支座	dm^3	401	4.3	—
21	板式橡胶支座	dm^3	402	13.5	23.6
22	模数式伸缩缝	t	541	0.072	—
23	板式橡胶伸缩缝	m	542	3.3	—

续上表 单位:100m²

顺序号	项目	单位	代号	人行天桥	渡槽
				1	2
24	铸铁	kg	561	414.3	—
25	钢绞线群锚(7孔)	套	576	2.58	—
26	钢绞线群锚(12孔)	套	580	0.36	—
27	钢绞线群锚(22孔)	套	586	0.10	—
28	铁件	kg	651	349.0	258.2
29	铁钉	kg	653	7.2	8.2
30	8~12号铁丝	kg	655	12.1	8.9
31	20~22号铁丝	kg	656	73.2	76.5
32	铁皮	m^2	666	0.4	2.3
33	铸铁管	kg	682	199.2	201.2
34	钢板网	m^2	692	95.03	—
35	橡胶条	kg	716	2	—
36	油漆	kg	732	5.1	—
37	桥面防水涂料	kg	735	50.4	528.7

续上表 单位:100m²

顺序号	项目	单位	代号	人行天桥	渡槽
				1	2
38	环氧树脂	kg	746	0.4	—
39	玻璃纤维布	m^2	771	56.8	596.3
40	油毛毡	m^2	825	57.8	28.7
41	32.5级水泥	t	832	72.702	51.713
42	42.5级水泥	t	833	12.886	4.403
43	52.5级水泥	t	834	0.001	—
44	硝铵炸药	kg	841	11.3	4.1
45	导火线	m	842	28	10
46	普通雷管	个	845	22	8
47	石油沥青	t	851	0.299	0.285
48	煤	t	864	0.014	0.005
49	水	m^3	866	387	255
50	砂	m^3	897	0.27	—
51	中(粗)砂	m^3	899	130.97	81.99

续上表 单位:100m^2

顺序号	项目	单位	代号	人行天桥	渡槽
				1	2
52	砂砾	m^3	902	93.43	107.61
53	黏土	m^3	911	14.43	7.01
54	片石	m^3	931	60.99	13.01
55	矿粉	t	949	0.074	—
56	碎石(2cm)	m^3	951	25.52	7.93
57	碎石(4cm)	m^3	952	132.10	99.40
58	碎石(8cm)	m^3	954	62.35	63.24
59	石屑	m^3	961	0.15	—
60	路面用碎石(1.5cm)	m^3	965	0.42	—
61	块石	m^3	981	6.59	—
62	草皮	m^2	995	8.56	2.87
63	其他材料费	元	996	1361.4	733.2
64	设备摊销费	元	997	1240.0	40.8
65	0.6m^3 以内履带式单斗挖掘机	台班	1027	0.62	0.23

续上表 单位:100m^2

顺序号	项目	单位	代号	人行天桥	渡槽
				1	2
66	1.0m^3 以内履带式单斗挖掘机	台班	1035	0.04	0.02
67	6~8t 光轮压路机	台班	1075	0.11	0.12
68	8~10t 光轮压路机	台班	1076	0.42	0.48
69	12~15t 光轮压路机	台班	1078	0.24	0.27
70	4000L 以内沥青洒布车	台班	1193	—	0.03
71	混凝土电动刻纹机	台班	1243	0.08	—
72	混凝土电动切缝机	台班	1245	0.63	—
73	250L 以内混凝土搅拌机	台班	1272	0.66	0.04
74	350L 以内混凝土搅拌机	台班	1273	7.21	—
75	500L 以内混凝土搅拌机	台班	1274	—	4.36
76	60m^3/h 以内混凝土输送泵	台班	1316	0.01	—
77	90t 以内预应力拉伸机	台班	1344	0.11	0.13
78	500t 以内预应力拉伸机	台班	1347	0.11	0.13
79	钢绞线拉伸设备	台班	1349	0.55	—

续上表

单位:100m²

顺序号	项　　目	单位	代号	人行天桥	渡　　槽
				1	2
80	波纹管卷制机	台班	1352	0.14	—
81	2t 以内载货汽车	台班	1370	1.27	—
82	15t 以内载货汽车	台班	1378	0.14	0.05
83	3t 以内自卸汽车	台班	1382	0.05	—
84	1t 以内机动翻斗车	台班	1408	14.44	7.52
85	15t 以内履带式起重机	台班	1432	0.13	0.05
86	25t 以内轮胎式起重机	台班	1443	0.87	0.62
87	5t 以内汽车式起重机	台班	1449	0.03	0.04
88	8t 以内汽车式起重机	台班	1450	3.30	1.61
89	12t 以内汽车式起重机	台班	1451	3.60	7.40
90	20t 以内汽车式起重机	台班	1453	2.45	1.26
91	30t 以内汽车式起重机	台班	1455	0.17	0.36
92	30kN 以内单筒慢动卷扬机	台班	1499	4.52	0.87
93	50kN 以内单筒慢动卷扬机	台班	1500	7.02	2.29

续上表

单位:100m²

顺序号	项　　目	单位	代号	人行天桥	渡　　槽
				1	2
94	ϕ1500mm 以内回旋钻机	台班	1600	4.12	1.06
95	泥浆搅拌机	台班	1624	0.49	0.23
96	ϕ100mm 电动多级水泵(≤120m)	台班	1663	0.54	—
97	ϕ500mm 以内木工圆锯机	台班	1710	0.86	—
98	32kV·A 以内交流电弧焊机	台班	1726	21.89	9.61
99	100kV·A 以内交流对焊机	台班	1746	0.27	0.37
100	9m³/min 以内机动空压机	台班	1842	0.68	0.25
101	小型机具使用费	元	1998	1044.7	654.8
102	基价	元	1999	273518	196825

注:人行天桥为混凝土结构,指标不包括两端的接线工程。

第七章　交通工程及沿线设施

说　明

本章指标包括安全设施、监控系统、通信系统、收费系统、隧道工程机电设施、独立大桥工程机电设施、服务房屋等项目。

1. 安全设施指标单位为公路公里,工程量按建设项目路线总长度计算。

本指标已综合匝道的安全设施。若建设项目有连接线,连接线的安全设施则应根据道路等级另行计算。

2. 监控系统指标单位为公里,工程量按建设项目路线总长度扣除隧道(双洞)的长度计算。

3. 通信系统指标单位为公路公里,工程量按建设项目路线总长度计算。

4. 收费系统指标单位为每条收费车道,工程量按建设项目主线和匝道收费所需的收费车道(包括进与出)数目之和计算。

5. 隧道工程机电设施指标分为监控系统、通风系统、消防系统、供配电及照明、预留预埋件等项目。

隧道工程机电设施指标单位为公里,工程量以隧道双洞长度计算;若隧道为单洞,则需将指标乘以0.5的系数。

6. 独立大桥工程机电设施指标仅适用于跨江、跨海的特大型桥梁工程,不适用于路线项目中一般桥梁工程。

独立大桥工程机电设施指标单位为10桥长米,工程量按新建独立大桥长度进行计算。

7. 服务房屋指标单位为平方米,工程量按建设项目所需的服务区、停车工区、养护工区、养护管理所等房屋的建筑面积之和计算,但不包括收费天棚的建筑面积。

8. 本章指标均不包括外供电,若建设项目需外供电,则应另行计算。

7-1 安全设施

工程内容 护栏、隔离栅、防眩板、标志牌、轮廓标、路面标线、里程碑、百米桩、界碑等工程的全部工作。

单位:1公路公里

顺序号	项目	单位	代号	公路等级			
				高速		一级	
				平原微丘区	山岭重丘区	平原微丘区	山岭重丘区
				1	2	3	4
1	人工	工日	1	1368.1	1188.4	782.1	717.0
2	原木	m^3	101	0.013	0.035	0.007	0.023
3	锯材	m^3	102	0.003	0.002	0.003	0.002
4	光圆钢筋	t	111	2.277	3.845	1.263	1.958
5	型钢	t	182	0.018	0.016	0.016	0.015
6	钢板	t	183	1.385	1.151	1.230	1.040
7	钢管	t	191	0.338	0.273	0.300	0.246
8	镀锌钢板	t	208	0.018	0.016	0.016	0.014
9	钢丝绳	t	221	0.474	0.355	0.421	0.321

续上表

单位:1公路公里

顺序号	项目	单位	代号	公路等级			
				高速		一级	
				平原微丘区	山岭重丘区	平原微丘区	山岭重丘区
				1	2	3	4
10	电焊条	kg	231	235.9	191.4	195.9	165.1
11	螺栓	kg	240	3266.8	2404.6	2901.1	2171.5
12	镀锌膨胀螺栓	套	243	7.5	2.0	6.7	1.8
13	钢管立柱	t	247	45.667	36.953	40.554	33.370
14	型钢立柱	t	248	3.712	2.153	2.718	1.614
15	波形钢板	t	249	61.449	44.961	54.570	40.602
16	组合钢模板	t	272	0.049	0.085	0.034	0.056
17	铁件	kg	651	37.6	40.7	28.1	31.0
18	镀锌铁件	kg	652	2284.5	1445.3	2028.8	1305.1
19	8~12号铁丝	kg	655	11.8	23.6	5.2	10.6
20	20~22号铁丝	kg	656	10.3	17.5	5.5	8.4
21	刺铁丝	kg	658	534.0	1069.0	237.1	482.7

续上表 单位:1 公路公里

顺序号	项目	单位	代号	公路等级			
				高速		一级	
				平原微丘区	山岭重丘区	平原微丘区	山岭重丘区
				1	2	3	4
22	铝合金标志	t	668	0.664	0.459	0.590	0.415
23	电焊网排	m^2	691	2887.57	1625.10	—	—
24	钢板网	m^2	692	45.61	25.66	—	—
25	油漆	kg	732	28.1	37.9	24.9	34.2
26	热熔涂料	kg	738	5290.6	4814.3	4698.2	4347.5
27	反光玻璃珠	kg	739	417.4	379.8	370.7	343.0
28	反光膜	m^2	740	96.9	66.4	86.1	59.9
29	反光突起路钮	个	741	429.0	312.0	381.0	281.8
30	32.5 级水泥	t	832	33.243	33.254	26.215	23.298
31	水	m^3	866	131	134	103	94
32	中(粗)砂	m^3	899	57.77	58.69	45.48	41.14
33	碎石(2cm)	m^3	951	4.57	10.54	2.26	5.85

续上表 单位:1 公路公里

顺序号	项目	单位	代号	公路等级			
				高速		一级	
				平原微丘区	山岭重丘区	平原微丘区	山岭重丘区
				1	2	3	4
34	碎石(4cm)	m^3	952	25.27	17.56	22.44	15.86
35	碎石(8cm)	m^3	954	61.26	63.69	47.19	42.84
36	其他材料费	元	996	28309.6	10431.2	25132.7	9405.2
37	热熔标线设备	台班	1227	6.32	5.75	5.61	5.19
38	250L 以内混凝土搅拌机	台班	1272	0.26	0.59	0.13	0.33
39	2t 以内载货汽车	台班	1370	28.51	21.16	23.76	18.21
40	4t 以内载货汽车	台班	1372	12.75	12.37	10.77	10.05
41	6t 以内载货汽车	台班	1374	0.16	0.05	0.14	0.05
42	5t 以内汽车式起重机	台班	1449	1.40	0.82	1.25	0.74
43	32kV·A 以内交流电弧焊机	台班	1726	35.23	28.43	28.79	24.25
44	小型机具使用费	元	1998	2612.3	2210.7	2303.4	1962.9
45	基价	元	1999	1127149	840121	822122	640469

续上表　　　　　　　　　　　　　　　　　　　　　　　　　　　　单位:1 公路公里

顺序号	项　目	单位	代号	公路等级					
				二　级		三　级		四　级	
				平原微丘区	山岭重丘区	平原微丘区	山岭重丘区	平原微丘区	山岭重丘区
				5	6	7	8	9	10
1	人工	工日	1	71.3	68.4	42.7	71.6	47.1	68.2
2	原木	m^3	101	0.001	0.014	0.003	0.017	0.002	0.017
3	锯材	m^3	102	0.165	0.041	0.088	0.192	0.129	0.168
4	光圆钢筋	t	111	0.236	0.280	0.130	0.332	0.168	0.319
5	型钢	t	182	0.003	0.004	0.001	0.001	0.002	0.001
6	钢板	t	183	0.009	0.012	—	—	—	—
7	钢管	t	191	—	0.042	0.003	0.050	—	0.049
8	钢丝绳	t	221	0.003	0.004	—	—	—	—
9	电焊条	kg	231	1.8	2.5	—	—	—	—
10	螺栓	kg	240	20.7	26.4	—	—	—	—
11	钢管立柱	t	247	1.276	2.020	0.285	0.261	0.252	0.156
12	型钢立柱	t	248	0.016	—	—	—	—	0.005

续上表　　　　　　　　　　　　　　　　　　　　　　　　　　　　单位:1 公路公里

顺序号	项　目	单位	代号	公路等级					
				二　级		三　级		四　级	
				平原微丘区	山岭重丘区	平原微丘区	山岭重丘区	平原微丘区	山岭重丘区
				5	6	7	8	9	10
13	波形钢板	t	249	0.387	0.494	—	—	—	0.002
14	钢模板	t	271	—	0.029	0.002	0.035	—	0.034
15	组合钢模板	t	272	0.008	0.009	0.005	0.005	0.005	0.005
16	铸铁	kg	561	—	76.0	6.1	90.9	0.7	88.8
17	铁件	kg	651	4.0	19.1	4.1	20.4	3.3	20.3
18	镀锌铁件	kg	652	502.8	763.1	157.5	145.9	162.7	100.7
19	铁钉	kg	653	4.9	0.7	2.6	5.2	3.9	4.4
20	20~22 号铁丝	kg	656	1.1	1.2	0.5	1.6	0.7	1.5
21	铝合金标志	t	668	0.157	0.224	0.044	0.044	0.052	0.032
22	油漆	kg	732	21.4	4.6	8.9	26.8	10.4	24.4
23	热熔涂料	kg	738	1760.4	1863.6	1787.2	1688.4	1688.4	1688.4
24	反光玻璃珠	kg	739	138.9	147.0	141.0	133.2	133.2	133.2

续上表 单位:1 公路公里

顺序号	项目	单位	代号	公路等级					
				二级		三级		四级	
				平原微丘区	山岭重丘区	平原微丘区	山岭重丘区	平原微丘区	山岭重丘区
				5	6	7	8	9	10
25	反光膜	m^2	740	22.1	32.5	6.2	6.2	7.2	4.5
26	柱式轮廓标	根	744	2.5	16.4	0.2	—	—	—
27	32.5 级水泥	t	832	3.595	4.481	1.502	3.131	1.817	2.986
28	水	m^3	866	20	17	7	21	9	19
29	中(粗)砂	m^3	899	6.27	6.66	2.53	5.95	2.94	5.64
30	碎石(2cm)	m^3	951	1.53	0.47	0.96	1.67	1.35	1.53
31	碎石(4cm)	m^3	952	6.50	10.24	2.21	4.75	2.65	4.52
32	碎石(8cm)	m^3	954	3.20	1.01	2.05	3.59	2.89	3.33
33	块石	m^3	981	4.11	—	0.61	5.15	0.31	4.55
34	其他材料费	元	996	808.1	859.4	785.8	762.9	751.9	760.3
35	热熔标线设备	台班	1227	2.10	2.23	2.13	2.02	2.02	2.02
36	250L 以内混凝土搅拌机	台班	1272	0.01	0.13	0.02	0.16	0.02	0.16

续上表 单位:1 公路公里

顺序号	项目	单位	代号	公路等级					
				二级		三级		四级	
				平原微丘区	山岭重丘区	平原微丘区	山岭重丘区	平原微丘区	山岭重丘区
				5	6	7	8	9	10
37	2t 以内载货汽车	台班	1370	0.20	0.40	—	—	—	—
38	3t 以内载货汽车	台班	1371	0.44	0.06	0.23	0.45	0.35	0.39
39	4t 以内载货汽车	台班	1372	2.34	2.46	2.09	2.00	2.07	2.02
40	1t 以内机动翻斗车	台班	1408	—	0.11	—	0.13	—	0.12
41	5t 以内汽车式起重机	台班	1449	0.38	0.36	0.11	0.12	0.19	0.12
42	32kV · A 以内交流电弧焊机	台班	1726	0.27	0.36	—	—	—	—
43	小型机具使用费	元	1998	29.8	36.8	6.3	10.7	6.4	10.8
44	基价	元	1999	45220	58468	23448	27558	23688	25468

7－2 监 控 系 统

工程内容 一般监控、路段全程监控等工程的全部工作。

单位:1km

顺序号	项　　目	单位	代号	一 般 监 控	路段全程监控
				1	2
1	人工	工日	1	104.5	270.1
2	光圆钢筋	t	111	0.002	—
3	镀锌钢板	t	208	—	0.001
4	钢丝绳	t	221	0.017	—
5	电焊条	kg	231	—	0.1
6	螺栓	kg	240	1.6	3.1
7	镀锌螺栓	kg	241	10.1	22.3
8	膨胀螺栓	套	242	111.4	244.2
9	8～12 号铁丝	kg	655	4.8	5.4
10	光缆	m	701	8	—
11	电缆	m	708	736	1513
12	电线	m	711	12	—

续上表

单位:1km

顺序号	项　　目	单位	代号	一 般 监 控	路段全程监控
				1	2
13	线槽	m	720	2	—
14	环氧树脂	kg	746	0.5	—
15	塑料软管	kg	782	0.2	0.5
16	塑料弹簧软管(ϕ50mm)	m	783	1.86	5.35
17	青(红)砖	千块	877	0.51	14.21
18	中(粗)砂	m^3	899	6.01	166.41
19	其他材料费	元	996	940.2	3106.1
20	混凝土电动切缝机	台班	1245	0.09	—
21	4t 以内载货汽车	台班	1372	0.63	1.13
22	6t 以内载货汽车	台班	1374	0.17	0.36
23	20t 以内平板拖车组	台班	1393	0.10	—
24	3t 以内蓄电池车	台班	1416	0.06	0.05
25	5t 以内汽车式起重机	台班	1449	0.30	0.46
26	20t 以内汽车式起重机	台班	1453	0.10	—
27	4t 以内内燃叉车	台班	1548	0.06	0.03

续上表 单位:1km

顺序号	项　目	单位	代号	一般监控	路段全程监控
				1	2
28	300kg 以内液压升降机	台班	1560	0.20	0.27
29	32kV·A 以内交流电弧焊机	台班	1726	0.03	0.04
30	光纤熔接机	台班	1948	0.03	—
31	光时域反射仪	台班	1950	0.73	0.41
32	网络分析仪	台班	1958	0.05	—
33	直流高压发生器	台班	1974	0.05	—
34	轻型试验变压器	台班	1975	0.05	—
35	90kW 以内工程修理车	台班	1987	0.02	—
36	小型机具使用费	元	1998	155.5	125.8
37	基价	元	1999	39569	95771

7-3 通信系统

工程内容 通信系统、通信管道等工程的全部工作。

单位:1 公路公里

顺序号	项　目	单位	代号	通信系统	通信管道
				1	2
1	人工	工日	1	134.8	413.5
2	原木	m^3	101	—	0.028
3	锯材	m^3	102	—	0.503
4	光圆钢筋	t	111	—	0.223
5	带肋钢筋	t	112	—	0.245
6	型钢	t	182	—	0.025
7	钢板	t	183	—	0.410
8	钢管	t	191	—	0.006
9	镀锌钢管	t	192	—	0.244
10	钢丝绳	t	221	—	0.002
11	电焊条	kg	231	—	29.1

续上表　　　　单位:1公路公里

顺序号	项　　目	单位	代号	通信系统	通信管道
				1	2
12	螺栓	kg	240	0.4	220.0
13	镀锌螺栓	kg	241	0.2	—
14	膨胀螺栓	套	242	0.2	—
15	钢模板	t	271	—	0.003
16	组合钢模板	t	272	—	0.032
17	门式钢支架	t	273	—	0.006
18	铸铁	kg	561	—	365.8
19	铁件	kg	651	—	18.2
20	镀锌铁件	kg	652	—	31.7
21	8~12号铁丝	kg	655	0.6	—
22	20~22号铁丝	kg	656	—	0.2
23	硅芯管	m	699	—	18743
24	光缆	m	701	2818	—
25	光缆接头盒	套	703	0.3	—

续上表　　　　单位:1公路公里

顺序号	项　　目	单位	代号	通信系统	通信管道
				1	2
26	光缆终端盒(48芯以内)	个	704	2.0	—
27	电缆	m	708	41	—
28	电线	m	711	—	14
29	线槽	m	720	11	—
30	32.5级水泥	t	832	—	6.028
31	乳化沥青	t	853	—	0.240
32	水	m^3	866	—	21
33	中(粗)砂	m^3	899	—	10.42
34	碎石(2cm)	m^3	951	—	21.24
35	其他材料费	元	996	989.4	41329.6
36	250L以内混凝土搅拌机	台班	1272	—	0.39
37	4t以内载货汽车	台班	1372	1.48	0.54
38	3t以内蓄电池车	台班	1416	0.02	—
39	5t以内汽车式起重机	台班	1449	—	0.54

续上表　　单位:1 公路公里

顺序号	项　　目	单位	代号	通信系统	通信管道
				1	2
40	4t 以内内燃叉车	台班	1548	0.05	—
41	32kV·A 以内交流电弧焊机	台班	1726	—	1.57
42	光纤熔接机	台班	1948	2.80	—
43	光时域反射仪	台班	1950	0.55	—
44	光纤测试仪	台班	1952	1.11	—
45	误码率测试仪	台班	1955	0.04	—
46	PCM 通道测试仪	台班	1956	0.38	—
47	小型机具使用费	元	1998	388.0	775.2
48	基价	元	1999	70972	185772

7-4 收费系统

工程内容　收费岛土建、机电、广场照明及收费亭(棚)等工程的全部工作。

单位:每条收费车道

顺序号	项　　目	单位	代号	收费系统
				1
1	人工	工日	1	457.6
2	原木	m^3	101	0.001
3	锯材	m^3	102	0.025
4	光圆钢筋	t	111	1.753
5	带肋钢筋	t	112	0.011
6	型钢	t	182	0.091
7	钢板	t	183	0.169
8	钢管	t	191	3.728
9	镀锌钢管	t	192	0.599
10	镀锌钢板	t	208	0.005
11	钢丝绳	t	221	0.003
12	电焊条	kg	231	14.3

续上表　　　　单位:每条收费车道

顺序号	项　目	单位	代号	收费系统
				1
13	螺栓	kg	240	125.5
14	镀锌螺栓	kg	241	13.7
15	膨胀螺栓	套	242	170.3
16	钢模板	t	271	0.036
17	组合钢模板	t	272	0.002
18	铸铁	kg	561	17.3
19	铁件	kg	651	24.8
20	镀锌铁件	kg	652	1.5
21	8～12号铁丝	kg	655	5.1
22	20～22号铁丝	kg	656	8.6
23	照明灯具	盏	698	1
24	光缆	m	701	108
25	光缆终端盒(48芯以内)	个	704	0.5
26	电缆	m	708	943
27	电线	m	711	197

续上表　　　　单位:每条收费车道

顺序号	项　目	单位	代号	收费系统
				1
28	裸铝(铜)线	m	712	10
29	橡皮线	m	713	3
30	桥架	m	721	17
31	标线漆	kg	733	14.9
32	反光膜	m^2	740	31.6
33	环氧树脂	kg	746	2.0
34	PVC塑料管(ϕ50mm)	m	779	0.62
35	塑料软管	kg	782	1.6
36	塑料弹簧软管(ϕ50mm)	m	783	1.98
37	32.5级水泥	t	832	8.711
38	乳化沥青	t	853	24.840
39	电	kW·h	865	5
40	水	m^3	866	31
41	中(粗)砂	m^3	899	16.19
42	碎石(2cm)	m^3	951	1.78

续上表 单位:每条收费车道

顺序号	项目	单位	代号	收费系统
				1
43	碎石(4cm)	m^3	952	19.37
44	其他材料费	元	996	167819.6
45	混凝土电动切缝机	台班	1245	0.52
46	250L 以内混凝土搅拌机	台班	1272	0.91
47	4t 以内载货汽车	台班	1372	0.96
48	6t 以内载货汽车	台班	1374	0.06
49	8t 以内载货汽车	台班	1375	0.10
50	3t 以内蓄电池车	台班	1416	1.24
51	5t 以内汽车式起重机	台班	1449	0.17
52	12t 以内汽车式起重机	台班	1451	0.30
53	16t 以内汽车式起重机	台班	1452	0.08
54	50t 以内汽车式起重机	台班	1457	0.16
55	15m 以内高空作业车	台班	1462	0.31
56	30kN 以内单筒慢动卷扬机	台班	1499	0.02
57	4t 以内内燃叉车	台班	1548	0.73

续上表 单位:每条收费车道

顺序号	项目	单位	代号	收费系统
				1
58	300kg 以内液压升降机	台班	1560	0.70
59	32kV·A 以内交流电弧焊机	台班	1726	4.53
60	光纤熔接机	台班	1948	0.51
61	光时域反射仪	台班	1950	0.31
62	光纤测试仪	台班	1952	0.07
63	微机硬盘测试仪	台班	1954	0.27
64	网络分析仪	台班	1958	0.53
65	直流高压发生器	台班	1974	0.04
66	轻型试验变压器	台班	1975	0.04
67	90kW 以内工程修理车	台班	1987	0.28
68	小型机具使用费	元	1998	1180.6
69	基价	元	1999	391155

7－5 隧道工程机电设施

工程内容 隧道监控系统、通风系统、消防系统、供配电及照明、预留预埋等工程的全部工作。

单位：1km

顺序号	项　目	单位	代号	监控系统	通风系统 隧长(m) 4000以下	通风系统 隧长(m) 4000以上	消防系统	供配电及照明	预留预埋件
				1	2	3	4	5	6
1	人工	工日	1	1109.1	715.1	698.4	1316.8	2323.2	4220.1
2	锯材	m^3	102	—	0.305	0.240	0.002	0.070	—
3	光圆钢筋	t	111	—	1.864	2.673	—	—	—
4	带肋钢筋	t	112	—	3.903	5.617	—	—	—
5	型钢	t	182	—	0.246	0.177	—	—	—
6	钢板	t	183	—	2.672	2.753	0.844	0.020	—
7	钢管	t	191	—	0.117	0.084	40.583	—	0.000
8	镀锌钢管	t	192	—	—	—	0.002	—	—
9	压制弯头	kg	196	—	—	—	495.8	—	—
10	镀锌钢板	t	208	0.003	—	—	0.009	0.096	5.248

续上表

单位：1km

顺序号	项　目	单位	代号	监控系统	通风系统 隧长(m) 4000以下	通风系统 隧长(m) 4000以上	消防系统	供配电及照明	预留预埋件
				1	2	3	4	5	6
11	电焊条	kg	231	0.3	64.0	89.8	331.6	4.8	288.2
12	螺栓	kg	240	13.8	—	—	254.1	0.2	177.6
13	镀锌螺栓	kg	241	82.0	3.7	14.8	5.6	445.0	—
14	膨胀螺栓	套	242	1183.9	41.7	167.0	49.9	2608.9	—
15	法兰	kg	244	—	—	—	610.9	—	—
16	螺纹截止阀	个	602	—	—	—	6	—	—
17	法兰阀门(DN80)	个	603	—	—	—	63	—	—
18	法兰阀门(DN100)	个	604	—	—	—	3	—	—
19	法兰阀门(DN150)	个	605	—	—	—	6	—	—
20	铁件	kg	651	—	96.1	94.0	2.4	—	—
21	镀锌铁件	kg	652	—	—	—	—	—	68.8
22	8～12号铁丝	kg	655	30.6	0.8	10.0	25.0	81.7	—
23	20～22号铁丝	kg	656	—	35.2	25.3	—	—	198.8

续上表 单位:1km

顺序号	项　目	单位	代号	监控系统	通风系统 隧长(m) 4000以下	通风系统 隧长(m) 4000以上	消防系统	供配电及照明	预留预埋件
				1	2	3	4	5	6
24	照明灯具	盏	698	40	—	—	—	0	—
25	光缆	m	701	2381	—	—	—	—	—
26	光缆终端盒(48芯以内)	个	704	—	—	—	1.4	—	—
27	电缆	m	708	12083	260	1041	311	—	—
28	屏蔽线	m	710	135	—	—	—	—	—
29	电线	m	711	242	—	—	—	112	—
30	接线箱	个	728	—	—	—	—	—	740.1
31	塑料软管	kg	782	0.5	—	—	0.6	10.0	—
32	塑料弹簧软管(ϕ50mm)	m	783	—	—	—	—	84.17	—
33	32.5级水泥	t	832	—	—	0.209	0.022	—	—
34	电	kW·h	865	—	—	—	51	145	—
35	水	m^3	866	—	—	—	138	—	—
36	中(粗)砂	m^3	899	—	—	0.27	0.03	—	—

续上表 单位:1km

顺序号	项　目	单位	代号	监控系统	通风系统 隧长(m) 4000以下	通风系统 隧长(m) 4000以上	消防系统	供配电及照明	预留预埋件
				1	2	3	4	5	6
37	碎石(2cm)	m^3	951	—	—	0.45	0.05	—	—
38	其他材料费	元	996	6671.7	1689.2	2753.1	247983.1	2701035.8	1280871.7
39	4t以内载货汽车	台班	1372	20.18	3.05	2.19	0.13	1.44	—
40	6t以内载货汽车	台班	1374	0.84	13.97	10.22	4.36	14.48	—
41	8t以内载货汽车	台班	1375	—	—	—	—	0.12	—
42	20t以内平板拖车组	台班	1393	0.63	—	—	—	—	—
43	5t以内汽车式起重机	台班	1449	4.19	14.56	10.56	0.25	4.95	—
44	12t以内汽车式起重机	台班	1451	—	—	0.46	—	13.31	—
45	20t以内汽车式起重机	台班	1453	0.63	—	—	—	—	—
46	15m以内高空作业车	台班	1462	—	—	—	—	0.85	—
47	50kN以内单筒慢动卷扬机	台班	1500	—	—	1.77	21.23	—	—
48	4t以内内燃叉车	台班	1548	0.06	—	—	—	1.08	—
49	5t以内内燃叉车	台班	1549	—	—	—	0.12	—	—

续上表 单位:1km

顺序号	项目	单位	代号	监控系统	通风系统 隧长(m) 4000以下	通风系统 隧长(m) 4000以上	消防系统	供配电及照明	预留预埋件
				1	2	3	4	5	6
50	300kg以内液压升降机	台班	1560	3.60	—	—	—	—	—
51	32kV·A以内交流电弧焊机	台班	1726	0.12	45.48	33.41	78.90	2.01	157.19
52	光纤熔接机	台班	1948	—	—	—	1.08	—	—
53	光时域反射仪	台班	1950	0.12	—	—	—	—	—
54	光纤测试仪	台班	1952	5.74	—	—	—	—	—
55	网络分析仪	台班	1958	1.07	—	—	—	—	—
56	90kW以内工程修理车	台班	1987	0.36	—	—	—	—	—
57	小型机具使用费	元	1998	3464.9	1053.7	889.8	1530.8	365.9	1562.4
58	基价	元	1999	648450	108142	144515	626976	2882128	2159459

注:工程量以隧道双洞长度计算;若隧道为单洞,则需将指标乘以0.5的系数。

7-6 独立大桥工程机电设施※

工程内容 独立大桥监控系统、通信系统、供配电及照明等工程的全部工作。

单位:10桥长米

顺序号	项目	单位	代号	独立大桥工程机电设施
				1
1	人工	工日	1	3416.9
2	原木	m^3	101	3.814
3	锯材	m^3	102	0.079
4	光圆钢筋	t	111	0.923
5	型钢	t	182	0.062
6	钢板	t	183	0.192
7	钢管	t	191	0.058
8	镀锌钢管	t	192	17.991
9	镀锌钢板	t	208	1.329
10	钢丝绳	t	221	0.029
11	电焊条	kg	231	66.3
12	螺栓	kg	240	148.5

续上表 单位:10 桥长米

顺序号	项　　目	单位	代号	独立大桥工程机电设施
				1
13	镀锌螺栓	kg	241	540.1
14	膨胀螺栓	套	242	838.7
15	组合钢模板	t	272	0.008
16	铸铁	kg	561	549.7
17	铁件	kg	651	40.9
18	镀锌铁件	kg	652	399.9
19	8~12 号铁丝	kg	655	226.0
20	照明灯具	盏	698	203
21	光缆	m	701	1857
22	光缆终端盒(48 芯以内)	个	704	1.4
23	电缆	m	708	7964
24	屏蔽线	m	710	5
25	电线	m	711	942
26	裸铝(铜)线	m	712	499
27	橡皮线	m	713	1089

续上表 单位:10 桥长米

顺序号	项　　目	单位	代号	独立大桥工程机电设施
				1
28	桥架	m	721	42
29	PVC 塑料管(ϕ50mm)	m	779	506.73
30	塑料软管	kg	782	1.0
31	塑料弹簧软管(ϕ50mm)	m	783	81.38
32	32.5 级水泥	t	832	1.759
33	电	kW·h	865	227
34	水	m^3	866	8
35	青(红)砖	千块	877	25.50
36	中(粗)砂	m^3	899	254.42
37	碎石(2cm)	m^3	951	2.91
38	其他材料费	元	996	46248.8
39	设备摊销费	元	997	4982.4
40	混凝土电动切缝机	台班	1245	0.01
41	250L 以内混凝土搅拌机	台班	1272	0.31
42	4t 以内载货汽车	台班	1372	12.29

续上表 单位:10 桥长米

顺序号	项目	单位	代号	独立大桥工程机电设施
				1
43	6t 以内载货汽车	台班	1374	4.97
44	8t 以内载货汽车	台班	1375	0.25
45	20t 以内平板拖车组	台班	1393	0.07
46	3t 以内蓄电池车	台班	1416	0.23
47	5t 以内汽车式起重机	台班	1449	4.09
48	12t 以内汽车式起重机	台班	1451	27.17
49	16t 以内汽车式起重机	台班	1452	0.44
50	20t 以内汽车式起重机	台班	1453	0.07
51	50t 以内汽车式起重机	台班	1457	16.39
52	10m 以内高空作业车	台班	1461	1.01
53	20m 以内高空作业车	台班	1463	0.24
54	4t 以内内燃叉车	台班	1548	0.39
55	300kg 以内液压升降机	台班	1560	0.16
56	32kV·A 以内交流电弧焊机	台班	1726	22.30
57	光纤熔接机	台班	1948	1.64

续上表 单位:10 桥长米

顺序号	项目	单位	代号	独立大桥工程机电设施
				1
58	光时域反射仪	台班	1950	1.63
59	光纤测试仪	台班	1952	0.41
60	微机硬盘测试仪	台班	1954	0.11
61	PCM 通道测试仪	台班	1956	0.67
62	网络分析仪	台班	1958	0.44
63	继电保护测试仪	台班	1972	0.18
64	三相精密测试电源	台班	1973	0.14
65	直流高压发生器	台班	1974	27.42
66	轻型试验变压器	台班	1975	27.42
67	90kW 以内工程修理车	台班	1987	0.20
68	小型机具使用费	元	1998	11920.4
69	基价	元	1999	990113

7-7 服务房屋

工程内容 管理养护房屋、场区供电、照明及电力管道、电力监控等工程的全部工作。

单位:1m²

顺序号	项目	单位	代号	服务房屋
				1
1	人工	工日	1	2.6
2	原木	m³	101	0.014
3	锯材	m³	102	0.031
4	光圆钢筋	t	111	0.014
5	带肋钢筋	t	112	0.044
6	型钢	t	182	0.024
7	钢板	t	183	0.015
8	钢管	t	191	0.014
9	镀锌钢管	t	192	0.005
10	承插式铸铁管	t	194	0.022
11	钢丝绳	t	221	0.007

续上表

单位:1m²

顺序号	项目	单位	代号	服务房屋
				1
12	电焊条	kg	231	4.9
13	螺栓	kg	240	1.2
14	镀锌螺栓	kg	241	1.0
15	膨胀螺栓	套	242	7.3
16	法兰	kg	244	1.2
17	钢模板	t	271	0.007
18	门式钢支架	t	273	0.008
19	铁件	kg	651	3.8
20	铁钉	kg	653	1.4
21	8~12 号铁丝	kg	655	2.3
22	20~22 号铁丝	kg	656	1.3
23	铸铁管	kg	682	2.5
24	绿篱	m	820	0.9

续上表　　　　单位:1m²

顺序号	项　　目	单位	代号	服务房屋
				1
25	草籽	kg	821	0.3
26	树苗	株	822	0.2
27	灌木	株	824	0.5
28	油毛毡	m^2	825	3.4
29	42.5 级水泥	t	833	0.378
30	白水泥	t	837	0.024
31	石油沥青	t	851	0.021
32	电	kW·h	865	3
33	水	m^3	866	12
34	木材	kg	867	3.2
35	瓷砖	m^2	872	1.5
36	石膏板	m^2	876	2.0
37	青(红)砖	千块	877	0.24

续上表　　　　单位:1m²

顺序号	项　　目	单位	代号	服务房屋
				1
38	生石灰	t	891	0.130
39	砂	m^3	897	0.91
40	中(粗)砂	m^3	899	0.40
41	砂砾	m^3	902	0.12
42	碎石(4cm)	m^3	952	0.62
43	块石	m^3	981	0.33
44	草皮	m^2	995	2.33
45	其他材料费	元	996	170.6
46	135kW 以内履带式推土机	台班	1006	0.01
47	500L 以内混凝土搅拌机	台班	1274	0.05
48	200L 以内灰浆搅拌机	台班	1280	0.31
49	$4m^3/h$ 以内灰浆输送泵	台班	1286	0.44
50	$60m^3/h$ 以内混凝土输送泵	台班	1316	0.07

续上表

单位：$1m^2$

顺序号	项　　目	单位	代号	服务房屋
				1
51	10t 以内载货汽车	台班	1376	0.16
52	30t 以内汽车式起重机	台班	1455	0.05
53	8t 以内 80m 高塔式起重机	台班	1468	0.07
54	50kN 以内单筒快动卷扬机	台班	1510	0.21
55	φ100mm 电动多级水泵（≤120m）	台班	1663	0.37
56	42kV·A 以内交流电弧焊机	台班	1727	1.37
57	小型机具使用费	元	1998	101.5
58	基价	元	1999	2519

第八章　临 时 工 程

说　　明

本指标包括临时便道、临时便桥、临时码头等项目。

1. 临时便道分简易便道和复杂便道，指标单位为公里，工程量按便道的长度计算。

2. 复杂便道是指山岭重丘区的高速公路或独立长大隧道修建时所需的便道，其余为简易便道。复杂便道的设置可结合当地农村路网规划统筹考虑。

3. 临时便桥仅为一般性便桥，对特殊的便桥应按公路工程概算定额单独计算。

4. 临时码头指标单位为座，工程量按需要设置的座数进行计算。

5. 其他工程指标包括公路交工前养护、临时电力线路、临时通信线路、其他零星工程等，指标单位为公路公里，工程量按建设项目路线总长度计算。

6. 本章指标中不包括拆除旧建筑物、构造物、三改工程（改河、改沟、改路），应根据公路工程概算定额另行计算。

8-1 临 时 便 道

工程内容 简易便道:路基、路面、养护等工程的全部工作。

复杂便道:路基、路面、桥涵、排水防护、养护等工程的全部工作。

单位:1km

顺序号	项目	单位	代号	简易便道				复杂便道
				路基宽度(m)				
				7		4.5		4.5
				平原微丘区	山岭重丘区	平原微丘区	山岭重丘区	山岭重丘区
				1	2	3	4	5
1	人工	工日	1	792.7	912.5	460.8	542.4	7165.3
2	原木	m^3	101	—	—	—	—	0.615
3	锯材	m^3	102	—	—	—	—	0.930
4	光圆钢筋	t	111	—	—	—	—	0.544
5	带肋钢筋	t	112	—	—	—	—	1.346
6	型钢	t	182	—	—	—	—	0.163
7	钢管	t	191	—	—	—	—	0.066
8	钢钎	kg	211	—	—	—	—	110.2

续上表

单位:1km

顺序号	项目	单位	代号	简易便道				复杂便道
				路基宽度(m)				
				7		4.5		4.5
				平原微丘区	山岭重丘区	平原微丘区	山岭重丘区	山岭重丘区
				1	2	3	4	5
9	空心钢钎	kg	212	—	—	—	—	164.2
10	ϕ50mm 以内合金钻头	个	213	—	—	—	—	228.1
11	电焊条	kg	231	—	—	—	—	0.8
12	组合钢模板	t	272	—	—	—	—	0.144
13	铁件	kg	651	—	—	—	—	72.7
14	铁钉	kg	653	—	—	—	—	2.3
15	8~12 号铁丝	kg	655	—	—	—	—	24.1
16	20~22 号铁丝	kg	656	—	—	—	—	2.7
17	油毛毡	m^2	825	—	—	—	—	17.1
18	32.5 级水泥	t	832	—	—	—	—	85.648
19	硝铵炸药	kg	841	—	—	—	—	2443.4
20	导火线	m	842	—	—	—	—	6455

续上表 单位:1km

顺序号	项　目	单位	代号	简易便道				复杂便道
				路基宽度(m)				
				7		4.5		4.5
				平原微丘区	山岭重丘区	平原微丘区	山岭重丘区	山岭重丘区
				1	2	3	4	5
21	普通雷管	个	845	—	—	—	—	5113
22	石油沥青	t	851	—	—	—	—	0.063
23	煤	t	864	—	—	—	—	1.048
24	水	m^3	866	134	134	80	80	998
25	生石灰	t	891	—	—	—	—	8.313
26	土	m^3	895	—	—	—	—	156.04
27	中(粗)砂	m^3	899	—	—	—	—	232.70
28	砂砾	m^3	902	—	—	—	—	414.21
29	天然级配	m^3	908	1432.08	1432.08	859.25	859.25	—
30	黏土	m^3	911	—	—	—	—	128.67
31	片石	m^3	931	—	—	—	—	522.02
32	碎石(4cm)	m^3	952	—	—	—	—	13.89

续上表 单位:1km

顺序号	项　目	单位	代号	简易便道				复杂便道
				路基宽度(m)				
				7		4.5		4.5
				平原微丘区	山岭重丘区	平原微丘区	山岭重丘区	山岭重丘区
				1	2	3	4	5
33	碎石(6cm)	m^3	953	—	—	—	—	22.91
34	碎石(8cm)	m^3	954	—	—	—	—	40.53
35	石屑	m^3	961	—	—	—	—	50.19
36	路面用碎石(1.5cm)	m^3	965	—	—	—	—	50.51
37	路面用碎石(3.5cm)	m^3	967	—	—	—	—	456.55
38	块石	m^3	981	—	—	—	—	80.99
39	其他材料费	元	996	—	—	—	—	2343.9
40	设备摊销费	元	997	—	—	—	—	41.7
41	机械使用费	元	1000	—	—	—	—	2408.36
42	75kW 以内履带式推土机	台班	1003	12.88	25.63	9.22	17.89	11.07
43	105kW 以内履带式推土机	台班	1005	—	—	—	—	44.85
44	135kW 以内履带式推土机	台班	1006	—	—	—	—	50.17

续上表　　单位:1km

顺序号	项　目	单位	代号	简易便道				复杂便道
				路基宽度(m)				
				7		4.5		4.5
				平原微丘区	山岭重丘区	平原微丘区	山岭重丘区	山岭重丘区
				1	2	3	4	5
45	120kW 以内自行式平地机	台班	1057	—	—	—	—	9.95
46	6～8t 光轮压路机	台班	1075	1.16	2.03	0.78	1.43	38.87
47	8～10t 光轮压路机	台班	1076	2.88	3.55	1.79	2.29	—
48	12～15t 光轮压路机	台班	1078	7.45	10.04	4.70	6.65	4.81
49	0.6t 以内手扶式振动碾	台班	1083	6.98	6.98	6.98	6.98	—
50	10t 以内振动压路机	台班	1087	—	—	—	—	7.24
51	6t 以内载货汽车	台班	1374	—	—	—	—	0.31
52	1t 以内机动翻斗车	台班	1408	—	—	—	—	0.23
53	5t 以内汽车式起重机	台班	1449	—	—	—	—	0.27
54	8t 以内汽车式起重机	台班	1450	—	—	—	—	0.97
55	12t 以内汽车式起重机	台班	1451	—	—	—	—	0.86
56	20t 以内汽车式起重机	台班	1453	—	—	—	—	0.47

续上表　　单位:1km

顺序号	项　目	单位	代号	简易便道				复杂便道
				路基宽度(m)				
				7		4.5		4.5
				平原微丘区	山岭重丘区	平原微丘区	山岭重丘区	山岭重丘区
				1	2	3	4	5
57	ϕ150mm 电动单级离心水泵	台班	1653	—	—	—	—	16.34
58	32kV·A 以内交流电弧焊机	台班	1726	—	—	—	—	0.16
59	9m^3/min 以内机动空压机	台班	1842	—	—	—	—	77.08
60	小型机具使用费	元	1998	—	—	—	—	4668.8
61	基价	元	1999	119665	136440	72205	83725	795824

8-2 临时便桥

工程内容 临时便桥基础、上部构造全部工作。

单位:10m 及 1 座

顺序号	项目	单位	代号	钢便桥上部	墩	
					桩长(m)	
					10 以内	20 以内
				10m	1 座	
				1	2	3
1	人工	工日	1	50.0	2.5	10.3
2	原木	m^3	101	0.180	0.222	0.619
3	锯材	m^3	102	5.423	0.117	0.272
4	型钢	t	182	—	0.095	0.127
5	电焊条	kg	231	—	1.5	2.0
6	钢管桩	t	262	—	0.160	0.447
7	铁件	kg	651	16.9	14.0	42.3
8	其他材料费	元	996	403.2	6.6	12.5
9	设备摊销费	元	997	2471.0	—	—

续上表

单位:10m 及 1 座

顺序号	项目	单位	代号	钢便桥上部	墩	
					桩长(m)	
					10 以内	20 以内
				10m	1 座	
				1	2	3
10	8t 以内轮胎式起重机	台班	1440	—	0.13	0.34
11	50kN 以内单筒慢动卷扬机	台班	1500	3.23	—	—
12	300kN 以内振动打拔桩锤	台班	1581	—	0.29	0.79
13	32kV·A 以内交流电弧焊机	台班	1726	—	0.20	0.29
14	44kW 以内内燃拖轮	艘班	1851	—	0.08	0.20
15	80t 以内工程驳船	艘班	1873	—	0.29	0.79
16	小型机具使用费	元	1998	6.6	8.4	11.6
17	基价	元	1999	13924	2085	5366

8-3 临时码头

工程内容 临时码头全部工作。

单位:1座

顺序号	项目	单位	代号	临时码头
				1
1	人工	工日	1	998.9
2	原木	m^3	101	0.761
3	锯材	m^3	102	7.712
4	光圆钢筋	t	111	1.386
5	型钢	t	182	0.036
6	钢管	t	191	0.029
7	钢丝绳	t	221	0.090
8	电焊条	kg	231	4.2
9	组合钢模板	t	272	0.060
10	铁件	kg	651	38.7
11	铁钉	kg	653	1.1
12	8~12号铁丝	kg	655	29.3

续上表

单位:1座

顺序号	项目	单位	代号	临时码头
				1
13	20~22号铁丝	kg	656	6.6
14	草袋	个	819	4428
15	32.5级水泥	t	832	21.079
16	水	m^3	866	146
17	中(粗)砂	m^3	899	70.32
18	天然级配	m^3	908	246.92
19	黏土	m^3	911	1.80
20	片石	m^3	931	135.68
21	碎石(4cm)	m^3	952	2.59
22	碎石(8cm)	m^3	954	30.86
23	其他材料费	元	996	734.4
24	设备摊销费	元	997	49447.6
25	12~15t光轮压路机	台班	1078	1.73
26	250L以内混凝土搅拌机	台班	1272	3.07
27	8t以内载货汽车	台班	1375	4.41

续上表

单位:1座

顺序号	项　　目	单位	代号	临时码头
				1
28	5t以内汽车式起重机	台班	1449	1.48
29	16t以内汽车式起重机	台班	1452	0.60
30	30kN以内单筒慢动卷扬机	台班	1499	3.90
31	50kN以内单筒慢动卷扬机	台班	1500	3.12
32	32kV·A以内交流电弧焊机	台班	1726	1.68
33	44kW以内内燃拖轮	艘班	1851	3.12
34	80t以内工程驳船	艘班	1873	3.12
35	小型机具使用费	元	1998	125.0
36	基价	元	1999	169210

8-4　其他临时工程

工程内容　临时电力线路、临时通信线路、其他零星工程、交工前养护等全部工作。

单位:1公路公里

顺序号	项　　目	单位	代号	公路等级			
				高　速		一　级	
				平原微丘区	山岭重丘区	平原微丘区	山岭重丘区
				1	2	3	4
1	人工	工日	1	398.8	412.0	376.7	385.5
2	原木	m^3	101	5.330	7.096	2.316	3.389
3	锯材	m^3	102	0.078	0.119	0.028	0.066
4	型钢	t	182	0.046	0.059	0.012	0.022
5	钢板	t	183	0.020	0.027	0.006	0.011
6	铁件	kg	651	34.2	45.9	9.8	18.7
7	8~12号铁丝	kg	655	56.1	70.1	40.0	40.9
8	裸铝(铜)线	m	712	356	387	62	222
9	橡皮线	m	713	441	647	155	158
10	皮线	m	714	751	1157	270	640
11	32.5级水泥	t	832	0.018	—	—	—

续上表　　单位:1 公路公里

顺序号	项目	单位	代号	公路等级			
				高速		一级	
				平原微丘区	山岭重丘区	平原微丘区	山岭重丘区
				1	2	3	4
12	中(粗)砂	m^3	899	0.02	—	—	—
13	砂砾	m^3	902	—	—	—	—
14	碎石(4cm)	m^3	952	0.04	—	—	—
15	其他材料费	元	996	420.0	523.4	306.0	309.5
16	设备摊销费	元	997	3674.4	4768.0	998.5	1751.2
17	90kW 以内履带式推土机	台班	1004	0.18	0.17	0.09	0.21
18	12～15t 光轮压路机	台班	1078	—	—	—	—
19	混凝土真空吸水机组	台班	1239	—	—	—	—
20	混凝土电动切缝机	台班	1245	—	—	—	—
21	250L 以内混凝土搅拌机	台班	1272	—	—	—	—
22	4000L 以内洒水汽车	台班	1404	—	—	—	—
23	小型机具使用费	元	1998	0.6	—	—	—
24	基价	元	1999	44188	52135	30616	35900

续上表　　单位:1 公路公里

顺序号	项目	单位	代号	公路等级					
				二级		三级		四级	
				平原微丘区	山岭重丘区	平原微丘区	山岭重丘区	平原微丘区	山岭重丘区
				5	6	7	8	9	10
1	人工	工日	1	371.2	378.9	396.2	341.3	364.8	328.8
2	原木	m^3	101	1.580	2.080	0.675	1.915	0.374	1.267
3	锯材	m^3	102	0.017	0.027	0.011	0.035	—	0.023
4	型钢	t	182	0.012	0.014	0.006	0.015	0.006	0.013
5	钢板	t	183	0.005	0.006	0.003	0.007	0.002	0.006
6	铁件	kg	651	8.7	10.3	4.7	12.0	3.7	10.0
7	8～12 号铁丝	kg	655	22.0	31.6	5.9	19.4	1.3	6.9
8	裸铝(铜)线	m	712	6	144	7	—	—	—
9	橡皮线	m	713	203	88	100	261	106	231
10	皮线	m	714	164	257	108	342	—	227
11	32.5 级水泥	t	832	—	0.770	—	—	—	—
12	中(粗)砂	m^3	899	—	0.94	—	—	—	—

续上表 单位:1 公路公里

顺序号	项目	单位	代号	公路等级					
				二级		三级		四级	
				平原微丘区	山岭重丘区	平原微丘区	山岭重丘区	平原微丘区	山岭重丘区
				5	6	7	8	9	10
13	砂砾	m^3	902	—	6.13	—	—	—	—
14	碎石(4cm)	m^3	952	—	1.69	—	—	—	—
15	其他材料费	元	996	166.6	247.2	43.6	145.3	8.5	48.7
16	设备摊销费	元	997	966.1	1069.0	494.3	1202.0	488.6	1067.1
17	90kW 以内履带式推土机	台班	1004	—	0.03	—	—	1.52	0.37
18	12 ~ 15t 光轮压路机	台班	1078	—	0.02	—	—	—	—
19	混凝土真空吸水机组	台班	1239	—	0.04	—	—	—	—
20	混凝土电动切缝机	台班	1245	—	0.03	—	—	—	—
21	250L 以内混凝土搅拌机	台班	1272	—	0.08	—	—	—	—
22	4000L 以内洒水汽车	台班	1404	—	0.01	—	—	—	—
23	小型机具使用费	元	1998	—	5.0	5.3	—	—	—
24	基价	元	1999	28650	30771	27455	28750	25601	26343

附录一　设备购置费参考值

<table>
<tr><th>顺序号</th><th colspan="3">项 目 名 称</th><th>单位</th><th>金额(元)</th><th>备　注</th></tr>
<tr><td>1</td><td rowspan="2">监控系统</td><td colspan="2">一般监控</td><td>公路公里</td><td>50000</td><td></td></tr>
<tr><td>2</td><td colspan="2">重点路段监控</td><td>公路公里</td><td>80000</td><td></td></tr>
<tr><td>3</td><td colspan="3">通信系统</td><td>公路公里</td><td>150000</td><td></td></tr>
<tr><td>4</td><td colspan="3" rowspan="2">收费系统</td><td rowspan="2">每车道数</td><td rowspan="2">273917</td><td>若为计重收费,另增加 16 万元/收费车道</td></tr>
<tr><td>5</td><td>若为 ETC 收费,另增加 40 万元/收费车道</td></tr>
<tr><td>6</td><td rowspan="5">隧道</td><td colspan="2">监控</td><td>km</td><td>1819369</td><td rowspan="5">工程量以隧道双洞长度计算;若隧道为单洞,则需将参考值乘以 0.5 的系数</td></tr>
<tr><td>7</td><td rowspan="2">通风</td><td>4000m 以内</td><td>km</td><td>1625384</td></tr>
<tr><td>8</td><td>4000m 以上</td><td>km</td><td>3951416</td></tr>
<tr><td>9</td><td colspan="2">消防</td><td>km</td><td>281722</td></tr>
<tr><td>10</td><td colspan="2">供配电及照明</td><td>km</td><td>2219969</td></tr>
<tr><td>11</td><td colspan="3">服务房屋</td><td>m^2</td><td>396</td><td>按建筑面积计算</td></tr>
<tr><td>12</td><td colspan="3">除湿系统</td><td>套</td><td>500000</td><td></td></tr>
<tr><td>13</td><td colspan="3">索塔内维修电梯</td><td>台</td><td>1000000</td><td></td></tr>
<tr><td>14</td><td colspan="3">桥区 VTS 系统</td><td>套</td><td>2000000</td><td></td></tr>
</table>

注:1. 本指标适用于高速公路和一级公路。

2. 工程量应按本指标中的相关规定进行计算。

附录二　新增材料名称及基价

顺序号	材料名称	单位	代号	基价
1	橡胶粉	t	758	4000
2	维他黏结剂 TOR	t	759	120000
3	沥青再生剂	kg	849	70

附录三　新增机械台班费用定额

序　　号		1	2	3
机械代号		1184	1185	1189
机械名称		就地热再生列车	4000L 以内液态沥青运输车	泡沫沥青再生机
主机型号			LYZ—4000	
不变费用	折旧费(元)	16340	59.7	425
	大修理费(元)	8960	24.6	19.8
	经常修理费(元)	5375.6	86.1	39.7
	小计(元)	30675.6	170.4	484.5
可变费用	人工(工日)	11	1	6
	汽油(kg)	—	34.3	—
	柴油(kg)	9835.2	—	1000
	小计(元)	69762.5	326.3	7368.9
基价(元)		100438.1	496.7	7853.4

《公路工程估算指标》编委会

主 编 单 位:中交公路规划设计院有限公司

主要参编人员:晏 宇 方 申 郭庆余 庞宝琴 陈夏澄 刘兴庄 刘燕安
赵 颖 王 君 牛永亮 张宝祥 范志水 杨青叶 张 燕
郑 强 杨智勇 熊全福 王 洁 高军虎 解小明 瞿国旭
陈绍莹 姜永利 李 强 仝 燕 莫 钧 杨 新 薛玉琴
李光仪 李 奎 程 静 徐特朗 刘步景 张道德 刘焕如
王建生 徐 岚 刘小燕 宋学杰 郑少杰 高峰清 赵庆果
王田生 徐金妹 王森岭 刘国胜 刘巧杨 方 超 易万中
刘丽丽 何荣裕